动车组系列培训教材·机械师

动车组控制与管理系统

（修订版）

主　编　史红梅
副主编　苏树强　温伟刚

北京交通大学出版社
·北京·

内 容 简 介

本教材主要介绍动车组控制与管理系统的内容。全书共分为 7 章。第 1 章介绍列车网络控制系统的任务与功能，以及列车通信网络的构成、特点和发展趋势；第 2 章介绍通信系统与计算机网络的基础知识，包括通信系统的构成、计算机网络的拓扑结构、传输介质的类型等；第 3 章介绍列车通信网络常用的各种标准，如 TCN、ACRNET 等；第 4 章至第 7 章分别介绍 CRH₁ 型动车组、CRH₂ 型动车组、CRH₃ 型动车组和 CRH₅ 型动车组的控制与管理系统的结构、主要设备及功能。

本教材是铁道部机械师培训教材，也可供高职和中职学校师生及从事机车车辆专业的工程技术人员学习参考。

版权所有，侵权必究。

图书在版编目（CIP）数据

动车组控制与管理系统／史红梅主编 . —北京：北京交通大学出版社，2012.7（2021.1 修订）
（动车组系列培训教材·机械师）
ISBN 978 - 7 - 5121 - 1102 - 8

Ⅰ.①动…　Ⅱ.①史…　Ⅲ.①动车 - 控制系统 - 技术培训 - 教材　Ⅳ.①U266

中国版本图书馆 CIP 数据核字（2012）第 172621 号

策划编辑：贾慧娟　陈跃琴　吴桂林
责任编辑：陈跃琴　　特邀编辑：吴桂林
出版发行：北京交通大学出版社　　　　　　电话：010 - 51686414
　　　　　北京市海淀区高梁桥斜街 44 号　　邮编：100044
印 刷 者：北京鑫海金澳胶印有限公司
经　　销：全国新华书店
开　　本：185 × 260　印张：12　字数：300 千字
版 印 次：2021 年 1 月第 1 版第 1 次修订　　2021 年 1 月第 8 次印刷
书　　号：ISBN 978 - 7 - 5121 - 1102 - 8/U · 106
定　　价：36.00 元

本书如有质量问题，请向北京交通大学出版社质监组反映。对您的意见和批评，我们表示欢迎和感谢。
投诉电话：010 - 51686043，51686008；传真：010 - 62225406；E-mail：press@ bjtu. edu. cn。

《动车组系列培训教材·机械师》
编 委 会

顾　　问	王梦恕　施仲衡
主　　任	孙守光
副 主 任	刘志明　章梓茂
委　　员	宋永增　史红梅　陈淑玲　贾慧娟
本书主编	史红梅

出 版 说 明

　　2005 年，在铁道部的安排下，北京交通大学根据国外动车组设计资料、国内外技术交流文件，编写了动车组培训讲义，并对从事动车组运用的在职技术人员进行培训。随着中国高速动车组事业的飞速发展，到 2010 年，该讲义已经修订 4 版，先后培训了设计制造企业和运用部门各类人员 4 000 多人。

　　为适应动车组机械师专业人才培养的需要，北京交通大学机械与电子控制工程学院、北京交通大学出版社，在铁道部有关部门的指导下，组织北京交通大学铁道部动车组理论培训基地的教师，在南车青岛四方机车车辆股份有限公司、北车长春轨道客车股份有限公司、北车唐山轨道客车有限责任公司和青岛四方庞巴迪铁路运输设备有限公司等单位领导和专家的大力支持下，编写了本套"动车组系列培训教材·机械师"。

　　教材编写突出理论与实用相结合的原则。本着"理论通俗易懂，实操图文并茂"的原则，系统介绍了 4 种高速动车组的基本原理和结构组成。

　　本系列教材的出版，得到中国工程院王梦恕院士的关注和首肯，得到了北京交通大学校领导、专家、教授的指导和支持，在此一并致谢。

　　北京交通大学机械与电子控制工程学院为该系列教材的出版，投入了大量的人力、物力和财力支持。

　　本系列教材从 2012 年 1 月起陆续出版，包括《动车组概论》、《动车组车体结构与车内设备》、《动车组转向架》、《动车组制动系统》、《动车组电力电子技术基础》、《动车组供电牵引系统与设备》、《动车组辅助电气系统与设备》、《动车组运行控制系统》、《动车组车内环境控制系统》、《动车组控制与管理系统》、《动车组司机室》、《动车组运用与维修》。

　　希望本套教材的出版对高速动车组的发展，对提高动车组的安全运行和维修、维护水平有所帮助。

动车组系列培训教材编写委员会

2012 年 5 月

院 士 推 荐

    中国高速铁路近年来发展迅速，按照铁路中长期发展规划，到2020年，全国铁路运营里程将由目前的9.1万km增加到12万km，其中时速200～350 km的客运专线和城际铁路将达到1.8万km，投入运营的高速动车组将达到1 000组。

    高速铁路涉及诸多高新技术领域，其中作为铁路运输主要装备的高速动车组是这些高新技术应用的综合体现，它涉及系统集成技术、新型车体技术、高速转向架技术、快速制动技术、牵引传动技术、自动控制技术、网络与信息技术等。大量新技术装备的创新和应用，极大地提高了铁路客货运输的能力和快速便捷的出行，但在实际使用中对于现有参与运营、维修、管理等各类人员提出了更高、更新的要求，以确保高速铁路运营过程的安全与可靠性。目前相对于我国高速铁路里程建设速度，对于在实际运营、管理中迫切需求的大量技术人才培养明显滞后，因此会在高速铁路的长期运营中存在严重的安全隐患，温州"7·23"事故已经给了我们一个沉痛的教训。另外，相对于高速铁路建设发展的需求，目前能够满足高速铁路运营、维修人才培养需求的优质教材也存在严重不足，尚不能满足我国高速铁路发展对各类人才培养的需要。

    北京交通大学机械与电子控制工程学院作为"铁道部高速动车组理论培训基地"和北京市动车组优秀教学团队所在单位，已长期从事有关铁道车辆专业的教学与科研工作，不但学术水平高，而且教学经验丰富。从2005年开始结合我国高速动车组技术的引进、消化、吸收和创新项目及高速列车国家科技支撑项目，进行研究和实践，取得了许多成果。在参考了国内外动车组设计资料、与国内外有关设计、制造、管理局等方面进行了相关技术和学术交流，在广泛听取来自企业和运用部门提出应加快对运营单位各专业人员进行岗位培训要求的基础上，组织相关专家、教授、高级技师等进行高速动车组运营工程师、技师培训讲义的编写，在内容的适用性、安全性、可靠性与全面性方面保持与国际高速动车组技术同步，并承担由铁道部下达的各项培训任务，至今已为各单位培训高速动车组运营、维修、管理人才4 000余人，为保证我国快速发展的高速铁路事业作出了相应的贡献。

    今天，这套倾注了众多专家、教授、技师及铁路部门有关领导和工程技术人员大量心血的"动车组系列培训教材·机械师"即将由北京交通大学出版社付梓面世。这套教材的出版，恰逢其时，我们有理由相信它能够为促进我国高速铁路动车组的安全可靠运营和维护提供一个良好的支撑！

    祝我国的高速铁路事业进一步健康、蓬勃、快速发展。

中国工程院院士
2012 年 5 月

前　　言

　　中国铁路 2007 年 4 月 18 日起第六次提速，调速后开始运行 CRH 动车组，目前开行的高速动车组列车主要有 CRH1、CRH2、CRH3、CRH5 四种车型，为我国经济社会又好又快地发展提供有力的运力保证。高速动车组的九大核心关键技术包括：动车组系统集成，铝合金、不锈钢车体，列车网络控制系统，牵引控制系统，动车组控制与管理系统，制动系统，牵引变流器、牵引变压器、牵引电机，高速转向架。其中动车组控制与管理系统是高速动车组的神经系统，承担着高速动车组控制、监测、诊断等任务。通过传输信息和控制命令，对车上的主要设备进行管理，完成对牵引、制动、辅助供电、转向架、空调、旅客信息系统、门等单元的监视和控制。

　　全书分为 7 章。第 1 章介绍了列车网络控制系统的任务与功能，以及列车通信网络的构成、特点和发展趋势；第 2 章介绍了数据通信系统的组成、通信系统的性能指标、数据编码与数据传输方式、计算机网络拓扑结构、网络传输介质及其访问控制方式、网络互连参考模型、网络互连设备；第 3 章介绍了目前列车常用的通信协议，如 TCN、ARCNET、CAN、HDLC 等；第 4 章介绍了 CRH1 型动车组控制与管理系统的结构、组成与功能；第 5 章介绍了 CRH2 型动车组列车信息控制系统的网络拓扑结构、设备构成及功能；第 6 章介绍了 CRH3 型动车组列车网络控制系统的结构、设备及功能，包括网关、中央控制单元、中继器、人机接口等设备；第 7 章介绍了 CRH5 型动车组列车网络控制系统的网络拓扑结构、冗余管理及系统功能。

　　本书由史红梅主编，苏树强、温伟刚副主编。本书第 1 章、第 2 章、第 3 章由苏树强编写，第 4 章、第 5 章、第 6 章、第 7 章由史红梅编写，温伟刚参与了本书的资料整理和图片编辑工作。

　　由于作者水平有限，加之时间仓促，书中错误和疏漏之处在所难免，恳请读者批评指正。

编者

2012 年 7 月

Contents
目 录

Ⅴ

第1章　列车通信网络系统概述

基于计算机技术和通信技术，现代列车普遍配置了基于网络的分布式计算机控制系统，提供整列车的控制、监测、诊断等功能。列车通信网络就是应用于列车上的计算机通信网络。本章就列车通信网络进行概述。

1.1　列车通信网络的任务与功能

随着动车组的兴起，列车控制技术已从单台机车控制向列车网络控制方向发展。列车网络控制已成为高速列车、动车组的必备技术之一。列车网络控制的主要作用有：

① 实现各动力车的重联控制；

② 实现全列车（动车和拖车）所有由计算机控制的部件联网通信和资源共享；

③ 实现全列车的制动控制、自动门控制、轴温监测及空调控制等功能；

④ 完成全列车的自检及故障诊断决策。

上述的所有的任务是由很多不同的计算机控制单元（以下简称智能节点）共同完成。从功能上讲，这些控制节点具有不同分工，可以相对独立地完成一定的功能，例如检测节点负责检测某些参数，控制节点负责控制某一部件，等等；从空间分布上讲，这些节点遍布于整列车上的不同位置。要将上述众多的控制节点组成一个网络控制系统，共同协调地控制列车的正常运行，必然要求系统内部节点间能进行必要的信息交换。列车通信网络的主要任务和功能就是：将分布于列车不同位置具有不同功能的控制节点以一定的规则用通信介质连接起来，形成信息通道，在一定的计算机软、硬件的支持下，为连接于其上的节点提供稳定、可靠的通信服务。用于控制和诊断的列车通信网的结构、介质、信号编码、数据格式、容错技术、通信控制及协议等均应适应现代列车对控制、诊断等的要求。

1.2　国内外列车控制系统的现状与发展

20 世纪 70 年代末至 80 年代初，车载微机的雏形分别在西门子公司和 BBC 公司出现。开始仅仅是用于传动装置的控制，随着控制、服务对象的增多，人们把铁道系统依次划分为 6 个层次：公司管理、铁路运营、列车控制、机车车辆控制、传动控制和过程驱动，于是列车通信网络在初期的串行通信总线的基础上应运而生，并从原来不同公司的企业标准推向国际标准，逐步形成了列车通信与控制系统的标准化、模块化的硬件系列和全方位的开发、调试、维护、管理软件工具。

1988 年 IEC 第 9 技术委员会 TC9 成立了第 22 工作组 WG22，其任务是制订一个开放的通信系统，从而使各种铁道机车车辆能够相互联挂，车上的可编程电子设备能够互换。

1992 年 6 月，TC9 WG22 以委员会草案 CD（Committee Draft）的形式向各国发出列车通信网 TCN（Train Communication Network）的征求意见稿。该稿分成 4 个部分：第 1 部分总体结构，第 2 部分实时协议，第 3 部分多功能车辆总线（MVB），第 4 部分绞式列车总线（WTB）。

总体结构把列车通信网规定为由多功能车辆总线（MVB）和绞式列车总线（WTB）组成。MVB 的传输介质可以是双绞线，也可以是光纤。在后一种场合，其跨距为 2 000 m，最多可连接 256 个职能总线站。数据划分为过程数据、消息数据和监管数据。对过程数据的传输作了优化。发送的基本周期是 1 ms 或 2 ms。

WTB 的传输介质为双绞线，最多可连接 32 个节点，总线跨距 860 m。WTB 具有列车初运行和接触处防氧化功能。发送的基本周期是 25 ms。

1994 年 5 月至 1995 年 9 月，欧洲铁路研究所（ERRI）耗资 300 万美元，在瑞士的茵特拉肯至荷兰的阿姆斯特丹的区段，对由瑞士 SBB、德国 DB、意大利 FS、荷兰 NS 的车辆编组成的运营试验列车进行了全面的 TCN 试验。

1999 年 6 月，TCN 标准草案正式成为国际标准，即 IEC61735。该标准对列车通信网络的总体结构、连接各车辆的列车总线、连接车辆内部各智能设备的车辆总线及过程数据等内容进行了详细的规定。列车通信网络的标准化对目前和将来的开发设计提供了一个良好的基础，现已交付和投入运营的采用 TCN 的车辆达 600 辆以上，装备 TCN 的车辆数量正在迅速增长，Adtranz、Firema、Siemens 等车辆制造工厂的所有新项目均以 TCN 为基础。

我国列车通信网络的发展可以追溯到 1991 年，株洲电力机车研究所在购买 ABB 公司的牵引控制系统开发工具，特别是软件开发工具的基础上，开发出了国内第一套电力机车微机控制装置，安装于 SS₄0038 电力机车上。在该装置中，系统被明确划分为人机界面显示级、机车控制级和传动控制级三级，级与级之间通过串行总线连接，形成了二级总线的雏形。其中连接司机台显示器与机车控制级之间的显示总线在"春城"号动力分散电动车组上扩展为贯穿列车连接各动力车的机车控制级与司机台显示器的列车显示总线：连接机车控制级与传动控制级的近程控制器总线在"先锋"号动力分散交流传动电动车组上扩展为连接动力车节点与传动控制单元和 ATP 的中程控制器总线。

近年来，国内机车车辆工业发展迅速，相继开发成功了动车组、200 km/h 高速车等产品，以及目前尚处于开发研制阶段的摆式列车、轻轨车等产品。这些产品需要对列车的运行状况和故障做出快速准确的判断和处理，而传统的机车车辆控制技术已不能满足这方面的要求。同时，随着电子技术的飞速发展，应用于车辆上的智能设备也越来越多，如集中轴报、电动塞拉门、电子防滑器、电空制动、信息显示等系统都装在 K 型车上。这些系统需要配备大量的控制线路，且有的系统自成一个小型网络，使一个车辆有多种网络存在，各系统间的数据不能共享，信号重复检测。为解决上述存在的问题，引入列车通信网络技术将全列车的智能用电设备连接起来，达到数据共享是非常必要的。20 世纪 90 年代中期，随着动车组在我国升温，对列车通信网络特别是机车的重联控制通信的需求十分迫切。一方面，铁道部开展了列车通信网络研究课题；另一方面，许多单位也先后自发地开展了自我开发、联合开发或技术引进工作，这些工作主要在局域网、现场总线、TCN、通信介质、基于 RS-485 的通信协议等领域展开。如：上海铁道大学与株洲电力机车研究所合作开发的基于 ARCNET 的列车总线和基于 HDLC 的车辆总线的列车通信网络的研究；上海铁道大学用 CAN 作为连接司机台和列车控制单元的局部总线的研究；国防科技大学用 CAN 作为磁悬浮列车的列车总线的研究；西南交通大学用 RS-485 协议作为摆式列车倾摆控制总线的研究；北京交通大学对通信介质及其转换的研究；大同机车厂对列车通信网结构及其协议和对 BITBUS 的研究；株洲电力机车研究所的基于 FSK 的列车通信的研究，基于 RS-485+ 协议的局部总线的研究，基于 lonWorks 技术的列车总线和局部总线的研究，CAN 总线用于列车监控装置和摆式列车局部控制总线的研究，基于 ModBus 的 I/O 局部总线的研究，MVB、WTB 的研究等以及国产化的 MVB 产品与其他公司的 MVB 产品的兼容性试验；四方机车车辆研究所、铁道科学研究院、西南交通大学、武进市剑湖铁路客车配件厂、武汉正远公司等对 Lonworks、MVB、WTB 进行的研究。

以上这些研究的一些成果得到了应用，其中"新曙光"号是首列采用 Lonworks 列车总线技术的内燃动车组。在该项目中，Lonworks 列车总线网卡插在成熟的内燃机车微机控制装置 EXP 机箱中。首尾动力车的重联通信通过 Lonworks 列车总线以显式报文方式实现，而 EXP 机箱内的主 CPU 通过机箱背部的并行 FE 总线访问网卡上的双口 RAM 实现信息交换。"神州"号 Lonworks 列车重联通信与此类似，但采用了二路，即设置了一路 Lonworks 冗余通道。

"先锋"号是首列采用了株洲电力机车研究所的 TEC 列车通信与控制系统的动力分散交流传动电动车组。在该项目中，每节动车或拖车上都有一个列车总线节点，列车总线贯穿全列车连接各个节点。在每节动车或拖车内，各智能控制设备通过 MVB 或控制器总线与节点交换信息。在司机台显示器上可以选择查看全列车各个设备的状态。

"中原之星"号是第二列采用 TEC 技术的动力分散交流传动电动车组。该项目与"先锋"号项目的主要区别是采用了 MVB 光缆连接一个车组单元内三节车的所有智能控制设备（大部分布置在车辆的地板底下）。而整列车由两个车组单元构成，仅设置了 2 个列车总线节点，即每个车组单元只设置 1 个列车总线节点。从而从列车总线的角度看，好像整个列车是由 2 个基本运转单元构成，简化了控制信号在列车总线上的传递。另外，"中原之星"号的车辆总线、列车总线、列车控制单元、某些重要设备的数字输入/输出设备（如继电器）等采取了冗余措施。

"新曙光"号、"神州"号列车重联通信的成功，特别是"先锋"号、"中原之星"号的较为完备的列车通信与控制系统的成功，标志着我国列车通信与控制系统的发展已经进入实用化的新阶段。

1.3 列车通信网络的构成、特点及发展趋势

列车通信网络是列车总线和车辆总线的二层结构，列车总线连接不同的车辆或动车组单元，贯穿整个列车；车辆总线连接车辆内部的控制单元或诊断单元等智能装置，车辆总线通过网关（或类似的装置）挂接于列车总线上。如图 1-1 所示。

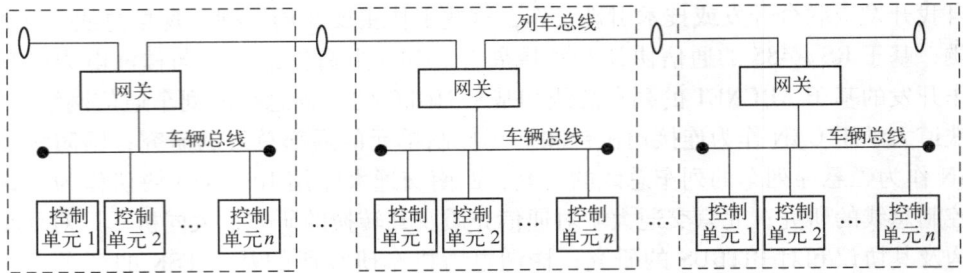

图 1-1　列车通信网络结构

对列车通信网的要求为：①实时性；②协议简单性；③短帧信息传送；④信息交换的频繁性、网络负载的稳定性；⑤较高的安全性、容错能力；⑥低成本需要。对于链路协议及其帧格式没必要专门定义，可以通过选择不同种类的现有网络或总线加以确定，这样也缩短了开发周期。

列车通信网络是用于列车这一流动性大、环境恶劣、可靠性要求高、实时性强、与控制系统紧密相关的特殊的计算机网络。IEC TC9 WG22 在制订 TCN 标准时，首先考虑的是用户，特别是 UIC 的需求。为此，把列车区分为在运营中不改变编组的列车和在运营中可以改变编组的列车。标准的重点放在后者，也可以用于前者。然后研究商用网络和现有的车载网络产品。结论是现有的一些解决方案如 Profibus、Lonworks、Bitbus、FIP、CAN、Tornad 等由于其开发商不愿意公开其协议，或实时性、可靠性、确定件不能满足要求而被一一否定。商用的网络还存在需要剪裁才能应用到铁路领域、供货商对相对较小的铁路市场不太重视、计算机公司及其产品的寿命没有铁路公司及其产品的寿命长等问题。更重要的是标准要建立在已被实践验证的技术的基础上，并能得到大部分铁路公司的支持。

TCN 最终被定位于由绞线式列车总线（WTB）连接多功能车辆总线（MVB）的二层拓扑结构。车辆总线以 MICAS 车辆总线为基础，而列车总线以 DIN43322、CD4500 的运用经验为基础。

列车总线上的报文可以分为远程控制、诊断和旅客服务信息。远程控制信息包括用于牵引的信息和车辆的照明、车门、空调、倾摆控制等信息；诊断信息包括设备故障和维修等信息；旅客服务信息有报站、意外、转车、定座等信息。为了不同来源的车辆能够相互通信，在 TCN 标准的基础之上，UIC556 规定了在 WTB 上传输的数据及其格式。诊断消息由 UIC557 定义。UIC558 规定了 WTB 的电缆和连接器。

为了来自不同的部件供应商的设备具有互换性，设立了铁路开放系统互连网络（ROSIN）。该工程为一些主要的列车定义了设备框架协议，包括利用无线通信和广泛使用的 TCP/IP 在互连网上对设备进行远程访问以便诊断和维修，即铁路开放式维修系统 ROMAIN。

考虑列车这一特定的应用对象，若把列车通信网络抽象化、标准化，然后具体化，一方面使列车通信网络的核心技术能够被共享，更重要的是使不同来源的机车车辆能够在计算机网络的意义上相互灵活地联挂，以及不同来源的车载设备能够在同样的意义下互换。

事实上，不同层次的列车通信网络标准化工作的确始终贯穿在整个列车通信网络技术的发展与应用过程之中。

尽管各国、各集团形成的技术现实和利益关系使列车通信网络的标准化变得十分复杂，但列车及其机车车辆这样一种流动性极强的特殊对象决定了至少在某一个国家或某一个地区内部，列车通信网络应该是具有互操作性的，它必须满足为保证互操作性而制订的一系列一环套一环的相关联的标准或规范。在当今全球经济日趋一体化的大气候下，可以断言，列车通信网络国际标准将在更多的国家或地区越来越具有强制性。

由于电子技术的迅速发展，高速列车的控制、监测和诊断系统正在向智能化的方向不断发展。在控制系统方面，为改善控制性和确保可靠性，在中央装置和各终端装置已分别采用复数的 32 位 CPU 代替了早期单一的 8 位 CPU；提高无线传送质量和位置检测精度的研究开发尚需继续进行；以安全控制为中心的列车运行监测还要不断提高其可靠性和响应性。在监测和诊断系统方面，主要是进一步发展具有诊断功能的监测装置。该装置的关键技术是信息传输系统（传输通道、传输速度、控制方式等）。由于高速列车的运行环境是高电压、大电流，既有的有线和无线传输系统容易受到潜在的电磁干扰影响，如果采用光纤通信，则可不受电磁干扰，实现 38.4 kbps 以上的高速传输，其缺点是需要高精度的光纤连接，因此不宜于经常联结分解的列车编组方式。此外还有提高彩色显示技术、实现标准化和无维修化等发展中的研究课题。

思考题

1. 列车网络控制系统的作用是什么？
2. 对列车通信网有哪些要求？
3. 列车通信网络的主要任务和功能是什么？

第2章 通信与网络基础知识

列车通信网络就是数据通信网络，是连接微机化仪表的开放系统。从一定意义上说，智能仪表就相当于一台台微机，它们以现场总线为纽带，互连成网络系统，完成数据通信任务。列车通信网络系统实际上就是配置于列车上的计算机局域网络。因此，在介绍列车通信网络的主要技术之前，有必要简述关于总线、数据通信、计算机局域网络方面的基础知识。

2.1 通信系统简介

2.1.1 通信系统的组成

通信系统是传递信息所需的一切技术设备的总和。它一般由信息源和信息接收者，发送、接收设备，传输介质几部分组成。单向数字通信系统的结构如图2-1所示。

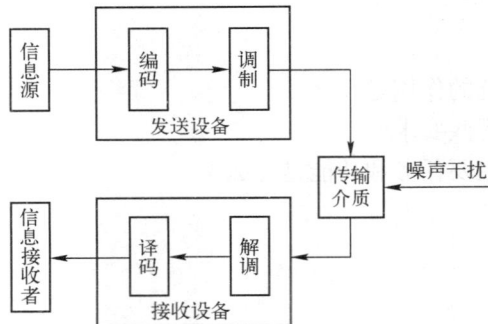

图2-1 数字通信系统的组成

信息源和信息接收者 信息源和信息接收者是信息的产生者和使用者。在数字通信系统中传输的信息是数据，是数字化了的信息。这些信息可能是原始数据，也可能是经计算机处理后的结果，还可能是某些指令或标志。

信息源可根据输出信号的性质不同分为模拟信息源和离散信息源。模拟信息源（如电话机、电视摄像机）输出幅度连续变化的信号；离散信息源（如计算机）输出离散的符号序列或文字。模拟信息源可通过抽样和量化变换为离散信息源。随着计算机和数字通信技术的发展，离散信息源的种类和数量愈来愈多。

由于信息源产生信息的种类和速率不同，因而对传输系统的要求也各不相同。

发送设备 发送设备的基本功能是将信息源和传输介质匹配起来，即将信息源产生的消息信号经过编码，并变换为便于传送的信号形式，送往传输介质。

对于数字通信系统来说，发送设备的编码常常又可分为信道编码与信源编码两部分。信源编码是把连续消息变换为数字信号；而信道编码则是使数字信号与传输介质匹配，提高传输的可靠性或有效性。变换方式是多种多样的，调制是最常见的变换方式之一。

发送设备还要包括为达到某些特殊要求所进行的各种处理，如多路复用、保密处理、纠错编码处理等。

传输介质　传输介质指发送设备到接收设备之间信号传递所经媒介。它可以是无线的，也可以是有线的（包括光纤）。有线和无线均有多种传输介质，如电磁波、红外线为无线传输介质，各种电缆、光缆、双绞线等为有线传输介质。

介质在传输过程中必然会引入某些干扰，如热噪声、脉冲干扰、衰减等。媒介的固有特性和干扰特性直接关系到变换方式的选取。

接收设备　接收设备的基本功能是完成发送设备的反变换，即进行解调、译码、解密等。它的任务是从带有干扰的信号中正确恢复出原始信息来，对于多路复用信号，还包括解除多路复用，实现正确分路。

以上所述是单向通信系统，但在大多数场合下，信源兼为收信者，通信的双方需要随时交流信息，因此要求双向通信。这时，通信双方都要有发送设备和接收设备。如果两个方向有各自的传输介质，则双方都可独立进行发送和接收；但若共用一个传输介质，则必须用频率或时间分割的办法来共享。通信系统除了完成信息传递之外，还必须进行信息的交换。传输系统和交换系统共同组成一个完整的通信系统，直至构成复杂的通信网络。

2.1.2　数据编码

计算机网络系统的通信任务是传送数据或数据化的信息。这些数据通常以离散的二进制 0，1 序列的方式表示。码元是所传输数据的基本单位。在计算机网络通信中所传输的大多为二元码，它的每一位只能在 1 或 0 两个状态中取一个。这每一位就是一个码元。

数据编码是指通信系统中以何种物理信号的形式来表达数据。分别用模拟信号的不同幅度、不同频率、不同相位来表达数据的 0，1 状态的，称为模拟数据编码。用高低电平的矩形脉冲信号来表达数据的 0，1 状态的，称为数字数据编码。

采用数字数据编码，在基本不改变数据信号频率的情况下，直接传输数据信号的传输方式，称为基带传输。基带传输可以达到较高的数据传输速率，是目前广泛应用的数据通信方式。

单极性码　信号电平是单极性的，如逻辑 1 用高电平，逻辑 0 为 0 电平的信号表达方式。

双极性码　信号电平为正、负两种极性的。如逻辑 1 用正电平，逻辑 0 为负电平的信号表达方式。

归零码（RZ）　在每一位二进制信息传输之后均返回零电平的编码。例如逻辑 1 只在该码元时间中的某段（如码元时间的一半）维持高电平后就回复到低电平。

非零码（NRZ）　在整个码元时间内维持有效电平。图 2-2 表示了单、双极性归零码和非归零码的典型波形图。

差分码　用电平的变化与否来代表逻辑 "1" 和 "0"。电平变化代表 "1"，不变化代表 "0"，按此规定的码称为传号差分码。根据初始状态为高电平或低电平，差分码有

（a）单极性非归零码　　　　　　（b）单极性归零码

（c）双极性非归零码　　　　　　（d）双极性归零码

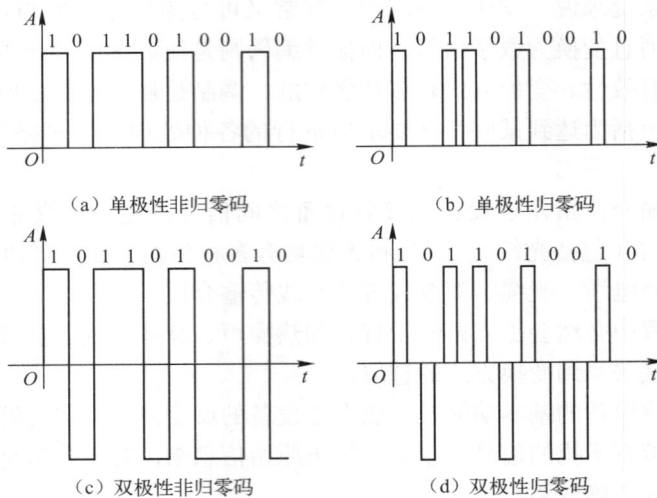

图 2-2　单、双极性的归零码和非归零码典型波形图

两种波形（相位恰相反入）。显然，差分码不可能是归零码，其波形如图 2-3 所示。

根据信息传输方式，还可分为平衡传输和非平衡传输。平衡传输指无论"0"或"1"都是传输格式的一部分；而非平衡传输中，只有"1"被传输，"0"则以在指定的时刻没有脉冲来表示。

实际的基带传输方式往往是上述几种方式的结合。

曼彻斯特编码（Manchester Encoding）　这是一种常用的基带信号编码。它具有内在的时钟信息，因而能使网络上的每一个系统保持同步。在曼彻斯特编码中，时间被划分为等间隔的小段，其中每小段代表一个比特。每一小段时间本身又分为两半，前半个时间段所传信号是该时间段传送比特值的反码，后半个时间段传送的是比特值本身。可见在一个时间段内，其中间点总有一次信号电平的变化。因此携带有信号传送的同步信息而不需另外传送同步信号。

图 2-3　差分码波形图

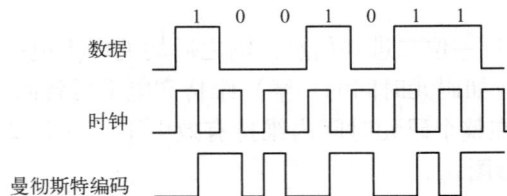

图 2-4 表示了曼彻斯特编码过程与波形。从频谱分析理论知道，理想的方波信号包含从零到无限高的频率成分，由于传输线中不可避免地存在分布电容，被允许传输的带宽是有限的，所以要求波形完全不失真地传输是不可能的。为了与线路传输特性匹配，除很近距离传输外，一般可用低通滤波器将图 2-4 中的矩形波整形成为变换点比较圆滑的基带信号，而在接收端，则在每个码元的最大值（中心点）取样复原。

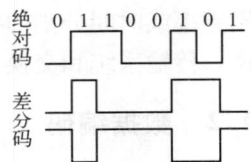

图 2-4　曼彻斯特编码过程与波形

模拟数据编码　模拟数据编码采用模拟信号来表达数据的 0，1 状态。幅度、频率、相位是描述模拟信号的参数，可以通过改变这三个参数，实现模拟数据编码。幅度键控 ASK（amplitude-shift keying）、频移键控 FSK（frequency-shift keying）、相移键控 PSK（phase-shift keying）中是模拟数据编码的三种编码方法。

幅度键控 ASK 中，载波信号的频率、相位不变，幅度随调制信号变化。例如一个二进制数字信号，在调制后波形的时域表达式为：

$$S_A = a_n A \cos(\omega_c t) \tag{2-1}$$

这里 A 为载波信号幅度，ω_c 为载波频率，a_n 为二进制数字 0 或 1。当 a_n 为 1 时，S_A 所得波形代表数字 1；当 a_n 为 0 时，S_A 就代表 0。图 2-5（b）表示了幅度键控调幅后的波形与数据信号的关系。

频移键控 FSK 中，载波信号的频率随着调制信号而变化，而载波信号的幅度、相位不变。例如在二进制频移键控中，可定义信号 0 对应的载波频率大，信号 1 对应的载波频率小，调制后信号波形如图 2-5（c）中所示。

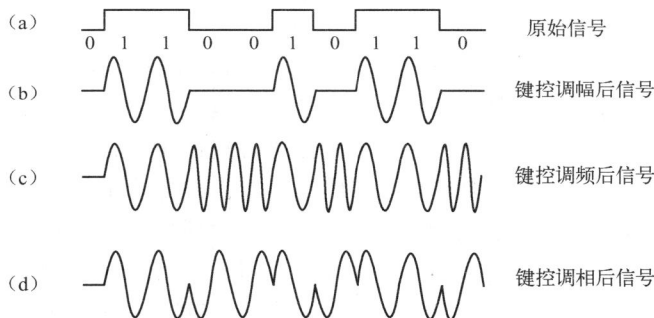

图 2-5　三种模拟数据编码调制后的信号波形

相移键控 PSK 中，载波信号内相位随着调制信号而变化，而载波信号幅度、频率不变。例如在二进制相移键控中，通常用相应 0°和180°来分别表示 1 或 0，调制信号的典型波形如图 2-5（d）中所示。

还有其他一些编码调制方法。如二进制差分相移键控（2DPSK）等。2DPSK 采用载波相位传送数字信息。它首先对基带信号进行差分编码，即把绝对码变为相对码，然后再进行绝对调相。

2.1.3　通信系统的性能

通信的任务是传递信息，因而信息传递的有效性和可靠性是通信系统最主要的质量指标。有效性是指所传输信息的内容多少，而可靠性是指接收信息的可靠程度。

二进制信号的信息速率用每秒比特（bps）作单位，常称为比特率。如比特率为 9 600 bps，意谓着每秒可传输 9 600 个二进制脉冲。当信道一定时，信息速率越高，有效性越好。

传输速率可度量通信系统每秒传送的信息量，由下式求得：

$$S_b = \frac{1}{T}\log_2 n \tag{2-2}$$

式中，T 为传输代码的最小单位时间，n 为信道的有效状态。例如对串行传输而言，如某一个脉冲只包含两种状态，则 $n=2$，$S_b = \frac{1}{T}$bps。国际上常用的标准数据信号速率为 50，100，200，300，600 bps，以及 1 200，2 400，4 800，9 600 bps，240 kbps，1 Mbps，10 Mbps 等。

误码率是衡量数字通信系统可靠性的指标。它是指二进制码元在数据传输系统中被传错的概率，数值上近似为 $P \approx \frac{N_e}{N}$；N 为传输的二进制码元总数，N_e 为被传输错的码元数。实际使用中，N 应足够大时，才能把 P_e 近似为误码率。理解误码率定义时应注意以下几个问题：

① 误码率应该是衡量数据传输系统正常工作状态下传输可靠性的参数。

② 对于一个实际的数据传输系统，不能笼统地说误码率越低越好，要根据实际传输要求提出误码率要求；在数据传输速率确定后，误码率越低，数据传输系统设备越复杂，造价越高。

③ 对于实际数据传输系统，如果传输的不是二进制码元，要折合成二进制码元来计算。差错的出现具有随机性，在实际测量一个数据传输系统时，被测量的传输二进制码元数越大，越接近于真正的误码率值。在实际的数据传输系统中，人们需要对一种通信信道进行大量重复的测试，才能求出该信道的平均误码率，或者给出某些特殊情况下的平均误码率。根据测试，目前电话线路在 300 ~ 2 400 bps 传输速率时平均误码率为 10^{-4} ~ 10^{-6}，在 4 800 ~ 9 600 bps 传输速率时平均误码率为 10^{-2} ~ 10^{-4}。而计算机通信的平均误码率要求低于 10^{-9}。因此普通通信信道如不采取差错控制技术是不能满足计算机通信要求的。

通信系统的有效性和可靠性两者之间是相互联系、相互制约的。

通信信道的频率特性　描述通信信道在不同频率的信号通过以后，其波形发生变化的特性。

频率特性分为幅频特性和相频特性：幅频特性指不同频率信号，通过信道后其幅值受到不同的衰减的特性。相频特性是指不同频率的信号通过信道后，其相角发生不同程度的改变的特性。理想信道的频率特性应该是对不同频率产生均匀的幅频特性和线性相频特性。实际信道的频率特性并非理想。因此通过信道后的波形产生畸变。如果信号的频率在信道带宽范围内，则传输的信号基本上不失真，否则，信号的失真将较严重。

信道频率特性不理想是由于传输线路并非理想线路。实际的传输线路存在电阻、电感、电容，由它们组成分布参数系统。由于电感、电容的阻抗随频率而变，使得信号的各次谐波的幅值衰减不同，它们的相角变化也不尽相同。不同的传输介质，它们的带宽不同。例如同轴电缆的通频带比双绞线宽。当然，信道的频率特性不仅与介质相关，而且和中间通信设备的电气特性有关。

信道容量　信道容量指信道在单位时间内可能传送的最大比特数，或称为最大数据传输速率。设信号的传输速率为 b（bps），传送一个字符（8 bit）所需时间 T 为（$8/b$）秒，因此第一次谐波频率为（$b/8$）Hz。一般电话线的截止频率约为 3 000 Hz。这个限制意味着该线路能通过的最高的谐波数为 24 000/b。例如试图在电话线上以 9 600 bps 的数据率传送信号，此时该线路能通过的最高的谐波数仅为 2，接收到的信号无疑将产生畸变，即不能正确接收原比特流。在电话线上即使传输设施完全无噪声，数据率高于 38.4 kbps 时，能通过的最高的谐波数将为 0，信号的传输是不可能的。所以说信道的带宽限制了信道的数据传输速率，即使是完全信道也是如此。

信噪比　信道功率与噪声功率 N 的比值，称为信噪比。信噪比一般用 10 $\log_2$（S/N）来表示，单位为分贝。

信道容量为经 Nyquist 或香农（Shannon）公式计算出的最大数据传输速率。

按照 Nyquist 定理，如果信号由 V 级离散值组成，$V = 2^L$，L 为信号所含比特数，则信道容量 C 或称最大数据传输速率为

$$C = 2W\log_2 V \text{（bps）} \tag{2-3}$$

一般电话线的带宽为 3 000 Hz，$V = 2^8$ 时，即使是无噪声通道，其最大传输速率也不会超过 48 kbps。

在有噪声存在的情况下，由于传递差错的出现，降低了信道容量。信道容量 C 与信道带宽 W，信噪比 S/N 之间的香农计算公式为

$$C = W\log_2（1 + S/N）\text{（bps）} \tag{2-4}$$

如带宽 W 为 3 000 Hz，信噪比为 10 db 时，$S/N = 10$，其信道容量

$$C = 3 000 \log_2（1 + 10）= 10 380 \text{（bps）} \tag{2-5}$$

如果信噪比提高为 20 db，即 $S/N = 100$ 时

$$C = 3 000 \log_2（1 + 100）= 19 975 \text{（bps）} \tag{2-6}$$

可见信道容量增加了许多。

由香农公式可以看到，提高信噪比能增加信道容量；在信道容量一定时，带宽与信噪比之间可以相互弥补。此外，随着带宽 W 增大，噪声功率 $N = Wn_0$（n_0 为噪声的单边功率谱密度）也增大，即使信道带宽无限增大，信道容量仍然是有限的，即增加带宽 W 并不能无限制地使信道容量增大。只要信号速率低于信道容量，就总可以找到一个编码方式，实现其低误码率传输。若实际传输速率超过信道容量，即使只超过一点，其传输也不能正确进行。

2.1.4　信号的传输方式

基带传输　基带传输就是在数字通信的信道上直接传送数据的基带信号，即按数据波的原样进行传输，不包含有任何调制，它是最基本的数据传输方式。

目前大部分微机局域网、控制局域网，都是采用基带传输方式的基带网。基带网的特点如下：信号按位流形式传输，整个系统不用调制解调器，这使得系统价格低廉。它可采用双绞线或同轴电缆作为传输介质，也可采用光缆作为传输介质。与宽带网相比，基带网的传输介质比较便宜，可以达到较高的数据传输速率（一般为 1 ～ 10 Mbps），但其传输距离一般不超过 25 km，传输距离越长，质量越低。基带网中线路工作方式只能为半双工方式或单工方式。

载波传输 载波传输采用数字信号对载波进行调制后实行传输。最基本的调制方式有上述的幅度键控（ASK）、频移键控（FSK）、相移键控（PSK）三种。

宽带网 由于基带网不适于传输语言、图像等信息，随着多媒体技术的发展，计算机网络传输数据、文字、语音、图像等多种信号的任务愈来愈重，于是提出了宽带传输的要求。

宽带网与基带网的主要区别，一是数据传输速率不同，基带网的数据速率范围为 0 ～ 10 Mbps，宽带网可达 0 ～ 400 Mbps；二是宽带网可划分为多条基带信道，提供良好的通信路径。一般宽带局域网可与有线电视系统共建，以节省投资。

异步传输模式（Asynchronous Transfer Mode，ATM） ATM 是一种新的传输与交换数字信息技术，也是实现高速网络的主要技术。它支持多媒体通信，包括数据、语音和视频信号，按需分配频带，具有低延迟特性，速率可达 155 Mbps ～ 2.4 Gbps，也有 25 Mbps 和 50 Mbps 的 ATM 技术，可适用于局域网和广域网。

2.1.5 通信方式

单工通信 单工通信是指传送的信息始终是一个方向，而不进行与此相反方向的传送，如图 2-6（a）所示。图中设 A 为发送终端，B 为接收终端，数据只能从 A 传送至 B，而不能由 B 传送至 A。单工通信线路一般采用二线制。

半双工通信 半双工通信是指信息流可在两个方向上传输，但同一时刻只限于一个方向传输，如图 2-6（b）所示。信息可以从 A 传至 B，或从 B 传至 A，所以通信双方都具有发送器和接收器。实现双向通信必须改换信道方向。半双工通信采用二线制线路，当 A 站向 B 站发送信息时，将发送器接在主信道上，B 站将接收器接在主信道上，而当 B 站向 A 站发送信息时，B 站要将接收器从主信道上断开把发送器接入，A 站要将发送器从主信道上断开，而把接收器接入。这种在一条信道上进行转换，实现 A→B 与 B→A 两个方向通信的方式，称为半双工通信。

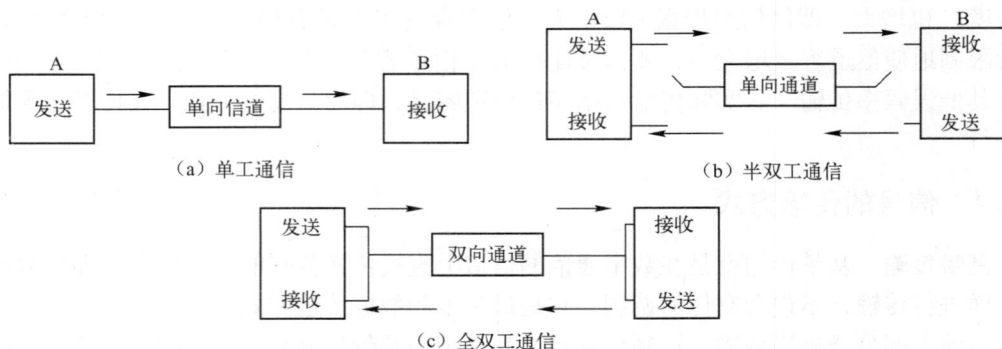

图 2-6 几种通信方式

全双工通信 全双工通信是指能同时作双向通信如图 2-6（c）所示。它相当于把两个相反方向的单工通信方式组合在一起。因此全双工通信一般采用四线制结构。若采用频率分割法，把传输信道分为高频群信道和低频群信道，就可用二线制。这种方式用于计算机－计算机间通信。

与半双工比较，全双工通信效率高，控制简单，但结构较复杂，成本较高。

2.1.6　同步方式

所谓同步，是接收端要按发送端所发送的每个码元的重复频率以及起止时间来接收数据。在通信时，接收端要校准自己的时间和重复频率，以便和发送端取得一致，这一过程称为同步过程。同步是数字通信系统中必须解决的一个重要问题。信息传输的同步方式分为两种，同步（Synchronous）式与异步（Asynchronous）式。

1. 同步式

按传输信息的基本组织单位，又将同步分为位同步、字符同步和帧同步。位同步与字符同步分别以位、字符作为一个独立的整体进行发送，而帧同步中的传输数据和控制信息按一种特殊的帧结构来组织。

位同步（Bit Synchronous）：位同步要求不管是否传送信息代码，每个比特（位）必须在收发两端保持同步，即为比特（位）同步。一般在接收端从接收信号中提取位同步信号，因为在接收信号码元 1 和 0 的极性变化中，就包含了同步信息。

需说明的是检验位与同步方式的关系。若所传送的字符代码是连续 1 或 0，将不出现代码极性变化而影响从接收信息中提取同步信号。为克服这一缺点，在同步方式中采用奇校验方法，以保证在每个字符中至少出现一个代码转换点。

字符同步（Character or Word Synchronous）：字符同步将字符组织成组后连续传送，每个字符内不加附加位，每组字符之前必须加上一个或多个同步 SYS。接收端接收到 SYS 字符，并根据它来确定字符的起始位。

当不传送信号代码时，在线路上传送的是全 1 或 0101……在传输开始时用同步字符（SYS）使收发双方进入同步。当搜索到两个以上 SYS 同步字符时，接收端开始接收信息，此后就从传输信息中抽出同步信息。在两个连接的报文之间，应插入两个以上的 SYS 同步字符。图 2-7 为同步式代码结构。

SYN	SYN					

一个或多个
同步符号　　　　　　　　连发一组数据或字符

图 2-7　同步式代码结构

由于同步式比下面的异步式传输效率高，适用于高速传输要求，一般在高速传输数据的系统中采用同步式。

2. 异步式

异步式又称起止（Start-Stop）同步方式，这是在计算机通信中常用的同步方式。异步方式中，并不要求收发两端在传送代码的每一比特（位）时都同步。例如在字符同步的异步方式传输中，在传输的字符前，设置一个启动用的起始位，预告字符的信息代码即将开始，在信息代码和校验信号（一般总共为 8 比特）结束后，也设置 1 ～ 2 比特的终止位，表示该字符已结束。终止位也反映了平时不进行通信的状态。当从不传输信息状态转到起始位状态时，在接收端将检测出极性状态的改变，利用这种改变，就可启动定时机构，实现同步。接收端收到终止位，就将定时机构复位，准备接收下一个字符代码。

图 2-8 为在异步方式时的代码结构。

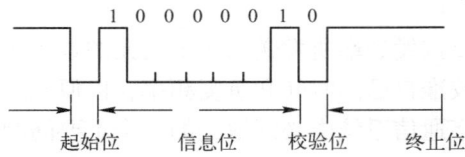

图 2-8　异步式代码结构

由图看出：

① 起始位和终止位之间，形成一个需传送的字符（即 7 比特信息位）；

② 起始位起了使该字符内各比特能同步的作用；

③ 各字符互不同步，字符的间隔是任意的；

④ 一个字符的传送时间由起始位和终止位之间的时间来决定。

字符长度 = 数据（信息位和校验位）+ 起始位 + 终止位

注：终止位有 1、1.5、2 比特三种。

在异步方式中，一般采用偶校验方式。异步方式实现起来简单容易，频率的漂移不会积累，每个字符都为该字符的位同步提供了时间基准，对线路和收发器要求较低。但缺点是线路效率低。因为每个字符需多占用 2 ~ 3 位的开销。异步方式在低速系统中获得了广泛的应用。

2.1.7　多路共传

在一条物理通道上同时传送多路信息的技术称为多路共传（Multiplexing）。常用的为频分多路共传和时分多路共传。图 2-9 为多路共传示意图。

图 2-9　多路共传示意图

时分多路共传（Time Division Multipexing，TDM）是将线路用于传输的时间划分成若干个时间片，每个用户分得一个时间片，这些时间片是预先分配好的，而且固定不变。

时分多路共传不仅用于传输数字信号，也可用于传输模拟信号。

频分多路共传（Frequency Division Multiplexing）是将一条具有一定带宽的线路划分成若干个占有较小带宽的信道，各条信道中心频率不重合，每个信道之间相距一定的频率间隔，每个用户使用一条频道。

2.2 总线的基本概念与操作

2.2.1 总线的基本术语

总线与总线段 从广义来说，总线就是传输信号或信息的公共路径，是遵循同一技术规范的连接与操作方式。一组设备通过总线连在一起称为"总线段"（Bus Segment）。可以通过总线段相互连接把多个总线段连接成一个网络系统。

总线主设备 可在总线上发起信息传输的设备叫做"总线主设备"（Bus Master）。也就是说，主设备具备在总线上主动发起通信的能力，又称命令者。

总线从设备 不能在总线上主动发起通信、只能挂接在总线上、对总线信息进行接收查询的设备称为总线从设备（Bus Slaver），也称基本设备。

在总线上可能有多个主设备，这些主设备都可主动发起信息传输。某一设备既可以是主设备，也可以是从设备，但不能同时既是主设备又是从设备。被总线主设备连上的从设备称为"响应者"（Responder），它参与命令者发起的数据传送。

控制信号 总线上的控制信号通常有三种类型。一类控制连在总线上的设备，让它进行所规定的操作，如设备清零、初始化、启动和停止等；另一类是用于改变总线操作的方式，如改变数据流的方向、选择数据字段的宽度和字节等；还有一些控制信号表明地址和数据的含义，如对于地址，可用于指定某一地址空间，或表示出现了广播操作；对于数据，可用于指定它能否转译成辅助地址或命令。

总线协议 管理主、从设备使用总线的一套规则称为"总线协议"（Bus Protocol）。这是一套事先规定的、必须共同遵守的规约。

2.2.2 总线操作的基本内容

总线操作 总线上命令者与响应者之间的连结→数据传送→脱开，这一操作序列称为一次总线"交易"（Transaction），或者叫做一次总线操作。"脱开"（Disconnect）是指完成数据传送操作以后，命令者断开与响应者的连接。命令者可以在做完一次或多次总线操作后放弃总线占有权。

数据传送 一旦某一命令者与一个或多个响应者连接上以后，就可以开始数据的读写操作。"读"（Read）数据操作是读来自响应者的数据；"写"（Write）数据操作是向响应者写数据。读写操作都需要在命令者和响应者之间传递数据。为了提高数据传送操作的速度，有些总线系统采用了块传送和管线方式，加快了长距离的数据传送速度。

通信请求 通信请求是由总线上某一设备向另一设备发出的请求信号，要求后者给予注意并进行某种服务。它们有可能要求传送数据，也有可能要求完成某种动作。

不同总线标准中，通信请求的方式是多种多样的。最简单的方法是，要求通信的设备发出服务请求信号，相应的通信处理器监测到服务请求信号时，就查询各个从设备，识别出是哪一个从设备要求中断，并发出应答信号。该信号以菊花链方式依次通过各从设备。

当请求通信的设备收到该应答信号时，就不让该信号传下去，而把它自己的标识码放在总线上。这时，通信处理设备就知道哪一个是服务请求者。这种传送中断信号的工作方式不够灵活，不适用于总线上有多个能进行通信处理设备的场合。

另一种处理的方法是，把请求通信的设备变成总线命令者，然后把请求信息发给想要联络的设备。这一处理过程完全是分布式的，把设备指派为通信处理设备的过程是动态进行的。高性能的总线标准中通常采用这种方法，但它要求所有要申请通信的设备都应具有主设备的能力。

寻址　寻址过程是命令者与一个或多个从设备建立起联系的一种总线操作。通常有以下 3 种寻址方式。

① 物理寻址：用于选择某一总线段上某一特定位置的从设备作为响应者。由于大多数从设备都包含有多个寄存器，因此物理寻址常常有辅助寻址，以选择响应者的特定寄存器或某一功能。

② 逻辑寻址：用于指定存储单元的某一个通用区，而并不顾及这些存储单元在设备中的物理分布。某一设备监测到总线上的地址信号，看其是否与分配给它的逻辑地址相符，如果相符，它就成为响应者。物理寻址与逻辑寻址的区别在于前者是选择与位置有关的设备，而后者是选择与位置无关的设备。

③ 广播寻址：广播寻址用于选择多个响应者。命令者把地址信息放在总线上，从设备将总线上的地址信息与其内部的有效地址进行比较，如果相符，则该设备被"连上"（Connect）。能使多个从设备连上的地址称为"广播地址"（Broadcast Addresses）。命令者为了确保所选的全部从设备都能响应，系统需要有适应这种操作的定时机构。

每一种寻址方法都有其优点和使用范围。逻辑寻址一般用于系统总线，而现场总线则较多采用物理寻址和广播寻址。不过，现在有一些新的系统总线常常具备上述两种、甚至三种寻址方式。

总线仲裁　总线在传送信息的操作过程中有可能会发生"冲突"（Contention）。为解决这种冲突，就需进行总线占有权的"仲裁"（Arbitration）。总线仲裁是用于裁决哪一个主设备是下一个占有总线的设备。某一时刻只允许某一个主设备占有总线，等到它完成总线操作，释放总线占有权后才允许其他总线主设备使用总线。当前的总线主设备叫做"命令者"（Commander）。总线主设备为获得总线占有权而等待仲裁的时间叫做"访问等待时间"（Access Latency），而命令者占有总线的时间叫做"总线占有期"（Bus Tenancy）。命令者发起的数据传送操作，可以在叫做"听者"（Listener）和"说者"（Talker）的设备之间进行，而更常见的是在命令者和一个或多个"从设备"之间进行。

总线仲裁操作和数据传送操作是完全分开且并行工作的，因此总线占有权的交接过程不会耽误总线操作。

总线仲裁机构中有一种被称为集中仲裁的仲裁方案。其仲裁操作由一个仲裁单元完成。如果有两个以上主设备同时请求使用总线时，仲裁单元利用优先级方案进行仲裁。有多种优先级方案可以选用。有的方案中，采用高优先级的主设备可无限期地否决低优先级主设备而占有总线；而另一些方案则采用所谓"合理方案"，不允许某一主设备"霸占"总线。

　　另一种仲裁方案是分布式仲裁，其仲裁过程是在每一主设备中完成的。当某一主设备在公共总线上置起它的优先级代码时，开始一个仲裁周期。仲裁周期结束时，只有最高优先级仍置放在总线上。某一主设备检测到总线上的优先级和它自己的优先级相同时，就知道下一时刻的总线主设备是它自己。

　　总线定时　总线操作用"定时"（Timing）信号进行同步。定时信号用于指明总线上的数据和地址在什么时刻是有效的。大多数总线标准都规定命令者可置起"控制"（Control）信号，用来指定操作的类型，还规定响应者要回送"从设备状态响应"（Slave Status Response）信号。

　　主设备获得总线控制权以后，就进入总线操作，即进行命令者和响应者之间的信息交换。这种信息可以是地址和数据。定时信号就是用于指明这些信息何时有效。定时信号有同步和异步两种。

　　在大多数同步总线系统中，定时时钟信号是由系统统一提供的。总线状态的改变只出现在时钟的固定时刻。总线周期的持续时间通常根据连在总线上响应最慢的设备设置时钟的速率来确定。为了避免因与低速设备通信而降低系统的整体性能，在总线标准中规定允许插入等待周期。例如，某一慢速设备为完成所请求的操作，可置起等待信号，直至该操作完成。当该等待信号撤消以后，系统恢复至正常的同步操作。在异步和使用等待约定的同步系统中均有总线超时处理。在规定的时间内没有得到响应者的响应，系统就停止该总线周期。

　　在异步总线系统中，命令者发出选通定时信号表明总线上的信息有效；响应者回送一个应答定时信号。命令者收到该应答信号后，证实响应者确实进行了响应。这一过程叫做"握手"（Handshake）。

　　出错检测　在总线上传送信息时会因噪声和串扰而出错，因此在高性能的总线中一般设有出错码产生和校验机构，以实现传送过程的出错检测。传送地址时的奇偶出错会使要连接的从设备连不上；传送数据时如果有奇偶错，通常是再发送一次。也有一些总线由于出错率很低而不设检错机构。

　　容错　设备在总线上传送信息出错时，如何减少故障对系统的影响，提高系统的重配置能力是十分重要的。故障对分布式仲裁的影响就比菊花链式仲裁小。后者在设备出故障时，会直接影响它后面设备的工作。总线系统应能支持软件利用一些新技术，如动态重新分配地址，把故障隔离开来，关闭或更换故障单元。

　　有几种新的总线在其标准中规定了串行总线出故障时如何用备用路径来代替的条款。这种备用总线在主串行总线正常工作时，可用于传递通信请求信号，并监测主串行总线的工作状态，在主串行总线出现故障时就代替它。

　　多段总线操作　上面所讨论的是单段总线操作，即在一个总线段内，某一时间，一个命令者与一个或多个从设备进行总线操作。在一些总线标准中，允许多个段互连，组成段互连总线系统。在这种系统中能实现多段并行操作，提高了系统的性能。利用这种段总线互连技术，可组成网络式的复杂系统。

2.3 计算机局域网及其拓扑结构

2.3.1 计算机网络与网络拓扑

由于计算机的广泛使用，为用户提供了分散而有效的数据处理与计算能力。计算机和以计算机为基础的智能设备一般除了处理本身业务之外，还要求与其他计算机彼此沟通信息，共享资源，协同工作。于是出现了用通信线路将各计算机连接起来的计算机群，以实现资源共享和作业分布处理，这就是计算机网络。Internet 就是当今世界上最大的非集中式的计算机网络的集合，是全球范围成千上万个网连接起来的互联网，已成为当代信息社会的重要基础设施——信息高速公路。

计算机网络的种类繁多，分类方法各异。按地域范围可分为远程网和局域网。远程网的跨越范围可从几十公里到几万公里，其传输线造价很高。考虑到信道上的传输衰减，其传输速度不能太高，一般小于 100 kbps。若要提高传输速率，就要大大增加通信费用，或采用通信卫星、微波通信技术等。局域网络的距离只限于几十米到 25 km，一般为 10 km 以内。其传输速率较高，在 0.1 ~ 100 Mbps 之间，误码率很低，为 $10^{-8} \sim 10^{-11}$。具有多样化的通信媒体，如同轴电缆、光缆、双绞线、电话线等。

网络拓扑结构、信号方式、访问控制方式，传输介质是影响网络性能的主要因素。

网络的拓扑结构是指网络中节点的互连形式。在图 2-10 所示的网络拓扑结构中，星形、环形、总线形和树形较为常见。

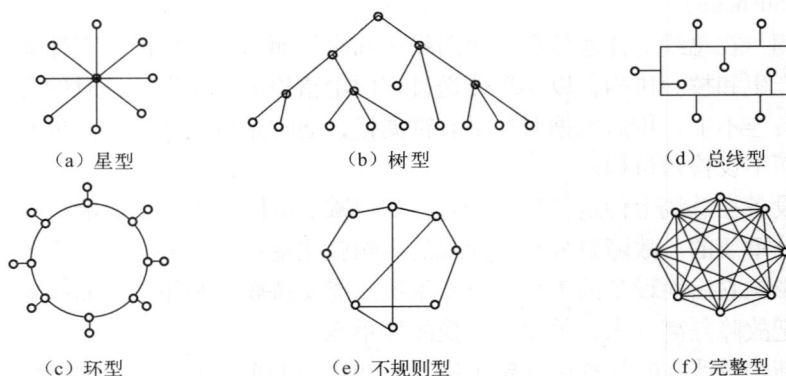

（a）星型　　　　　（b）树型　　　　　（d）总线型

（c）环型　　　　　（e）不规则型　　　　　（f）完整型

图 2-10　网络拓扑结构

2.3.2 星型拓扑

在星型拓扑中，每个站通过点 – 点连接到中央节点，任何两站之间通信都要通过中央节点进行。一个站要传送数据，首先向中央节点发出请求，要求与目的站建立连接。连接建立后，该站才向目的站发送数据。这种拓扑采用集中式通信控制策略，所有通信均由中央节点控制，中央节点必须建立和维持许多并行数据通路，因此中央节点的结构显得非常复杂，而每个站的通信处理负担很小，只需满足点 - 点链路简单通信要求，结构很简单。

星型拓扑采用电路交换，可实现数据通信量的综合，适用于低数据率设备。因为这种拓扑的网络终端只需承担很小的通信处理负担，因而很适合要求终端密集的地方。

2.3.3　环型拓扑

在环型拓扑中，网络中有许多中继器进行点 - 点链路连接，构成一个封闭的环路。中继器接收前驱站发来的数据，然后按原来速度一位一位地从另一条链路发送出去。链路是单向的，数据沿一个方向（顺时针或反时针）在网上环行。每个工作站通过中继器再连至网络。一个站发送数据，按分组进行，数据拆成分组加上控制信息插入环上，通过其他中继器到达目的站。由于多个工作站要共享环路，需有某种访问控制方式，确定每个站何时能向环上插入分组。它们一般采用分布控制，每个站有存取逻辑和收发控制。

环型拓扑正好与星型拓扑相反。星型拓扑的网络设备需有较复杂的网络处理功能，而工作站负担最小，环型拓扑的网络设备只是很简单的中断器，而工作站则需提供拆包和存取控制逻辑较复杂功能。环型网络的中继器之间可使用高速链路（如光纤），因此环型网络与其他拓扑相比，可提供更大的吞吐量，适用于工业环境。但在数量、数据类型、可靠性方面存在某些局限。

2.3.4　总线型拓扑

在总线型拓扑中，传输介质是一条总线，工作站通过相应硬件接口接至总线上。一个站发送数据，所有其他站都能接收。因此，总线型的传输介质称作多点式或广播式。因为所有节点共享一条传输链路，一次只允许一个站发信息，需有某种存取控制方式，确定下一个可以发送的站。信息也是按分组发送，达到目的站后，经过地址识别，将信息复制下来。

2.3.5　树型拓扑

树型拓扑是总线型拓扑的扩展形式，传输介质是不封闭的分支电缆。它和总线型拓扑一样，一个站发送数据，其他站都能接收。

树型拓扑的适应性很强，可适用于很宽范围，如对网络设备的数量、数据率和数据类型等没有太多限制，可达到很高的带宽。树型结构在单个局域网系统中采用不多，如果把多个总线型或星型网连在一起，或连到另一个大型机或一个环形网上，就形成了树型拓扑结构，这在实际应用环境中是非常需要的。树型结构非常适合于分主次、分等级的层次型管理系统。

2.4　网络的传输介质

传输介质是网络中连接收发双方的物理通路，也是通信中实际传送信息的载体。网络中常用的传输介质有电话线、同轴电缆、双绞线、光导纤维电缆、无线与卫星通信。传输介质的特性对网络中数据通信质量影响很大，主要特性如下。

① 物理特性：传输介质物理结构的描述。

② 传输特性：传输介质允许传送数字或模拟信号以及调制技术、传输容量、传输的频率范围。

③ 连通特性：允许点－点或多点连接。

④ 地理范围：传输介质最大传输距离。

⑤ 抗干扰性：传输介质防止噪声与电磁干扰对传输数据影响的能力。

⑥ 相对价格：器件、安装与维护费用。

2.4.1　双绞线的主要特性

无论对于模拟数据还是对于数字数据，双绞线都是最通用的传输介质。电话线路就是一种双绞线。

1. 物理特性

双绞线由按规则螺旋结构排列的两根或四根绝缘线组成。一对线可以作为一条通信线路，各个线对螺旋排列的目的是使各线对之间的电磁干扰最小。

2. 传输特性

双绞线最普遍的应用是语音信号的模拟传输。在一条双绞线上使用频分多路复用技术可以进行多个音频通道的多路复用。如每个通道占用 4 kHz 带宽，并在相邻通道之间保留适当的隔离频带，双绞线使用的带宽可达 268 kHz，可以复用 24 条音频通道的传输。

使用双绞线或调制解调器传输模拟数据信号时，数据传输速率可达 9 600 bps，24 条音频通道总的数据传输速率可达 230 kbps。

3. 连通性

双绞线可以用于点－点连接，也可用于多点连接。

4. 地理范围

双绞线用作远程中继线时，最大距离可达 15 km；用于 10 Mbps 局域网时，与集线器的距离最大为 100 m。

5. 抗干扰性

双绞线的抗干扰性取决于一束线中相邻线对的扭曲长度及适当的屏蔽。在低频传输时，其抗干扰能力相当于同轴电缆。在 10 ～ 100 kHz 时，其抗干扰能力低于同轴电缆。

6. 价格

双绞线的价格低于其他传输介质，并且安装、维护方便。

2.4.2　同轴电缆的主要特性

同轴电缆是网络中应用十分广泛的传输介质之一。

1. 物理特性

同轴电缆结构如图 2-11 所示，它由内导体、绝缘层、外导体及外部保护层组成。同轴介质的特性参数由内、外导体及绝缘层的电参数和机械尺寸决定。

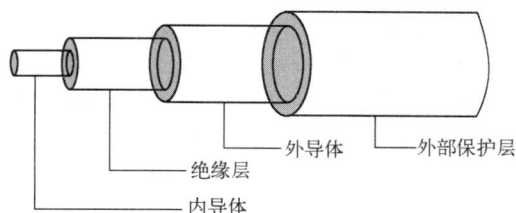

外导体 外部保护层
绝缘层
内导体

图 2-11 同轴电缆结构示意图

2. 传输特性

根据同轴电缆通频带，同轴电缆可以分为基带同轴电缆和宽带同轴电缆两类。基带同轴电缆一般仅用于数字数据信号传输。宽带同轴电缆可以使用频分多路复用方法，将一条宽带同轴电缆的频带划分成多条通信信道，使用各种调制方案，支持多路传输。宽带同轴电缆也可以只用于一条通信信道的高速数字通信，此时称之为单通道宽带。

描述同轴电缆的另一个电参数是它的特征阻抗。特征阻抗的大小与内、外导体的几何尺寸、绝缘层介常数相关。网络中常用的同轴电缆有特征阻抗为 50 Ω 的 Ethernet 使用的同轴电缆，用于基带传输，速率可达 10 Mbps。另一类为公用天线电视 CATV 电缆，特征阻抗为 75 Ω。CATV 电缆既可以用于模拟信号传输，也可以用于数字信号传输。当用于模拟信号传输时，CATV 电缆带宽可达 400 MHz。CATV 电缆为宽带同轴电缆，可以用频分多路复用 FDM 技术，将 CATV 电缆的带宽分成多个通道，每个通道可以传输模拟信号，也可以传输数字信号。

3. 其他特性

① 连通性：同轴电缆支持点—点连接，也支持多点连接。宽带同轴电缆可支持数千台设备的连接；基带同轴电缆可支持数百台设备的连接。

② 地理范围：基带同轴电缆最大距离限制在几千米范围内，而宽带同轴电缆最大距离可达几十千米。

③ 抗干扰性：同轴电缆的结构使得它的抗干扰能力较强。

④ 价格：同轴电缆造价介于双绞线与光线之间，维护方便。

2.4.3 光缆的主要特性

光缆是网络传输介质中性能最好、应用前途广泛的一种。

1. 物理特性

光纤是一种直径为 50 ～ 100 μm 的柔软、能传导光波的介质，各种玻璃和塑料可以用来制造光纤，其中用超高纯度石英玻璃纤维制作的光纤可以得到最低的传输损耗。在折射率较高的单根光纤外面用折射率较低的包层包裹起来，就可以构成一条光纤通道，多条光纤组成一条光纤电缆。光缆的结构如图 2-12 （a）所示。

2. 传输特性

光导纤维通过内部的全反射来传输一束经过编码的光信号。光波通过光导纤维内部全反射进行光传输的过程如图 2-12（b）所示。由于光纤的折射系数高于外部包层的折射系数，因此可以形成光波在光纤与包层界面上的全反射。光纤可以看作频率从 $10^{14} \sim 10^{15}$ Hz 的光波导线，这一范围覆盖了可见光谱与部分红外光谱。以小角度进入的光波沿光纤按全反射方式向前传播。

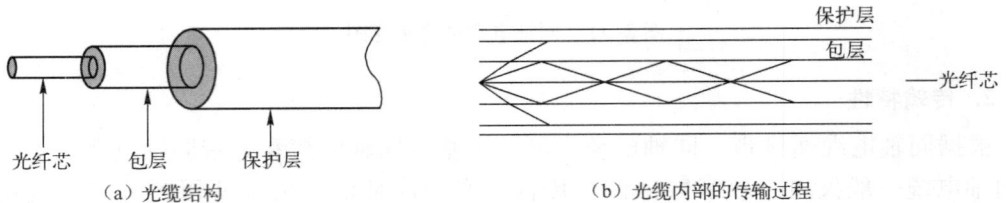

图 2-12 光缆结构与传输

（a）光缆结构　　　　　　　　　（b）光缆内部的传输过程

图 2-12 光缆结构与传输

典型的光纤传输系统的结构如图 2-13 所示。光纤发送端采用两种光源：发光二极管 LED 和注入型激光二极管 ILD。在接收端将光信号转换成电信号时使用光电二极管 PIN 检波器或 APD 检波器。光载波调制方法采用振幅键控 ASK 调制方法，即亮度调制。光纤传输速率可达几千 Mbps。目前已投入使用的光纤在几 km 范围内速率达到几百 Mbps。

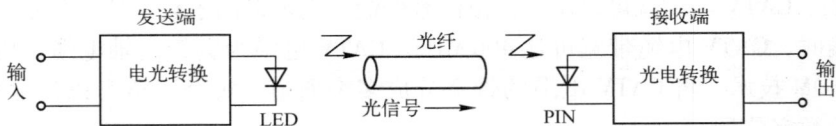

图 2-13 光缆传输示意图

光纤传输分为单模与多模两类。所谓单模光纤是指光纤的光信号仅与光纤轴成单个可分辨角度的单光纤传输，而多模光纤的光信号与光纤轴成多个可分辨角度的多光发传输。单模光纤性能优于多模光纤。

3. 其他特性

① 连通性：光纤最普遍的连接方法是点 - 点方式，在某些实验系统中也采用多点连接方式。

② 地理范围：光纤信号衰减极小，它可以在 $6 \sim 8$ km 距离内不使用中继器，实现高速率数据传输。

③ 抗干扰性：光纤不受外界电磁干扰与噪声的影响能在长距离、高速率传输中保持低误码率。双绞线典型的误码率在 $10^{-5} \sim 10^{-6}$ 之间，基带同轴电缆为 10^{-7}，宽带同轴电缆为 10^{-9}，而光纤误码率可以低于 10^{-10}。光纤传输的安全性与保密性极好。

④ 价格：目前光纤价格高于同轴电缆与双绞线。由于光纤具有低损耗、宽频、高数据传输速率、低误码率、安全保密性好等特点，因此它是一种最有前途的传输介质。

2.4.4　无线通信信道的主要特性

无线通信主要有微波通信、红外通信与激光通信，卫星通信可以看成是一种特殊的微波通信系统。由于微波载波频率很高，可以同时传送大量信息。例如，一个带宽为 2 MHz 的微波频段就可以容纳 500 路语音信道。当用于数字通信时，数据传输速率可达若干 Mbps。微波属于一种视距传输，它沿直线传播，不能绕射。红外通信与激光通信也属于方向性极强的直线传播，发送端与接收端必须可以直视，中间没有阻挡。由于微波通信信道、红外通信信道与激光通信信道都不需要铺设电缆，因此对于连接不同建筑物之间的局域网特别有用。目前正在发展的一项局域网技术是无线局域网，并将获得广泛应用。

微波　工作频率为 $10^9 \sim 10^{10}$ Hz，局域网络可直接利用微波收发机进行通信，或作中继接力，扩大传输距离。

红外线　工作频率为 $10^{11} \sim 10^{14}$ Hz，通过发送或接收信号调制的非相干红外线，即可形成一条通信链路。只要收发机处在视线内，就可准确地进行通信，方向性很强，几乎不受干扰。

激光　工作频率为 $10^{14} \sim 10^{15}$ Hz，用调制解调的相干激光，实现激光通信。对于远距离传输还可采用卫星通信等。

2.4.5　传输介质的选择

传输介质选择时要考虑的问题很多，它受到网络拓扑、网络连接方式的限制。它应该支持所希望的网络通信量；满足系统的可靠性要求；根据所要传输的数据类型、网络覆盖的地理范围、节点间的距离等因素，选择合适的传输介质。

2.5　介质访问控制方式

如前所述，在总线和环型拓扑中，网上设备必须共享传输线路。为解决在同一时间有几个设备同时争用传输介质，需有某种介质访问控制方式，以便协调各设备访问介质的顺序，在设备之间交换数据。

通信中对介质的访问可以是随机的，即各工作站可在任何时刻，任意地访问介质；也可以是受控的，即各工作站可用一定的算法调整各站访问介质顺序和时间。在随机访问方式中，常用的争用总线技术为载波监听多路访问/冲突检测（CSMA/CD）。在控制访问方式中则常用令牌总线、令牌环，或称之为标记总线、标记环。

2.5.1　CSMA/CD

这种控制方式对任何工作站都没有预约发送时间。工作站的发送是随机的，必须在网络上争用传输介质，故称之为争用技术。若同一时刻有多个工作站向传输线路发送信息，则这些信息会在传输线上相互混淆而遭破坏，称为"冲突"。为尽量避免由于竞争引起的冲突，每个工作站在发送信息之前，都要监听传输线上是否有信息在发送，这就是"载波监听"。

载波监听 CSMA 的控制方案是先听再讲。一个站要发送，首先需监听总线，以决定介质上是否存在其他站的发送信号。如果介质是空闲的，则可以发送。如果介质是忙的，则等待一定间隔后重试。当监听总线状态后，可采用以下三种 CSMA 坚持退避算法。

① 不坚持 CSMA：假如介质是空闲的，则发送。假如介质是忙的，则等待一段随机时间，重复第一步。

② 1 - 坚持 CSMA：假如介质是空闲的，则发送。假如介质是忙的，继续监听，直到介质空闲，立即发送。假如冲突发生，则等待一段随机时间，重复第一步。

③ P - 坚持 CSMA：假如介质是空闲的，则以 P 的概率发送，或以 $(1-P)$ 的概率延迟一个时间单位后重复处理。该时间单位等于最大的传输延迟。假如介质是忙的，继续监听直到介质空闲，重复第一步。

不坚持算法利用随机的重传时间来减少冲突的概率。这种算法的缺点是：即使有几个站有数据要发送，介质仍然可能处于空闲状态，介质的利用率较低。为了避免这种介质利用率的损失，可采用 1 - 坚持算法。1 - 坚持算法是当站点要发送时，只要介质空闲，就立即发送。这种算法的缺点是：假如有两个或两个以上的站点有数据要发送，冲突就不可避免。P - 坚持算法是一种折中的算法，它试图降低像 1 - 坚持算法的冲突概率，另一方面又减少像不坚持算法中的介质浪费。

假如当介质忙时，有 N 个站有数据等待发送，则当前的发送完成时，有 NP 个站企图发送，如果选择 P 过大，使 $NP > 1$，则冲突不可避免。最坏的情况是，随着冲突概率的不断增大，吞吐率会降为 0。所以必须选择 P 值使 $NP < 1$，如果 P 值选得过于小，则通道利用率又会大大降低。

由于传输线上不可避免的有传输延迟，有可能多个站同时监听到线上空闲并开始发送，从而导致冲突。故每个工作站发送信息之后，还要继续监听线路，判定是否有其他站正与本站同时向传输线发送，一旦发现，便中止当前发送，这就是"冲突检测"。

载波监听多路访问/冲突检测的协议，简写为 CSMA/CD，已广泛应用于局域网中。每个站在发送帧期间，同时有检测冲突的能力。即所谓边讲边听。一旦检测到冲突，就立即停止发送，并向总线上发一串阻塞信号，通知总线上各站冲突已发生，这样通道的容量不致因白白传送已损坏的帧而浪费。

对基带总线而言，所需的冲突检测的时间等于任意两个站之间最大的传输延迟的两倍。

对宽带总线而言，冲突检测时间等于任意两个站之间最大传输延迟的四倍。

2.5.2 令牌（标记）访问控制方式

CSMA 的访问存在发报冲突问题，产生冲突的原因是由于各站点发报是随机的。为了解决冲突问题，可采用有控制的发报方式，令牌方式是一种按一定顺序在各站点传递令牌（token）的方法。谁得到令牌，谁才有发报权。令牌访问原理可用于环型网络，构成令牌环型网；也可用于总线网，构成令牌总线网络。

1. 令牌环（token ring）方式

令牌环是环型结构局域网采用的一种访问控制方式。由于在环型结构网络上，某一瞬间可以允许发送报文的站点只有一个，令牌在网络环路上不断地传送，只有拥有此令牌的站点，才有权向环路上发送报文，而其他站点仅允许接收报文。站点在发送完毕后，便将令牌交给网上下一个站点，如果该站点没有报文需要发送，便把令牌顺次传给下一个站点。因此，表示发送权的令牌在环形信道上不断循环。环上每个相应站点都可获得发报权，而任何时刻只会有一个站点利用环路传送报文，因而在环路上保证不会发生访问冲突。

图 2-14（a）是令牌传递方式工作原理示意图。图中各站点的一个入口和一个出口分别与环型信道相连。通信处理器中有缓冲器，用来存储转发信息。图 2-14（b）是在网上传输的帧的大致格式。它由开始标志表示帧的开始，目的地址是帧的接收站地址，源地址是发送该帧的地址，报文即为帧中的数据，校验和用以检查帧传输中的差错情况，状态位则用来指示此帧发出后是否为目的站所接收，结束标志用来表示此帧的结束。

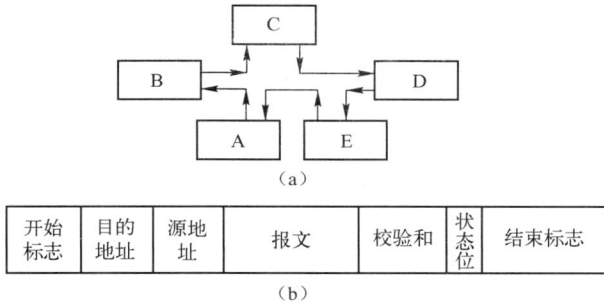

（a）

开始标志	目的地址	源地址	报文	校验和	状态位	结束标志

（b）

图 2-14　环型网示意图

若 A 站要发送数据给 C 站，则 A 站把目的地址和要发送的数据交给本站的通信处理器并组织成帧。一旦本站从环上得到令牌，就从出口发出该帧。B 从其入口收到此帧后，查看目的地址与本站地址不符，便将原帧依次转发给 C，在查看目的地址时，得知此帧是给本站的，便根据检验和进行查错，如传输的帧无错误，便将帧中的数据收下，并修改状态位，表示此帧已被正确接收，这时 C 再把修改了状态位的原帧沿 D，E 送回 A。A 从返回的帧状态位得知发送成功，从环上取消此帧，再把令牌转交给 B，这样完成了一次站间通信过程。

采用令牌环方式的局域网，网上每一个站点都知道信息的来去动向，保证了较高的信息传输的确定性。由于能估算出信息传输的延迟时间，所以比较适合在实时系统中使用，而 CSMA/CD 方式的信息传输时间是不确定的。令牌环方式对轻、重负载不敏感，但单环环路出故障将使整个环路通信瘫痪，因而可靠性比较低。

2. 令牌传递总线（token－passing bus）方式

这种方式和 CSMA/CD 方式一样，采用总线型网络拓扑，但不同的是在网上各工作站按一定顺序形成一个逻辑环。每个工作站在环中均有一个指定的逻辑位置，末站的后站就是首站，即首尾相连。每站都了解先行站（PS）和后继站（NS）的地址，总线上各站的物理位置与逻辑位置无关。

像令牌环方式那样，令牌传递总线方式也具备称为令牌的控制帧，调整访问的权力。

收到令牌的站点在一段规定时间内被授予对介质的控制权，因而该站可以发送一帧或多帧信息。当该站传输已经完成或时间已到，它就将令牌传递到逻辑环中的下一工作站。因此，传输过程就是由交替进行的数据传输阶段和令牌传送阶段组成。网上站也可以退出环成为非活动站点；这些站点仅能响应询问或请求应答。

标记总线访问控制是在物理总线上建立一个逻辑环，如图 2-15 所示。从物理上看，这是一种总线结构的局域网。和总线网一样，站点共享的传输介质为总线。但是从逻辑上看，这是一种环型结构的局域网，接在总线上的站组成一个逻辑环，每个站被赋予一个顺序的逻辑位置，和令牌环一样，站点只有取得令牌，才能发送帧，该令牌在逻辑环上依次传递。

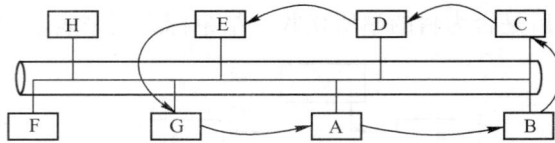

图 2-15   令牌传递总线访问控制

在正常运行时，当站点完成了它的发送，就将令牌送给下一个站。从逻辑上看，令牌是接地址的递减顺序传送至下一个站点。但从物理上看，带有目的地址的令牌帧广播到总线上所有的站点，当目的站识别出符合它的地址时，即把该标记接收。

当各站都没有帧发送时，令牌的形式为 011111111，称空标记。当一个站要发送帧时，需等待空标记通过，然后将它改为忙标记，即 011111110。紧跟着忙标记，该站把数据帧发送到环上。由于标记是忙状态，所以其他站不能发送帧，必须等待。

接收帧的过程是当帧通过站时，该站将帧的目的地址和本站的地址相比较，如地址相符合，则将帧放入接收缓冲器，再输入站，同时将帧送回至环上。如地址不符合，则将数据帧重新送入环。发送的帧在环上循环一周后再回到发送站，将该帧从环上移去。同时忙标记改为空标记，传至后面的站，使之获得发送帧的许可权。

因为只有收到标记帧的站点才能将信息帧送到总线上，因此，不像 CSMA/CD 访问方式那样，它不可能产生冲突。由于不可能产生冲突，标记环的信息帧长度只需根据要传送的信息长度来确定，而对于 CSMA/CD 访问控制，为了使最远距离的站点也能检测到冲突，需要在实际的信息长度后加填充位，以满足最低信息长度的要求。一些用在控制方面的标制总线帧可以设置得很短，这样开销就减少了，相当于增加了网络的容量。

假如取得令牌的站有报文要发送，则发送报文，随后，将令牌送至下一个站。假如取得令牌的站没有报文要发送，则立即把标记送到下一个站。由于站点接收到标记的过程是顺序依次进行的，因此对所有站点都有公平的访问权。为使站点等待取得标记的时间是确定的，这就需要限定每个站发送帧的最大长度。如果所有站都有报文要发送，最坏情况下，等待取得标记和发送报文的时间应该等于全部站点标记传送时间和报文发送时间的总和。另一方面，如果只有一个站有报文要发送，则最坏情况下等待时间只是全部站点标记传递时间的总和。

对于应用在控制过程的局域网，这个等待访问时间是一个很关键的参数，可以根据需求，选定网中的站点数及最大的报文长度，从而保证在限定的区间内，任一点可以取得令牌。令牌传递总线访问控制还提供了不同的服务级别，即不同的优先级。

令牌传递总线网络的正常操作是十分简单的。然而，网络必须有初始化的功能，即能够生成一个顺序访问的次序。当网络中的标记丢失，或产生多个标记时，必须有故障恢复功能。还应该有将不活动的站点从环中去除以及将新的活动站点加入环的功能，这些附加功能大大增加了令牌传递总线访问控制的复杂性。

归纳起来，令牌传递总线介质访问控制应具备以下几项功能。

① 令牌传递算法：逻辑环按递减的站地址次序组成。刚发完帧的站将令牌传给后继站。后继站应立即发送数据或令牌帧，原先释放令牌的站监听到总线上的信号，便可以确认后继站获得了令牌。

② 逻辑环的初始化：网络开始启动时，或由于某种原因，在运行中所有站点活动的时间超过规定的时间，都需要进行逻辑环的初始化。初始化的过程是一个争用的过程，争用的结果只有一个站能获得标记，其他的站用站插入算法插入。

③ 站插入算法：逻辑环上的每个站应周期性地使新的站有机会插入环中。当同时有几个站要插入时，可以采用带有响应窗口的争用处理算法。

④ 退出环路：一个工作站需能将其自身从环路中退出，并将其先行站和后继站连接起来。

⑤ 恢复：网络中可能发现差错，特别是丢失令牌应能恢复，在多重令牌情况下能识别处理。

这种方式已列为 IEEE 802.4 协议标准。

2.6　差错控制

2.6.1　检错与纠错

在通信线路上传输信息时，往往由于噪声或瞬时中断等干扰，使接收端收到的信息出现概率性错码。在中速（600 ~ 4 800 bps）情况下，用电报电话传输信息时，误码率 P_e 在 10^{-4} ~ 10^{-6} 之间，在计算机通信网上，通常要求误码率在 10^{-5} ~ 10^{-9} 之间。

为了提高通信系统的传输质量而提出的有效地检测错误，并进行纠正的方法叫做差错检测和校正，简称为差错控制。差错控制的主要目的是减少通信信道的传输错误，目前还不可能做到检测和校正所有的错误。人们在设计差错控制的具体方法时提出两种策略：第一是让每个传输的报文分组带上足够的冗余信息，以便在接收端能发现并自动纠正传输错误，即纠错码方案。第二是让报文分组仅包含足以使接收端发现差错的冗余信息，但不能确定哪一比特是错的，并且自己不能纠正传输差错，即检错码方案。纠错码方法虽然有优越之处，但实现复杂，造价高，费时间，一般的通信场合不易采用。检错码虽然需要通过重传机制达到纠错，但原理简单，实现容易，编码与解码速度快，目前正得到广泛的使用。

2.6.2 CRC 检错码的工作原理

常用的检错码有两类：奇偶校验码与循环冗余编码（Cyclic Redundancy Code，CRC）。奇偶校验码是一种最常见的检错码，它分为垂直奇（偶）校验、水平奇（偶）校验与水平垂直奇（偶）校验（即方阵码）。奇偶校验方法简单，但检错能力差，一般只用于通信要求较低的环境。

CRC 码检错方法是将要发送的数据比特序列当作一个多项式 $f(x)$ 的系数，在发送方用收发双方预先约定的生成多项式 $G(x)$ 去除，求得一个余数多项式。将余数多项式如到数据多项式之后发送到接收端。接收端用同样的生成多项式 $G(x)$ 去除接收数据多项式 $f(x)$，得到计算余数多项式。如果计算余数多项式与接收余数多项式相同，则表示传输无差错；如果计算余数多项式不等于接收余数多项式，则表示传输有差错，由发送方重发数据，直至正确为止。CRC 码检错能力强，实现容易，是目前应用最广的检错码编码方法。其工作原理如图 2-16 所示。

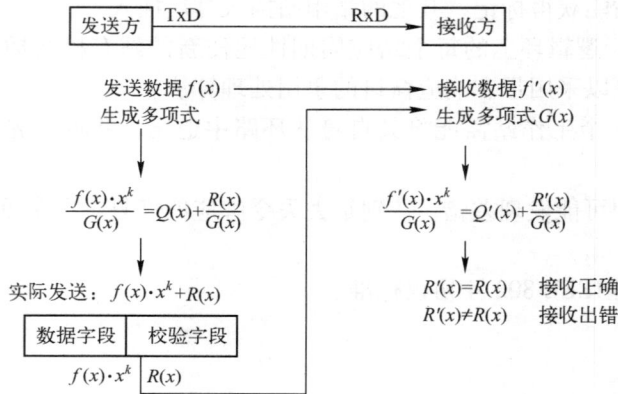

图 2-16 CRC 校验基本工作原理

CRC 生成多项式 $G(x)$ 由协议规定，目前已有多种生成多项式列入国际标准中，例如：

CRC – 12： $G(x) = x^{12} + x^{11} + x^3 + x^2 + x^1 + 1$

CRC – 16： $G(x) = x^{16} + x^{15} + x^2 + 1$

CRC – CCITT： $G(x) = x^{16} + x^{12} + x^5 + 1$

CRC – 32： $G(x) = x^{32} + x^{26} + x^{23} + x^{22} + x^{16} + x^{12} + x^{11} + x^{10} + x^8 + x^7 + x^5 + x^4 + x^2 + x + 1$

生成多项式 $G(x)$ 的结构及检错效果是要经过严格的数学分析与实验后确定的。图 2-16所示 CRC 校验的工作过程可以描述如下。

（1）在发送端，将发送数据多项式 $f(x) \cdot x^k$，其中 k 为生成多项式的最高幂值，例如 CRC12 的最高幂值为 12，则发送 $f(x) \cdot x^{12}$；对于二进制乘法来说，$f(x) \cdot x^{12}$ 的意义是将发送数据比特序列左移 12 位，用来存入余数。

（2）将发 $f(x) \cdot x^k$ 除以生成多项式 $G(x)$，得：

$$\frac{f(x) \cdot x^k}{G(x)} = Q(x) + \frac{R(x)}{G(x)}$$

式中 $R(x)$ 为余数多项式。

（3）将 $f(x) \cdot x^k + R(x)$ 作为整体，从发送端通过通信信道传送到接收端。

（4）接收端对接收数据多项式 $f'(x)$ 采用同样的运算，即

$$\frac{f'(x) \cdot x^k}{G(x)} = Q(x) + \frac{R'(x)}{G(x)}$$

求得计算余数多项式。

（5）接收端根据计算余数多项式 $R'(x)$ 是否等于接收余数多项式 $R(x)$ 来判断是否出现传输错误。实际的 CRC 校验码生成是采用二进制模二算法，即减法不借位，加法不进位。这是一种异或操作。我们可以用下面的实例来进一步说明 CRC 校验码生成过程。

① 发送数据比特序列 110011（6 比特）。

② 生成多项式比特序列为 11001（5 比特，$k = 4$）。

③ 将发送数据比特序列乘以 2^4 那么产生的乘积应为 1100110000。

④ 将乘积用生成多项式比特序列去除，按模二算法应为：

$$
\begin{array}{r}
100001 \quad Q(x) \\
G(x) \rightarrow 11001 \overline{\smash{\big)}1100110000} \leftarrow f(x)\cdot x^k \\
\underline{11001} \\
10000 \\
\underline{11001} \\
1001 \leftarrow R(x)
\end{array}
$$

求得余数比特序列为 1001。

⑤ 将余数比特序列加到乘积中得：1100111001。

⑥ 如果在数据传输过程中没有发生传输错误，那么接收端接收到的带有 CRC 核验码的接收数据比特序列一定能被相同的生成多项式整除，即

$$
\begin{array}{r}
100001 \\
11001 \overline{\smash{\big)}1100111001} \\
\underline{11001} \\
11001 \\
\underline{11001} \\
0
\end{array}
$$

在实际网络应用中，CRC 校验码生成与校验过程可以用软件或硬件方法实现。目前很多通信超大规模集成电路芯片内部都可以非常方便地实现标准 CRC 校验码的生成与校验功能。

CRC 校验码的检错能力很强，它除了能检查出离散错外，还能检查出突发错。检错能力为：

① 能检查出全部单个错；

② 能检查出全部离散的二位错；

③ 能检查出全部奇数个数；

④ 能检查出全部长度小于或等于 k 位的突出错；

⑤ 能以 $1 - \left(\dfrac{1}{2}\right)^{k-1}$ 的概率检查出长度为（$k+1$）位的突出错。例如，如果 $k=16$，

则该 CRC 校验码能全部检查出小于或等于 16 位长度的突发错，并能以 $1 - \left(\dfrac{1}{2}\right)^{16-1} =$

99.997% 的概率检查出长度为 17 位的突发错，漏检概率为 0.003%。

2.6.3 差错控制方法

接收端可以通过检错码检查传送一帧数据是否出错，一旦发现传输错，则通常采用反馈重发（Automatic Request Or Repeat，ARQ）方法来纠正。数据通信系统中的反馈重发机制如图 2-17 所示。反馈重发纠错实现方法有两种：停止等待方式、连续工作方式。

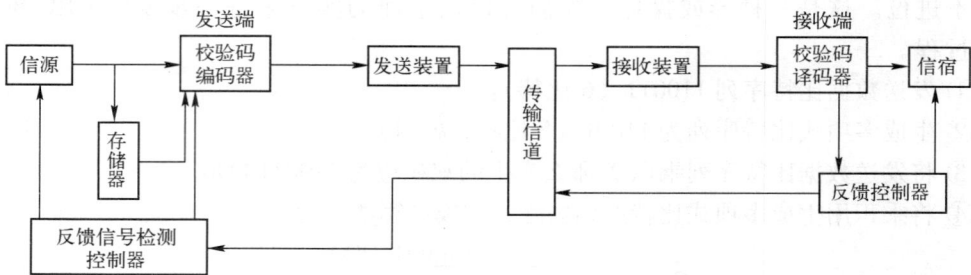

图 2-17　反馈重发纠错实现方法

在停止等待方式中，发送方在发送完一数据帧后，要等待接收方的应答帧的到来。应答帧表示上一帧已正确接收，发送方就可以发送下一数据帧。停止等待 ARQ 协议简单，但系统通信效率低。为了克服这一缺点，人们提出了连续 ARQ 协议。

实现连续 ARQ 协议的方法有两种：拉回方式与选择重发方式。拉回方式中发送方可以连续向接收方发送数据帧，接收方对接收的数据帧进行校验，然后向发送方发回应答帧。如果发送方在连续发送了编号为 $0 \sim 5$ 的数据帧后，从应答帧得知 2 号数据帧传输错误。那么发送方将停止当前数据帧的发送，重发 2，3，4，5 号数据。拉回状态结束后，接着发送 6 号数据帧。

选择重发方式与拉回方式不同之处在于：如果在发送完编号为 5 的数据帧时，接收到编号为 2 的数据帧传输出错的应答帧，那么发送方在发送完编号为 5 的数据帧后，只重发出错的 2 号数据。选择重发完成后，接着发送编号为 6 的数据帧。显然，选择重发方式的效率将高于拉回方式。

2.7　网络互连

2.7.1　网络互连的基本概念

网络互连要将分布在不同地理位置的网络、网络设备连接起来，构成更大规模的网络系统，以实现互连网络的资源共享。相互连接的网络可以是同种类型网络，也可以是运行

不同网络协议的异型系统。网络互连是计算机网络和通信技术迅速发展的结果，也是网络系统应用范围不断扩大的自然要求。网络互连要求在不改变原网络协议，硬、软件的前提下，使连接对原网络的影响减至最小。通过网络互连技术使原来因所用协议不同不能相互通信的网络间实现相互通信。

在互联网中，每个子网为互联网的一个部分，每个子网的网络资源都应该成为互联网中的共享资源，而互联网中的共享资源应该可以为网上任何最终用户所享有。同时，又应该屏蔽各子网在网络协议、服务类型、网络管理等方面的差异。网络互连技术能实现更大规模、更大范围的网络连接，使网络、网络设备、网络操作系统与网络资源、网络服务成为一个整体。

2.7.2　网络互连设备与相应层次

网络互连从通信协议的角度可分为四个层次：在物理层，使用中继器（repeater）在不同网段之间复制位信号；在数据链路层，使用网桥（bridge）在局域网之间存储或转发数据帧；在网络层，使用路由器（router）在不同网络间存储转发分组信号；在传送层及传送层以上，使用网关（gateway）进行协议转换，提供更高层次的接口。

一般局域网间的互连在传输层以下，采用中继器和网桥进行连接，而局域网与广域网间的连接多采用路由器。协议差别较大的网络高层应用系统之间可采用网关。

中继器起简单的信号放大作用，用于驱动很长的通信介质。主要有电信号中继器和光信号中继器，它对所通过的数据不作处理，主要作用在于延长电缆和光缆的传输距离。

网桥是存储转发设备，用来连接同一类型的局域网。网桥接收帧，并送到数据链路层进行差错校验，再送到物理层，通过物理传输介质送到另一个子网或网段。它具备寻址与路径选择的功能，在接收到帧之后，要决定正确的路径将帧送到相应的目的站点。

网桥能够互连两个采用不同数据链路层协议、不同传输速率、不同传输介质的网络。它需要两个互连网络在数据链路层以上采用相同或兼容的协议。

现场总域网段间的连接主要选用中继器和网桥。

路由器与网关的任务比网桥和中继器要复杂得多，其功能包括协议转换、信号传递、道路、分段、重装、流量控制、差错控制等。适用于通用的网络应用系统。路由器从路径选择角度为逻辑上独立的不同子网用户之间传输数据提供传输路线。

网关又被称为网间协议变换器，用以实现不同通信协议的网络之间、包括使用不同网络操作系统的网络之间的互连。由于它在技术上与它所连接的两个网络的具体协议有关，因而用于不同网络间转换连接的网关是不相同的。

图 2-18 的网络互连示意图中，由中继器、网桥、网关、路由器等将不同网段、子网连接成企业应用系统。

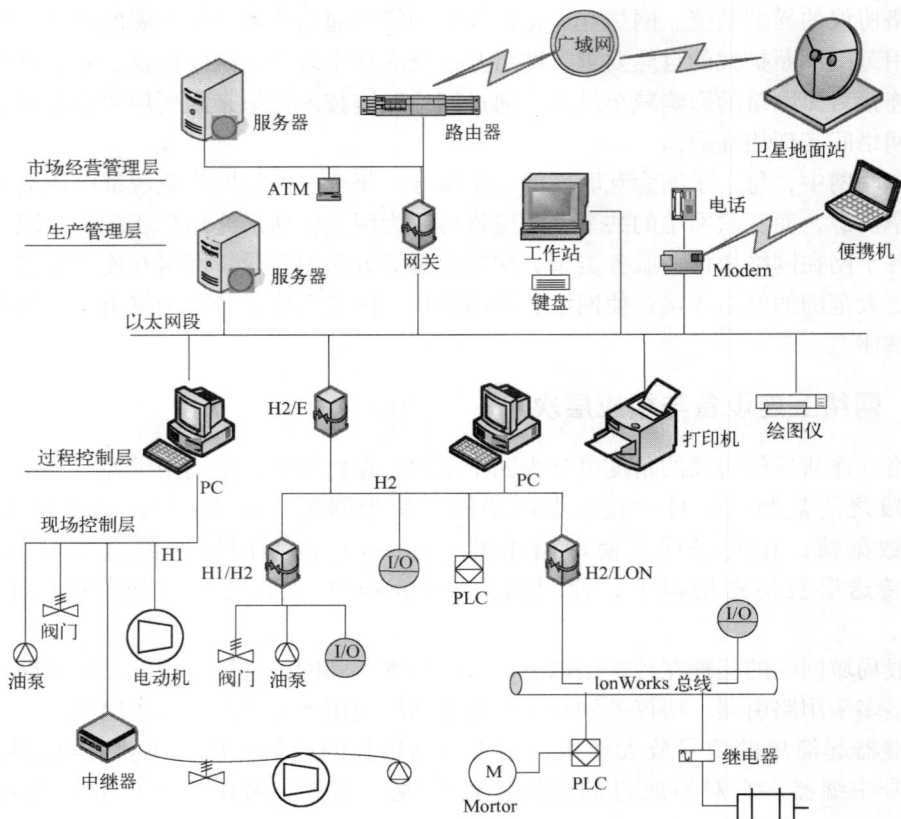

图 2-18　企业网络信息集成系统结构示意图

2.7.3　网络互连规范

网络互连必须遵循一定的规范，随着计算机和计算机网络的发展，以及市场对局域网络互连的需求，美国电气和电子工程师学会 IEEE 于 1980 年 2 月成立了局域网标准委员会（IEEE 802 委员会）建立了 802 课题，制定了 OSI 模型的物理层、数据链路层的局域网标准。已经发布了 IEEE 802.1 ～ IEEE 802.11 标准，其主要文件所涉及的内容如图 2-19 所示。其中 IEEE 802.1 ～ IEEE 802.6 已经成为 ISO 的国际标准 ISO 8802.1 ～ ISO 8802.6。

图 2-19　IEEE 802 标准的文本内容

2.7.4　局域网操作系统

局域网操作系统是实现计算机与网络连接的重要软件。局域网操作系统通过网卡驱动程序与网卡通信，实现介质访问控制和物理层协议。对不同传输介质、不同拓扑结构、不同介质访问控制协议的异型网，要求计算机操作系统能很好解决异型网络互连的问题。

NetWare、Windows NT/Server、LAN manager 都是局域网操作系统的范例。

LAN Manager 局域网操作系统是微软公司推出的，是一种开放式局域网操作系统，采用网络驱动接口规范 NDIS，支持 Ethernet，Token Ring，ARCNET 等不同协议的网卡、多种拓扑、传输介质。它是基于 Client/Server 结构的服务器操作系统，具有优越的局域网操作系统性能。它可提供丰富的实现进程间通信的工具，支持客户机的图形用户接口。它采用以域为管理实体的管理方式，对服务器、用户机、应用程序、对网络资源与安全，实行集中式网络管理。通过加密口令控制用户访问，进行身份鉴定，保障网络的安全性。

Netware 是由 Novell 公司和 Apple 公司联合提出，用于支持多种局域网协议的互连技术。开放数据链路接口（Open Data link Interface，ODI）是 Netware 互连技术的核心。Netware 可以支持 Ethernet、Token Bus、Token Ring 局域网，允许用户选用符合各种 802 协议的网卡，组成 Ethernet、Token Bus、Token Ring 局域网，并可在服务器或工作站上插入多个不同协议的网卡，构成网桥，实现多种局域网络的互连。

Windows NT/Server 是一种具有很强连网功能的局域网操作系统。它采用网络驱动接口规范 NDIS 与传输驱动接口标准，内置多种标准网络协议，如 TCP/IP，NeTBIOS，NeTBEUI 并允许用户同时使用不同的网络协议进行通信。微软对 NT 的设计定位是高性能工作站、服务器、大型企业网络、政府机关等异种机互连的应用环境。由 Windows NT/Server 和 Windows NT Workstation 两部分共同构成完整的系统。

2.8　系统互连参考模型

20 世纪 70 年代以后，计算机工业有了迅速的发展。各主要的计算机生产厂家纷纷开发出自己的计算机系列产品。他们各自拥有自己的操作系统和其他系统软件，以保证同一系列内各种计算机的兼容性。随着互连通信要求的不断提出，一些主要的计算机厂商又开始研究开发各自的计算机通信设备、通信协议和通信系统体系结构。这些通信系统都能实现本公司生产的计算机系列的互连以完成远程文件传送等功能，构成计算机网络。但是，由于这些特定厂家的通信系统所使用的信息格式和控制机制不一致，因此彼此之间不兼容，难以实现不同厂家生产的计算机之间的互连操作。这种自成体系的计算机通信系统称为封闭系统。然而，由于计算机种类的日益增多，应用日益普及，计算机用户已不能满足仅使用一个厂商的计算机设备。用户同时安装多个厂家的计算机并需要联网构成系统的情况越来越多。由于缺乏一个通用的通信系统体系结构，使得异机种计算机互连成为一个难题。所以人们迫切希望建立一系列的国际标准或国家标准，让各制造厂商都执行这些标准化的体系结构和标准，这一方面便于他们的产品有广阔的销路，另一方面也可使用户从不同的制造厂商获得兼容的设备来集成应用系统。

可以认为，人们盼望的这种开放系统应该是一种厂家中立的理想系统，即它的应用发展不应受任何厂家的控制与限制。要实现对这样一个开放系统的有效配置、操作和部件替换，就必须满足一整套对接口、服务、协议的规范要求。要实现开放系统，首先就要有公开而统一的规范描述及其实现方法。在开放系统的环境下，可以用不同厂家的产品作为组成部件来构成系统，也可以在不同厂家生产的相同功能的产品之间实现互换。这样就为用户采用多家产品集成系统以及系统的维护带来很大方便。同时有利于打破市场垄断，促进技术与产品的发展。

正是由于以上需求动力的驱动，促成了 OSI（Open System Interconnection，开放系统互连）参考模型的出现。1978 年，国际标准化组织 ISO 建立了一个"开放系统互连"分技术委员会，起草了"开放系统互连基本参考模型"的建议草案。1983 年成为正式国际标准（ISO 7498）。1986 年又对该标准进行了进一步的完善和补充。

2.8.1　OSI 参考模型

为实现开放系统互连所建立的分层模型，简称 OSI 参考模型。其目的是为异种计算机互连提供一个共同的基础和标准框架，并为保持相关标准的一致性和兼容性提供共同的参考。这里的所谓开放，是强调对 OSI 标准的遵从。开放并不是指特定的系统实现具体的互连技术或手段，而是对可使用的标准的共同认识。一个系统是开放的，是指它可以与世界上任何地方的遵守相同标准的其他任何系统通信。

1. OSI 参考模型的结构

OSI 参考模型是在博采众长的基础上形成的系统互连技术的产物。它不仅促进了数据通信的发展，而且还导致了整个计算机网络的发展。OSI 参考模型提供了概念性和功能性结构。该模型将开放系统的通信功能划分为七个层次。各层协议细节的研究各自独立进行的。这样一旦导入新技术或提出新的业务要求时，就可以把由通信功能扩充、变更所带来的影响限制在直接有关的层内，而不必改动全部协议。

OSI 参考模型分层的原则是将相似的功能集中在同一层内，功能差别较大时则分层处理，每层只对相邻的上、下层定义接口。

OSI 参考模型各层功能　OSI 参考模型是计算机网络体系结构发展的产物，它的基本内容是开放系统通信的分层结构。这个模型把开放系统通信功能功能划分为七个层次。从邻接物理媒体的层次开始，分别赋予 1，2，…，7 层的顺序编号，相应地称之为物理层、数据链路层、网络层、传输层、会话层、表示层和应用层。OSI 参考模型如图 2-20所示。

2. OSI 参考模型的功能划分

OSI 参考模型每一层的功能是独立的，它利用其下一层提供的服务并为其上一层提供服务，而与其他层的具体实况无关。这里所谓的"服务"就是下一层为上一层提供的通信功能和层之间的会话规定，一般用通信服务原语实现。两个开放系统中的同等层之间的通信规则和约定称之为协议。通常，第 1～3 层功能称为低层功能（LLF），即通信传送功时，这是网络与终端均需具备的功能。第 4～7 层功能称为高层功能（HLF），即通信处理功能，通常需由终端来提供。

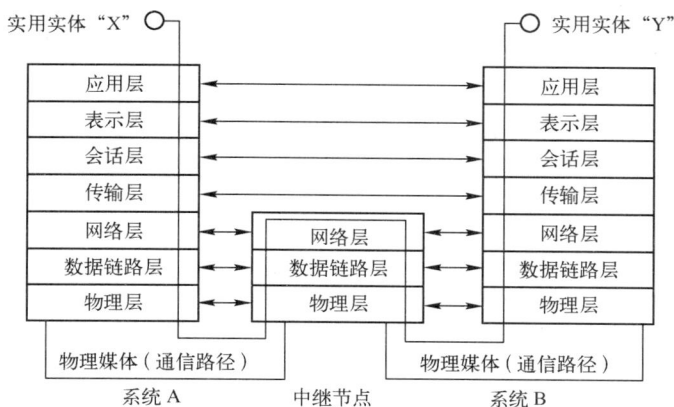

图 2-20 OSI 参考模型

1）物理层（第 1 层）

物理层并不是物理媒体本身，它只是开放系统中利用物理媒体实现物理连接的功能描述和执行连接的规程。物理层提供用于建立、保持和断开物理连接的机械的、电气的、功能的和过程的条件。简而言之，物理层提供有关同步和比特流在物理媒体上的传输手段，其典型的协议有 EIA－232－D 等。

2）数据链路层（第 2 层）

数据链路层用于建立、维持和拆除链路连接，实现无差错传输的功能。在点到点或点到多点的链路上，保证信息的可靠传递。该层对连接相邻的通路进行差错控制、数据成帧、同步等控制。检测差错一般采用循环冗余校验（CRC），纠正差错采用计时器恢复和自动请求重发（ARQ）等技术。其典型的协议有 OSI 标准协议集中的高级数据链路控制协议 HDLC。

3）网络层（第 3 层）

网络层规定了网络连接的建立、维持和拆除的协议。它的主要功能是利用数据链路层所提供的相邻节点间的无差错数据传输功能，通过路由选择和中继功能，实现两个系统之间的连接。在计算机网络系统中，网络层还具有多路复用的功能。

4）传输层（第 4 层）

传输层完成开放系统之间的数据传送控制。主要功能是开放系统之间数据的收发确认。同时，还用于弥补各种通信网络的质量差异，对经过下三层之后仍然存在的传输差错进行恢复，进一步提高可靠性。另外，还通过复用、分段和组合、连接和分离、分流和合流等技术措施，提高吞吐量和服务质量。

5）会话层（第 5 层）

会话层依靠传输层以下的通信功能使数据传送功能在开放系统间有效地进行。其主要功能是按照在应用进程之间的约定，按照正确的顺序收、发数据，进行各种形式的对话。控制方式可以归纳为以下两类：一是为了在会话应用中易于实现接收处理和发送处理的逐次交替变换，设置某一时刻只有一端发送数据。因此需要有交替改变发信端的传送控制。

二是在类似文件传送等单方向传送大量数据的情况下，为了防备应用处理中出现意外，在传送数据的过程中需要给数据打上标记。当出现意外时，可以由打标记处重发。例如可以将长文件分页发送，当收到上页的接收确认后，再发下页的内容。

6）表示层（第6层）

表示层的主要功能是把应用层提供的信息变换为能够共同理解的形式，提供字符代码、数据格式、控制信息格式、加密等的统一表示。表示层仅对应用层信息内容的形式进行变换，而不改变其内容本身。

7）应用层（第7层）

应用层是 OSI 参考模型的最高层。其功能是实现应用进程（如用户程序、终端操作员等）之间的信息交换。同时，还具有一系列业务处理所需要的服务功能。

2.8.2　物理层协议

1. 物理层的功能与特性

物理层协议是网络中最低层协议。它连接两个物理设备，为链路层提供透明位流传输所必须遵循的规则，有时也被称为物理接口。接口两边的设备，在 ISO 术语中被叫做 DTE（数据终端设备）和 DCE（数据通信设备），物理层协议主要提供在 DTE 和 DCE 之间接口。

物理层要在 DTE 与 DCE 之间完成物理连接和传送通路的建立、维持和释放等操作。它为在物理上连接的两个数据链路实体之间提供透明的位流传送。物理连接可能是永久性的，也可能是动态的连接和释放。物理连接允许进行全双工或半双工的位流传送。在传送过程中，它能对传送通路的工作情况进行监督，一旦出现故障立即通知 DTE 和 DCE。

物理层有四个重要特性：

①物理层的**机械特性**规定了物理连接时所使用的可接插连接器的形状尺寸、连接器中引脚的数量与排列情况等；

②物理层的**电气特性**规定了在物理连接器上传输二进制比特流时线路上信号电平的高低、阻抗及阻抗匹配、传输速率与距离限制。早期的标准定义了物理连接边界点上的电气特性，而较新的标准定义了发送器和接收器的电气特性，同时给出互连电缆的有关规定。新的标准更利于发送和接收电路的集成化工作；

③物理层的**功能特性**规定了物理接口上各条信号线的功能分配和确切定义。物理接口信号线一般分为：数据线、控制线、定时线和地线等几类；

④物理层的**规程特性**定义了利用信号线进行二进制比特流传输的一组操作过程，包括各信号线的工作规则和时序。

2. 物理接口标准 EIA - 232 - D

不同物理接口标准在以上四个重要特性上都不尽相同。下面将以实际网络中比较广泛使用的物理接口标准 EIA - 232 - D 为例介绍其特性。EIA - 232 - D 是美国电子工业协会（Electrnoic Industries Alliance，EIA）制定的物理接口标准，也是目前数据通信与网络中应用最广泛的一种标准。它的前身是 EIA 在 1969 年制定的 RS - 232 - C 标准。RS（Recommended Standard）为推荐标准词头的缩写，232 是标准号。RS－232－C 是 RS－232 标准的第三版。RS－232－C 是一种应用十分广泛的物理接口标准。经 1987 年 1 月修改后，定名为 EIA－232－D。由于两者相差不大，因此 EIA－232－D 与 EIA RS－232－C 在物理接口标准中基本成为等同的标准，人们经常简称它们为"RS－232 标准"。

RS－232－C 主要用来定义计算机系统的一些数据终端设备（DTE）和数据通信设备（DCE）之间接口的电气特性。如 CRT、打印机与 CPU 的通信大都采用 RS－232－C 总线。因此，在大多数微型机系统中，都带有 RS－232－C 接口。

1）EIA－232－D 的机械特性

在机械特性方面，EIA－232－D 规定使用一个 25 根插针（DB－25）的标准连接器（结构如图 2-21 所示）。这一点与 ISO 2110 标准是一致的。EIA－232－D 对 DB－25 连接器的机械尺寸及每根针排列的位置均做了明确的规定，从而保证符合 EIA－232－D 标准的接口在国际上是通用的。

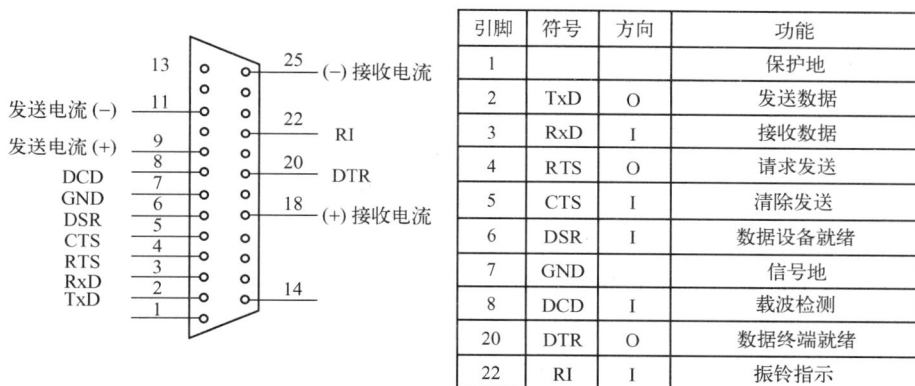

引脚	符号	方向	功能
1			保护地
2	TxD	O	发送数据
3	RxD	I	接收数据
4	RTS	O	请求发送
5	CTS	I	清除发送
6	DSR		数据设备就绪
7	GND		信号地
8	DCD	I	载波检测
20	DTR	O	数据终端就绪
22	RI	I	振铃指示

图 2-21 DB－25 D 型连接器及信号说明

另外，PC 常使用一个 9 根插针（DB－9）的连接器（结构如图 2-22 所示）。

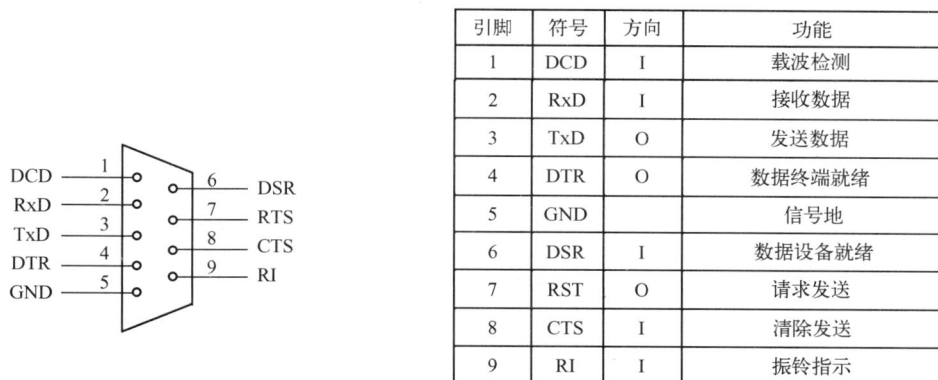

引脚	符号	方向	功能
1	DCD	I	载波检测
2	RxD	I	接收数据
3	TxD	O	发送数据
4	DTR	O	数据终端就绪
5	GND		信号地
6	DSR	I	数据设备就绪
7	RST	O	请求发送
8	CTS	I	清除发送
9	RI	I	振铃指示

图 2-22 DB－9 D 型连接器及信号说明

2）EIA－232－D 的电气特性

EIA－232－D 的电气线路连接方式如图 2-23 所示。非平衡型每个信号用一根导线，所有信号回路公用一根地线。信号速率限于 20 kbps 之内，电缆长度限于 15 m 之内。由于是单线，线间干扰较大。其电性能用 ±12 V 标准脉冲，值得注意的是 EIA－232－D 采用负逻辑。

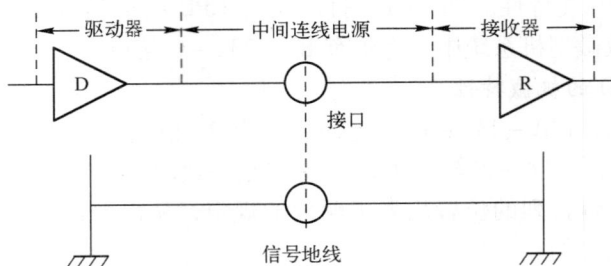

图 2-23　EIA－232－D 的电气线路连接方式

在数据线上：mark（传号）＝ －5 ～ －15 V，逻辑"1"电平。

space（空号）＝ ＋5 ～ ＋15 V，逻辑"0"电平。

在控制线上：On（通）＝ ＋5 ～ ＋15 V，逻辑"0"电平，Off（断）＝ －5 ～ －15 V，逻辑"1"电平。

3）EIA－232－D 的功能特性

DB－25 各条信号线的功能分配如图 2-24 所示。

这些信号分为两类，一类是 DTE 与 DCE 交换的信息：TxD 和 RxD；另一类是为了正确无误地传输上述信息而设计的联络信号。下边介绍这两类信号。

（1）传送信息信号

① 发送数据 TxD（Transmitting Data）；

② 接收数据 RxD（Receive Data）。

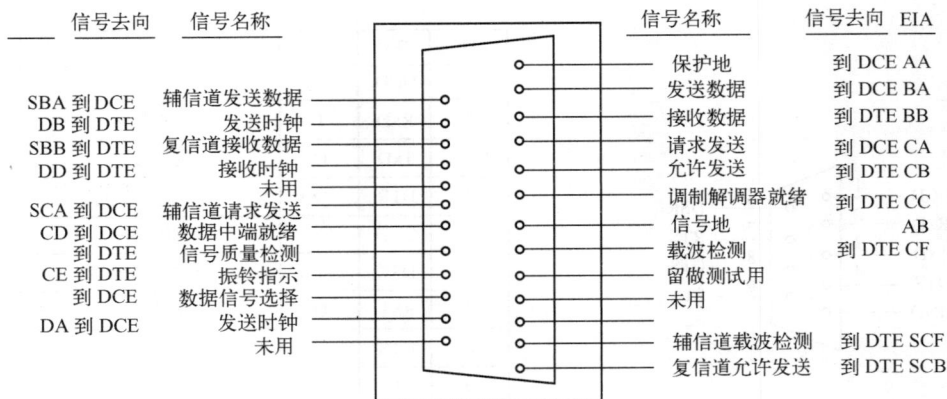

图 2-24　DB－25 的信号线功能分配

（2）联络信号

① 请求传送信号 RTS（Request To Send）；

② 清除发送 CTS（Clear To Send）；

③ 数据准备就绪 DSR（Data Set Ready）；

④ 数据终端就绪信号 DTR（Data Terminal Ready）；

⑤ 数据载波检测信号 DCD（Data Carrier Detect）；

⑥ 振铃指示信号 RI（Ring Indication）。

4）EIA－232－D 的规程特性

EIA－232－D 规程特性规定了 DTE 与 DCE 之间控制信号与数据信号的发送时序、应答关系与操作过程，图 2-25 给出了一种典型的 DTE 根据 EIA－232－D 规程特性进行数据发送流程图、信号时序与操作过程。

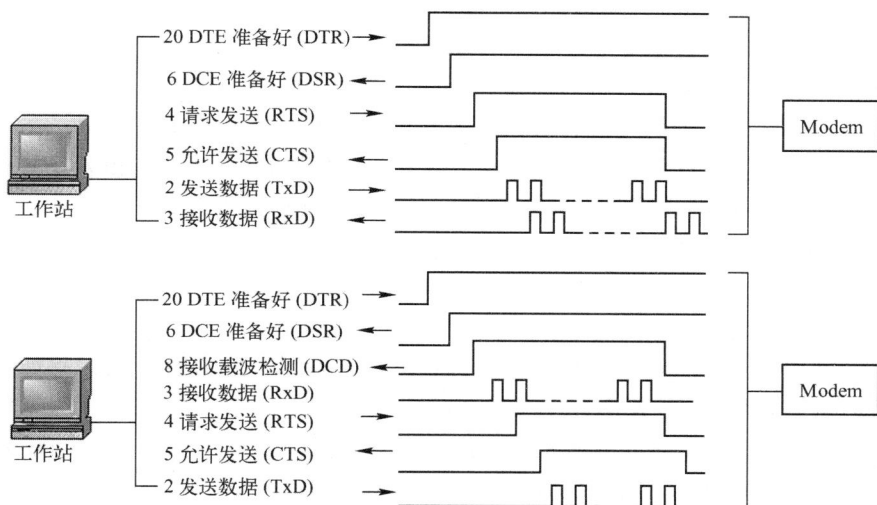

图 2-25　典型 EIA－232－D 规程特性

从图中可以看到两台计算机通过 Modem，由电话线互连的结构。如果它们采用 EIA－232－D 协议，那么根据 EIA－232－D 规程特性的规定，作为 DTE 的计算机与作为 DCE 自 Modem 通过 EIA－232－D 接口，按以下规则与时序进行工作。

（1）物理连接建立

① 如果主机 A 发起一次物理连接，它首先通过 EIA－232－D 的第 20 号连接线（以下简称 20 线）向 DCE 发送数据终端准备好 DTR 信号，拨号呼叫对方主机 B，建立物理连接；

② 主机 A 连接的 Modem A 在拨号之后，执行 Modem 内部协议。双方 Modem 通过发送用于检测通信线路状态和通信质量的载波检测信号。在确定通信线路接通并可以正常工作后，Modem A 通过 6 号线，向主机 A 发送设备准备好 DSR 信号；

③ 主机 B 在接到主机 A 拨号请求建立物理连接指示后，如同意建立物理连接，应向与其连接的 Modem B 发送 DTR 信号；在接收到 Modem B 的 DSR 信号后，进入数据传输准备状态。

至此，双方 DTE 通过 DCE 与通信线路建立起物理连接，完成数据传输准备工作。

（2）数据传输

① 如果主机 A 准备发送比特流，它将通过 4 号线向 Modem A 传送请求发送信号 RTS；

② Modem A 在接收到 RTS 信号后，做好发送准备，通过 5 号线向主机 A 发出允许发送信号 CTS；

③ 主机 A 通过 2 号线向 Modem A 传送准备发送数据的信号 TxD；Modem A 将数字数据信号调制后，变成模拟数据信号，经通信线路传送到对方 Modem B，Modem B 经过解调后，还原成数字数据信号，通过 3 号线向主机 B 传送接收数据 RXD；

④ 如果主机 B 也要向主机 A 发送数据，应采用与主机 A 相同的 RTS，CTS 控制信号交互过程。

（3）物理连接释放

当主机 A 一次通信结束，通过释放 DTR 信号来通知 Modem A，通过 Modem 的内部协议，结束一次物理连接。

5）RS - 232 - C 的应用

RS - 232 - C 接口中包括两个信道：主信道和次信道。次信道比较少用。在一般的串行通信接口中，即使是主信道，也不是所有的线都一定要用，最常用的也就是其中的几条最基本的信号线。根据具体的应用场合不同，有下面几种连接方式。

（1）使用 Modem 连接

计算机通过 Modem 或其他数据通信设备（DCE）使用一条电话线进行通信，RS - 232 - C 引脚的连接如图 2-26 所示。

在图 2-26 中，计算机终端（DTE）向远程终端（DTE）发送数据的过程如下：首先 DTE 向本地 DCE（Modem）发出 DTR = 1 和 RTS = 1 的信号，表示 DTE 请求发送数据，同时为本地和远程 DCE 之间建立通道开了绿灯，一旦通道建立好了，DCE 发回信号 DSR = 1。当 DCE 做好发送数据准备后，又向 DTE 发回信号 CTS = 1。只有当 DTE 收到从本地 DCE 发回肯定的 DSR 和 CTS 信号后，DTE 才能由 TxD 线向 DCE 发送数据。因此，RTS、DTR、DSR 和 CTC 四个信号同时为 1 是 TxD 发送数据的条件。

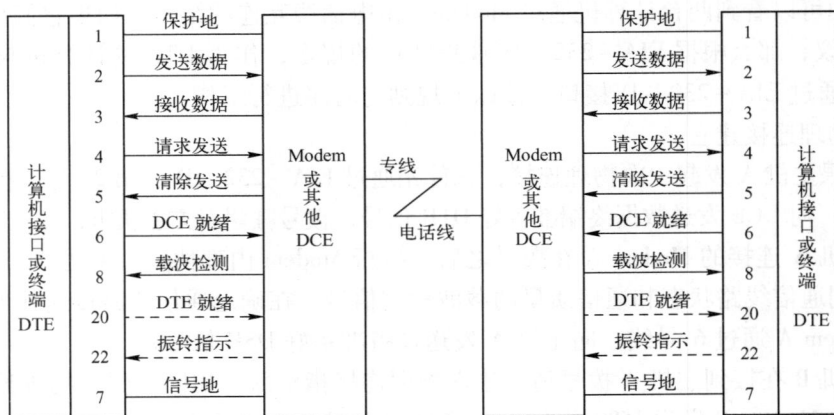

图 2-26 使用 Modem 时 RS - 232 - C 引脚的连接方式

当接收数据时，DTE 先向本地 DCE 发出 DTR = 1 信号，表示本地和远程 DCE 之间可以建立通道。一旦通道建立好了，DCE 向 DTE 发出 DSR = 1 信号。这时，数据就可以通过 RxD 线传到 DTE。因此，RxD 信号产生的条件是 DTR 和 DSR 两个信号同时为 1。这只是 RxD 信号的产生条件，至于 RxD 线上是否有信号，取决于远程 DCE 是否发送数据。

（2）直接连接

当计算机和终端之间不使用 Modem 或其他通信设备（DCE）而直接通过 RS – 232 – C 接口连接时，一般只需要 5 根线（不包括保护地线以及本地 4、5 之间的连线），但其中多数应采用反馈与交叉相结合的连接法，如图 2-27 所示。

在图 2-27 中，2→3 交叉线为最基本的连线，以保证 DTE 和 DCE 间能正常地进行全双工通信。20→6 也是交叉线，用于两端的通信联络，使两端能相互检测出对方"数据已就绪"的状态。4→5 为反馈线，使传送请求总是被允许的。由于是全双工通信，这根反馈线意味着任何时候都可以双向传送数据，用不着再去发"请求发送"（RTS）信号。这种没有 Modem 的串行通信方式，一般只用于近程通信（不超过 15 m）。

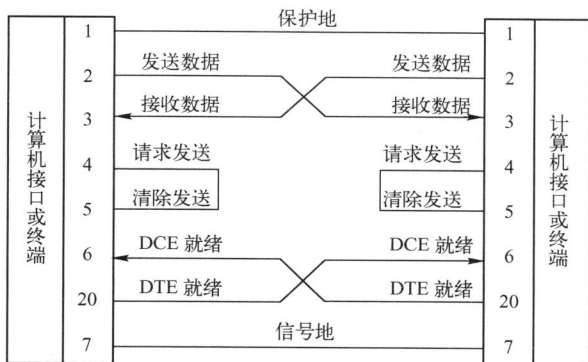

图 2-27　使用 RS – 232 – C 的直接连接方式

（3）三线连接法

这是一种最简单的 RS – 232 – C 连线方式，只需 2→3 交叉连接线及信号地线，而将各自的 RTS 和 DTR 分别接到自己的 CTS 和 DSR 端，如图 2-28 所示。

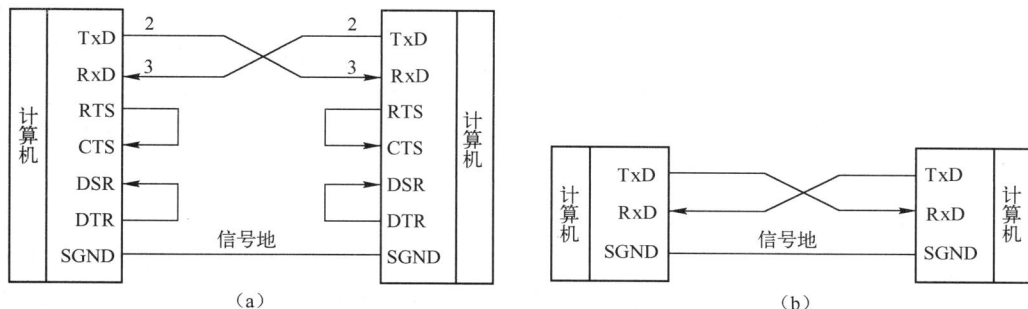

（a）　　　　　　　（b）

图 2-28　最简单的 RS – 232 – C 连线方式

在图 2-28（a）中，只要一方使自己的 RTS 和 DTR 为 1，那么它的 CTS、DSR 也就为 1，从而进入了发送和接收的就绪状态，这种接法常用于一方为主动设备，而另一方为被动设备的通信中。如计算机与打印机或绘图仪之间的通信。这样，被动的一方 RTS 与 DTR 常置 1，因而 CTS、DSR 也常置 1，因此，使其长期处于接收就绪状态，只要主动一方令线路就绪（DTR = 1），并发出发送请求（RST = 1），即可立即向被动的一方传送信息。

图 2-28（b）为更简单的连接方法，如果说图 2-28（a）所示的连接方法在软件设计上还需要检测"清除发送"（CTS）和"数据设备就绪"（DSR）的话，那么图 2-28（b）所示的连接方法则完全不需要检测上述信号，随时都可发送和接收。这种连接方法无论在软件和硬件上，都是最简单的一种方法。

值得说明的是，以上讲的只是 RS-232-C 作为接口标准总线的连接方法，当然不限于这几种方式。至于计算机内部与串行接口之间并/串转换，还需视各种不同的微型机而采用不同的接口适配器（Interface Adapter）。如 Intel 8088/8086 ～ 80586 等各种 CPU，其内均设有串行接口。因此它们在进行串行通信时，都需配备适当的接口适配器，如 Intel 8250 及 Intel 8251。但对于大多数单片机来讲，本身带有串行接口，因此可直接与 RS-232-C 串行接口总线相连。但由于 RS-232-C 电平与微型机内部电平（TTL 或 CMOS）不同，所以使用上面讲的各种电平转换电路是必不可少的。

3. 物理接口 RS-485/RS-422 标准

RS-232-C 虽然使用很广，但由于推出时间比较早，所以在现代通信网络中已暴露出明显的缺点，主要表现在以下几方面。

① 传送速率不够快。RS-232-C 规定最高速率为 20 000 bps，虽然这种传送速率与异步通信可以很好地匹配（通常异步通信限制为 19 200 bps，或更少），但对某些同步系统，其传送速率却不能得到满足。

② 传送距离不够远。根据 RS-232-C 标准，各装置之间电缆长度不超过 15 m，即使在较好的信号通信中，电缆长度也不超过 60 m。因此，不能满足现代工业控制的要求。

③ RS-232-C 未明确规定连接器，因而出现了互不兼容的 25 芯连接器。

④ 接口使用非平衡发送器和接收器，两个传输方向只有一个信号地，所以电器性能不佳。

⑤ 接口处各信号间容易产生串扰。正因为 RS-232-C 有上述一些缺点，所以，EIA 作了部分改进，于 1977 年，制定了新标准 RS-449，1980 年它成为美国标准。在制定新标准时，除了保留与 RS-232-C 兼容外，还在提高传输速率、增加传输距离、改进电器特性等方面做了很多努力。它增加了 RS-232-C 没有的环境测试功能，明确规定了连接器，解决了机械接口问题。

1）RS-422

与 RS-449 一起推出的还有 RS-423-A 和 RS-422-A。实际上，它们都是 RS-449 标准的子集。下边主要介绍 RS-423-A 和 RS-422-A。

RS-423-A/RS-422-A 与 RS-232-C 类似，RS-423-A 也是一个单端的、双极性电源的电路标准，但它提高了传送设备的数据传送速率。在速率为 1 000 bps 时，距离可达 1 200 m，在速率为 100 kbps 波特时，距传可达 90 m。

RS－423－A/RS－422－A 的数据线也是负逻辑且参考电平为地，但不同的是 RS－232－C 规定为 －15 ～ +15 V，而这两个标准规定为 －6 ～ +6 V。

RS－422－A 规定了差分平衡的电气接口，它能够在较长距离明显地提高数据传送速率，它能够在 1 200 m 距离内把速率提高到 100 kbps 波特，或在较近距离（12 m）内提高到 10 Mbps 波特。这种性能的改善是由于平衡结构的优点而产生的，这种差分平衡结构能从地线的干扰中分离出有效信号。实际上，差分接收器可以区分 0.2 V 以上的电位差，因此，可不受参考电平波动及共模电磁干扰的影响。

图 2-29 为 RS－232－C/RS－423－A/RS－422－A 接口电路。

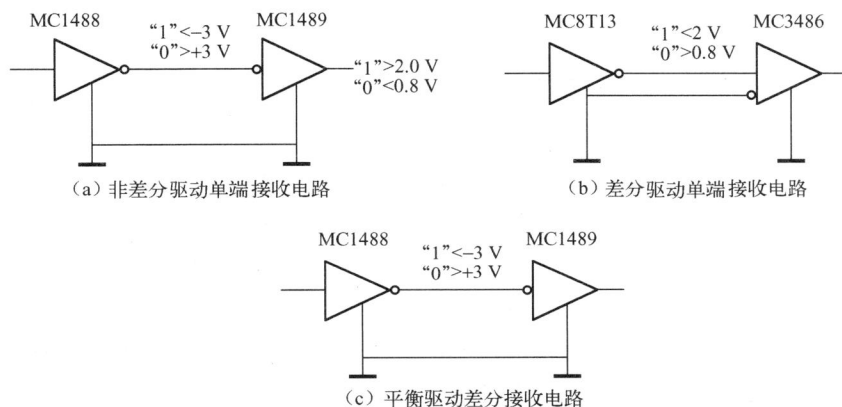

（a）非差分驱动单端接收电路　　（b）差分驱动单端接收电路

（c）平衡驱动差分接收电路

图 2-29　RS－232－C/RS－423－A/RS－422－A 接口电路

图 2-29（a）为 RS－232－C 所采用的非差分驱动单端接收电路。该电路的特点是传送信号只用一根导线，对于多路信号线，其地线是公共的。因此，它是最简单的连接结构，但它的缺点是驱动电路无法区分有用信号及干扰信号。而 RS－423－A 由于采用了差分电路接收器，接受器的另一端接发送端的信号地，（见图 2-29（b）），因而大大地减少了地线的干扰，RS－422－A 则更进一步采用了平衡驱动和差分接收方法（见图 2-29（c）），从根本上消除了地线干扰。这种驱动器相当于两个单端驱动器，它们的输入是同一个信号，而一个驱动器的输出正好与另一个反相。当干扰信号作为共模信号出现时，接收器则接收差分输入电压。只要接收端具有足够的抗共干扰模电压工作范围，它就能识别这两种信号而正确接收传送信号。

RS－423－A/RS－422－A 的另一个优点是允许传送线上连接多个接收器。虽然在 RS－232－C 系统中可以使用多个接收器循环工作，但它每一时刻只允许一个接收器工作，RS－423－A/RS－422－A 可允许 10 个以上接收器同时工作，关于多站连接方法将在下边 RS－485 部分讲述。

2）RS－485

在许多工业过程控制中，往往要求用最少的信号线来完成通信任务。目前广泛应用的 RS－485 串行接口总线就是为适应这种需要应运而生的。它实际就是 RS－422 总线的变型，二者不同之处在于：RS－422 为全双工，而 RS－485 为半双工；RS－422 采用两对平衡差分信号线，RS－485 只需其中的一对。RS－485 更适合于多站互连，一个发送驱动器最多可连接 32 个负载设备。负载设备可以是被动发送器、接收器和收发器。电路结构是在平衡连接电缆两端有终端电阻，在平衡电缆上挂发送器、接收器或组合收发器。

两种总线的连接电路法如图 2-30 所示。

图 2-30 （a） 中为 RS－485 连接电路。在此电路中，某一时刻只能有一个站可以发送数据，而另一个站只能接收。因此，其发送电路必须由使能站加以控制。而图 2-30 （b）由于是双工连接方式，故任一时刻两站都可以同时发送和接收。

（a）RS-485 连接电路　　　　　　　（b）RS-422 连接电路

图 2-30　RS－485/RS－422 总线连接电路

和 RS－232－C 标准总线一样，RS－422 和 RS－485 两种总线也需要专用的接口芯片完成电平转换。

MAX481E/MAX488E 是低电源（只有 +5V）RS－485/RS－422 收发器。每一个芯片内都含有一个驱动器和一个接收器，采用 8 脚 DIP/SO 封装。除了上述两种芯片外，和 MAX481E 相同系列芯片还有 MAX483E/485E/487E/1487E 等，和 MAX488E 相同系列的有 MAX490E。这两种芯片的主要区别是前者为半双工，后者为全双工。

MAX481E/483E/485E/487E/491E 和 MAX1487E 是为多点双向总线数据通信而设计的。如图 2-31 和图 2-32 所示，也可以把它们作为线路中继站，其传送距离可超过 1 200 m。

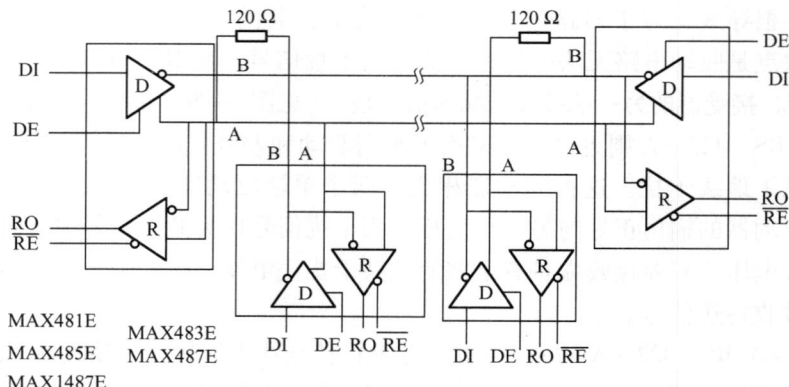

图 2-31　MAX/481E/483E/485E/487E/1487E 典型的 RS－485 半双工网络

对于一个通信子站来讲，RS－422 和 RS－485 的驱动/接收电路没有多大差别。

4. 物理接口 20 mA （60 mA） 电流环接口标准

这是一种电流控制的串行接口标准，它的推出主要是为了满足早期的直通电报

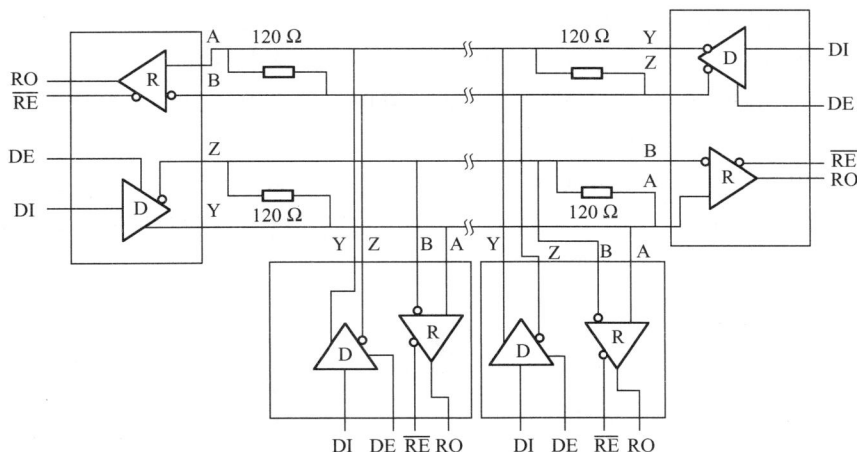

图 2-32　MAX488E/489E/490E/491E 全双工 RS-485 网络

机、电传打字机等机械式外设的控制需要。这些外设的接收部分是一个电流激励线圈或驱动线圈的电流放大器，相当于一个电流检测器，工作电流一般被设计为 20 mA（或 60 mA），所以，规定有 20 mA（或 60 mA）电流时为逻辑"1"、无电流时为逻辑"0"，当这些"0"、"1"序列被接收后，电传机便打印出相应的代表字符。这就是 20 mA（或 60 mA）电流环名称的由来。尽管 20 mA（或 60 mA）电流环接口至今未成为正式颁布的标准，但由于它在抗干扰能力和传输距离等许多方面比 RS-232-C 接口优越，所以在串行通信，特别是远距离通信中，应用却很广泛。许多微机系统（如 PC/XT）中，大多同时提供了 RS-232-C 和 20 mA 电流环这样两种串行通信标准的接口电路和连接器供用户选用。

　　20 mA 电流环的电气连接的基本原理如图 2-33 所示。这是一个全双工的 20 mA 电流环接口。实际上 20 mA 电流源并不一定要在发送端，放在接收端也同样可以，只要一环路中有一个电流源即可，当然也只能有一个电流源。一般把能提供 20 mA 电流源的一端叫做有源端，而把另一端称为无源端。因此，20 mA 电流环接口的结构形式可以是有源发送器—无源接收器和无源发送器—有源接收器两种。但绝对要避免收发两端都无源或都有源（特别是两端的电源电压极性相反）的无效连接。

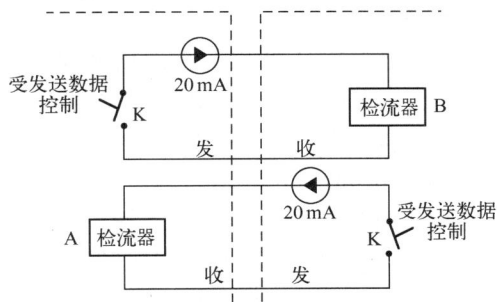

图 2-33　20 mA 电流环电气连接基本原理

在 20 mA 电流环中，发送方的开关 K 是受发送数据控制的，数据为"1"时，K 合上，回路中有 20 mA 电路，数据为"0"时，K 打开，回路中没有电流。

图 2-33 给出的是 20 mA 电流环接口的基本原理。实际中的 20 mA 电流一般是由一个电压源 V 同一定阻值的电阻 R 串联形成的。显然，为了取得 20 mA 电流，可以使用许多不同的 V 值和 R 值。加上组成开关 K 的元件和电路也很多，所以 20 mA 电流环接口的实际电路形式是多种多样的。图 2-34 给出了一种可用于电传打字机 TTY 和计算机之间的 20 mA 电流环接口的具体电路。

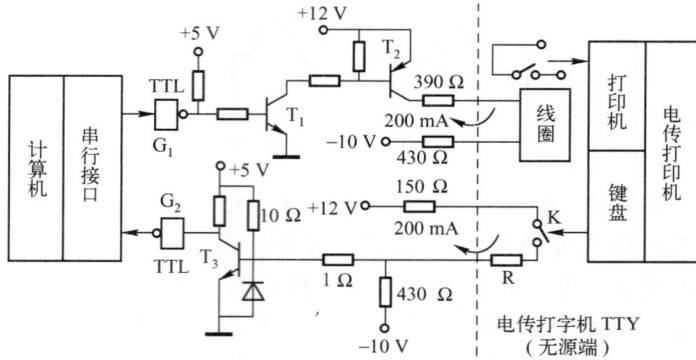

图 2-34　电传打字机 TTY 和计算机间的一种 20 mA 电流环接口电路

当计算机向 TTY 发送数据时，如 TTL 反相器 G_1 的输出为高电平，则 T_1、T_2 相继导通，回路中出现 20 mA 电流，相当于发送了数据"1"；如 G_1 的输出为低电平，则 T_1、T_2 相继截止，回路中没有电流，相当于发送了数据"0"。这样一来，就可以把发送数据由 TTL 电平信号转变为电流信号，送到串行传输环路中。在接收端的电传打字机上，则因这个电流信号流过其电磁铁线圈而吸引相应的打字机击键动作，使之打出相应的字符。

当计算机从 TTY 接收数据时，如发送器的开关断开，没有 20 mA 电流流过电阻，则它所连的 -10 V 偏置电源使 T_3 截止（为防止 -10 V 电源使晶体管 T_3 基射结反向击穿，用二极管予以保护），反相器 G_2 输出低电平，相当于接收了数据"0"；如发送器的开关闭合，则回路中产生 20 mA 的电流，该电流的一部分流入 T_3 基极，使之饱和导通，于是反相器 G_2 输出高电平，相当于接收了数据"1"。

这种直通式电流环接口电路，尽管其抗干扰能力比 RS-232-C 接口强，但由于其两端之间是共地的，仍难免产生干扰信号。所以，在通信距离较远时，特别是在干扰源较多、干扰信号较强的工业现场应用情况下，大都在收、发两端之间采用光电隔离技术。可用的光电隔离器（也叫光电耦合器）芯片种类很多，如国外的 4N33、ON3111、NJL5122A、PC507 系列、TLP521 系列/621 系列和国产的 CD 型、MGOl 型系列等。各种光电隔离器基本上都是由发光二极管和光敏器件（光敏三极管、光敏二极管、光敏电阻等）两部分组成，其中以发光二极管和光敏三极管组成的隔离器件应用最多。图 2-35 给出的是一个实际的带光电隔离的 20 mA 电流环接口电路。它通过收发两端的光电隔离器，将串行传输回路中的 20 mA 电流信号转换为接收端的 TTL 电平信号，并将发送端的 TTL 信号转换为 20 mA 电流信号。从图中可看出，收发之间和收发两端与 20 mA 电流环之间没有直接的电气连接关系，而是通过光电耦合将它们连成一体，完成信号的传送，显然这样就极大地提高了系统的防噪声干扰能力。一方面，光电隔离器中发光二极管（LED）和光敏晶体管之间的间隙，使之能经受数千伏的电压，能有这样高的隔离保护电压，串行传输距离达到几千米将不成问题；另一方面，接收端光电隔离器中的发光二极管接收器具有天然的共模抑制能力，该 LED 响应的是接在它两端的差值电压，共模噪声将使它两端的电位提高或降低相同的值，从而使这种噪声通过二极管自行抵消。当然，为了确保上述隔离功能和共模抑制能力不失效，必须使接收器的本地信号地与远方发送器的地和 20 mA 电流源地相互独立，相互之间不能有任何形式的直接电气连接。实际上，也有只在接收端使用光电隔离器，而发送端直接将 TTL 电平转换为 20 mA 电流信号的，如 PC/XT 异步通信适配器中就是这样。

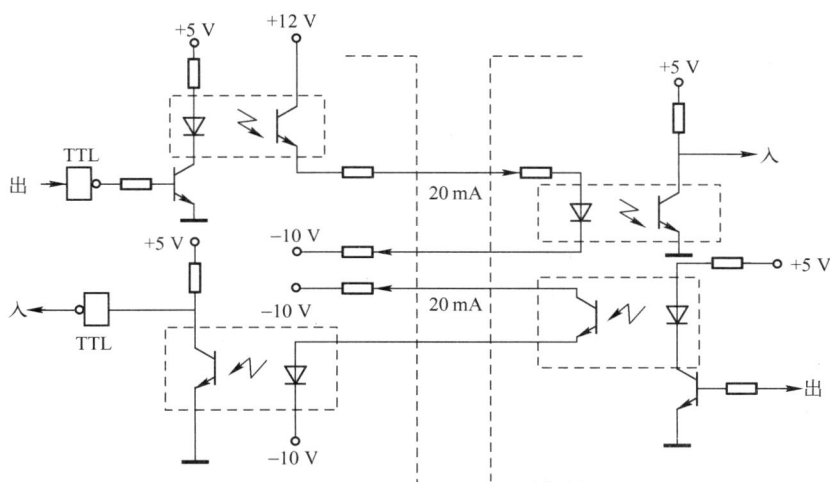

图 2-35　采用光电隔离的 20 mA 电流环接口电路

最后要说明的是，RS－232－C、RS－422A/423A 和 20 mA 电流环这三种接口只是在总线连接和逻辑表示上不一样，在数据传输格式这一级上却并无区别，都是取决于串行接口内部的通信规程，所以在同一系统中它们可共用同一 I/O 端口，然后通过跳线器选用不同的总线标准连接器来达到选用不同标准接口的目的。

2.8.3　数据链路层协议

1. 数据链路层的功能

数据链路层是 OSI 模型的第 2 层，该层协议处理两个有物理通道直接相连的邻接站之间的通信。数据链路层协议的目的在于提高数据传输的效率，为其上层提供透明的无差错的通道服务。把传输媒体的不可靠因素尽可能地屏蔽起来，让高层协议免于考虑物理介质的可靠性问题，而把通道看作无差错的理想通道。

IEEE 802 委员会为局域网定义了介质访问控制（MAC）层、逻辑链路控制（LLC）层。介质访问控制层与逻辑链路控制层是属于 OSI 参考模型中数据链路层的两个子层。

　　一个报文（message）是由若干个字符组成的完整的信息。直接对冗长的报文进行检错和纠错，不但原理和设备十分复杂，而且效率很低，往往无法实际采用。为此，通常把报文按一定要求分块，每个代码块加上一定的头部信息，指明该代码的源和目的地址，属于哪个报文，是该报文的第几块代码，是否属于报文的最初或最后一块代码等。这样的代码块称为包或分组（packet）。在相邻两点间（或主机与节点间）传输这些包时，为了差错控制，还要加上一层"封皮"，就构成了帧（frame）。这层封皮分头尾两部分，把包夹在中间。当帧从一个节点传到另一个节点后，帧的头尾被用过后取消，包的内容原封不动。若收到帧的节点还要把该包传至下一节点，另加上新的头尾信息。因此，帧是数据链路层的传输单位。数据链路层协议又称为帧传送协议。

　　数据链路是在两个网络节点之间保证数据正常交换的通路。主要功能是保证帧在相邻节点间的正确传输。相邻节点间传输一个帧可能出现的差错有：位出错、帧丢失、帧重复、帧顺序错。数据链路层协议要针对这些情况加以解决，保证所传送信息在内容上、顺序上都正确。位出错的分布规律及出错位的数量很难限制在预定的简单模式之中，一般采用漏检率极其微小的 CRC 检错码再加上反馈重传的方法解决。帧丢失是通信线路受较长时间的连续干扰、通信设施的瞬间失效或通信双方失去同步造成的，而帧重复和帧顺序错则是反馈重传方法带来的副作用。为了发现帧丢失、帧重复及帧顺序错等错误，通常采用给帧编号来解决。

　　数据链路层所承担的任务或者说它的主要功能有：

　　① 数据链路的建立和拆除，包括同步、站址确认、收发关系的确定、最终一次传输的表示等；

　　② 信息传输，包括信息格式、数量、顺序编号、接收认可、信息流量调节方案等；

　　③ 传输差错控制，包括一套防止信息丢失、重复和失序的方法；

　　④ 异常情况处理，包括如何发现可能出现的异常情况及发现后的处理过程。协议中对异常情况的处理主要用于发现和恢复永久性故障。

　　数据链路层协议工作原理如图 2-36 所示。发送方数据链路层的具体工作是接受来自高层的数据，并将它加工成帧，然后经物理通道将帧发送给接收方。帧包含头、尾、控制信息、数据、校验和等部分，校验和、头、尾部分一般由发送设备的硬件实现，数据链路层不必考虑其实现方法。当帧到达接收站时，首先检查校验和。若校验和错，则向接收计算机发出校验和错的中断信息；若校验和正确，确认无传输错误，则向接收计算机发送帧正确到达信息，接收方的数据链路层应检查帧中的控制信息，确认无误后，才将数据部分送往高层。

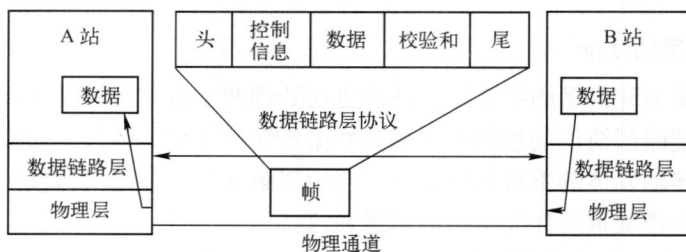

图 2-36　数据链路层协议工作图

2. 高级数据链路控制协议 HDLC

在 OSI 标准协议集中，数据链路层采用了高级数据链路控制（High Level Data Link Control，HDLC）协议。它在网络设计中被普遍采用。

HDLC 的内容分为三个部分：帧结构、帧类型与动作规程。

1）HDLC 的帧结构

数据链路层的数据传输以帧为单位。在 OSI 术语中，帧被称作数据链路层协议数据单元。HDLC 的帧结构如图 2-37 所示。

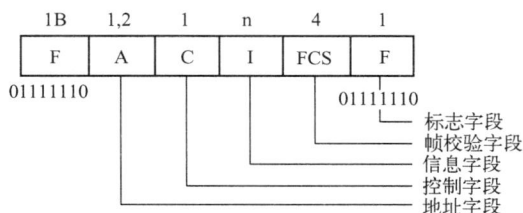

图 2-37　HDLC 帧结构

帧由以下字段组成。

① 标志字段 F。帧首尾均有一个由固定比特序列 01111110 组成的帧标志字段 F。标志字段 F 的作用主要有两个：一是帧的起始与终止定界，二是帧同步。

为确保帧标志字段 F 在帧内的唯一性，在帧地址字段、控制字段、信息字段、帧校验字段中采用 0 比特插入和删除技术，从而保证了帧内数据传输的透明性。

② 地址字段 A。在主从结构中，帧地址字段总是写入从站地址；在平等结构中，帧地址字段填入应答站地址。全 1 地址为广播地址；按照协议规定，地址字段可以按 8 位的整数倍扩展。

③ 控制字段 C。控制字段 C 是 HDLC 帧的关键字段，它表示了帧类型、帧编号、命令和控制信息。

④ 信息字段 I。信息字段可以是任意的比特序列组合。为保证数据的透明性，必须执行 0 比特插入和删除操作。信息字段长度通常不大于 256 字节。

⑤ 帧校验字段 FCS。HDLC 采用 CRC 循环冗余编码进行校验，生成多项式为 $G(x) = x^{16} + x^{12} + x^5 + 1$。校验范围为地址字段 A、控制字段 C、信息字段 I。

2）HDLC 帧类型

HDLC 中的帧类型可以分为三种：信息帧（I），监控帧（S）与无编号帧（U），前两种帧统称为控制帧（包括监控帧与无编号帧）。控制帧用于数据链路的建立、维护与释放，以及信息帧发送过程中的流量控制与差错控制，以保证信息帧在数据链路上的正确传输。它们分别由帧控制字段 C 中的帧格式识别位指示。帧控制字段 C 的结构如图 2-38 所示。

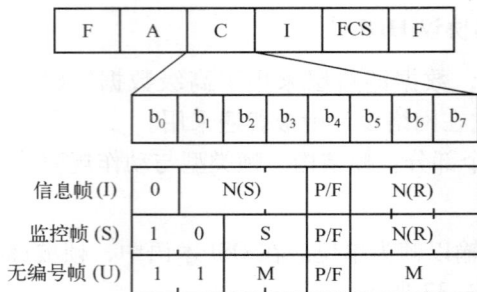

图 2-38　HDLC 帧类型及 C 字段结构

① 信息帧（I，Information）。信息帧中 N(S) 与 N(R) 分别表示发送帧序号与接收帧序号。发送帧序号 N(S) 表示当前发送数据帧的顺序号；接收帧序号 N(R) 表示该站下一接收帧的序号。N(R) 也同时捎带有确认的作用，它表示该站已正确接收序号为 [N(R) − 1] 帧及以前的各帧，下一次应接收帧序号为 N(R) 值的帧。N(R) 与 N(S) 用于全双工通信的帧发送与接收的顺序控制、差错控制与流量控制等通信控制。信息帧中具有与监控帧、无编号帧中相同的轮询/终止（P/F，Poll/Final）位。

② 监控帧（S，Supervisory）。监控帧不带有数据信息，它只有 48 位长。监控帧类型共分为四种，由 S 表示，占 2 位：

S = 00，表示接收准备好，RR（Receive Ready）；

S = 10，表示接收未准备好，RNR（Receive Not Ready）；

S = 01，表示拒绝，REJ（REJect）；

S = 11，表示选择拒绝，SREJ（Selective REJect）。

监控帧中只有接收帧序列号 N(R)。

监控帧可以用于协调通信双方状态，并能实现差错控制与流量控制的作用。

无编号帧（U，Unnumbered）。无编号帧主要起数据链路控制作用，它可以在需要时发出，而不影响信息帧的交换顺序。无编号帧不带发送数据帧的顺序号 N(R) 和接收帧的序号 N(S)。无编号帧类型由 M 表示，占 5 位，目前已定义了 15 种无编号帧。

典型的无编号帧有：置为正常响应模式帧 SNRM；置为异步响应模式帧 SARM；置为异步平衡模式 SABM；断开连接帧 DISC；无编号轮询 UP；无编号确认 UA；帧拒绝 FRMR。

3）数据链路层工作过程

数据链路层的服务用户是网络层，它为网络层提供服务，同时它又使用物理层所提供的服务。下面以图 2-39 中主站 A 与从站 B 在正常响应模式下链路的通信过程为例，简述其工作过程。

在执行数据链路层的协议动作时，数据链路层对等实体间的通信，一般要经过数据链路建立、数据帧传输与数据链路释放三个阶段。

① 数据链路建立阶段。图 2-39 中，主站 A 在多个从站的多点连接结构中，选择 B 为从站，在主站 A 与从站 B 之间以正常响应模式 NRM 进行数据帧的传输。数据链路工作

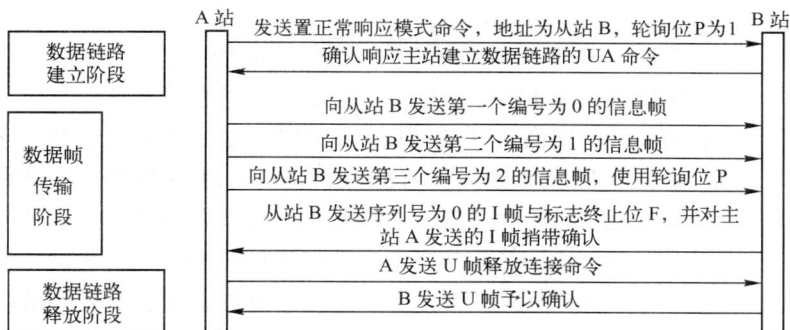

图 2-39 正常响应模式下数据链路工作过程示意图

的第一阶段应为数据链路建立阶段。在数据链路建立阶段，主站 A 使用无编号帧的置正常响应模式 SNAM 命令，地址字段填入 B，表示选择 B 站为从站，轮询位 P 为 1。从站 B 接到 SNAM 命令后，用 U 帧的无编号确认 UA 命令，作为响应主站建立数据链路的确认。UA 命令中地址字段为 B，表示从站中 B 站对主站 A 的响应；终止位 F 用作对主站 A 轮询 P 的应答。在 HDLC 中，轮询位 P 与终止位 F 总是成对出现。

② 数据帧传输阶段。在数据链路建立之后，进入数据帧传输阶段。主站 A 向从站 B 发送第一个编号为 0 的信息帧，因此 N(S) = 0；由于未接到从站帧，因而 N(R) = 0；此时 I 帧中发送号 N(S) = 0，接收号 N(R) = 0。主站 A 连续发送的第二、三个信息帧分别记为 N(S) = 1，N(R) = 0，N(S) = 2，N(R) = 0。在正常响应模式中，从站要在主站轮询后才可以发送信息帧。如果主站 A 在发送第三个信息帧时使用轮询位 P，那么从站 B 如果有信息帧发送时，可以发送 N(S) = 0，N(R) = 2 的 I 帧。这里的 N(S) = 0 表示从站 B 发送序号为 0 的 I 帧；N(R) = 2 表示已正确接收序号为 2 及它以前的 I 帧，下一次主站 A 应发送序号为 3 的 I 帧。这里 N(R) 可以起到对主站 A 发送 I 帧捎带确认作用。如果从站 B 只有一帧信息发送，应标志终止位 F。这样，从站 B 发送的 I 帧应记为 N(S) = 0，N(R) = 2，并发标志终止位 F。

③ 数据链路释放阶段。当主站 A 与从站 B 都没有信息帧发送时，应释放此次数据链路连接。主站 A 可以使用 U 帧释放连接 DISC 命令，从站 B 可以使用 U 帧的 UA 予以确认。至此，一次完整的数据链路中帧传输的过程结束了。

应该指出的是，物理连接与数据链路连接是有区别的。数据链路连接是建立在物理连接之上的，一个物理连接生存期间允许有多个数据链路生存期。数据链路连接释放时，物理连接不一定要释放。

在物理层完成物理连接并提供数据传输能力的基础上，数据链路层使用物理层的服务来传输数据链路层协议数据单元——帧。实现数据链路的建立、数据帧传输与数据链路释放，以及信息帧发送过程中的流量控制与差错控制功能，保证信息帧在数据链路上的正确传输，从而完成 OSI 参考模型规定数据链路层的基本功能的实现，为网络层提供可靠的节点—节点间帧传输服务。

2.8.4 网络层协议

网络层是 OSI 七层协议模型中的第三层，它是主机与通信网络的接口。它以数据链路层提供的无差错传输为基础，向高层（传输层）提供两个主机之间的数据传输服务。

数据链路层协议是相邻两直接连接节点间的通信协议，它不能解决数据经过通信网络中多个转接节点的通信问题。设置网络层的主要目的就是要为报文分组以最佳路径通过网络到达目的主机而提供服务，让网络用户不必关心网络的拓扑模型与所使用的通信介质。

OSI 参考模型规定网络层的主要功能为路径选择与中继、流量控制、网络连接的建立与管理等。

1. 路径选择与中继

在点–点连接的通信中，信息从源节点出发，要经过若干个中继节点的存储转发后，才能到达目的节点。通信路径是指从源节点到目的节点之间的一条通路，它可以表示为从源节点到目的节点之间的相邻节点及其链路的有序集合。一般在两个节点之间都会有多条路径，因此必然存在路径选择。路径选择是指在通信中，源节点和中间节点为将报文分组传送到目的节点而对其后继节点的选择，这是网络层所要完成的主要功能之一。

通信中继节点在收到一个报文分组后，决定下一个转发的中继节点是谁、通过哪一条输出链路传送所使用的策略，称为路径选择算法，简称为路选算法。在无连接网络服务的数据报方式中，中继节点要为每一个分组的转发启动一次路选算法；而在面向连接网络服务的虚电路方式中，只需要在虚电路建立时确定路选。

2. 流量控制

网络中多个层次都存在流量控制问题，网络层的流量控制是指对通信量加以控制，以防因通信量过大而造成通信网络性能下降。

流量（flow）是指网络中的信息通信量。流量控制在网络各层中均有普遍意义。因为网络资源，如链路容量、节点计算机的缓冲区大小与处理器的处理能力都是有限的。如果在某段时间内，在某一层协议的执行过程中，对某类网络资源的需求量超过该资源所能提供的可用数量，则这一资源在该段时间内出现拥挤（congestion）。若网络中多种资源同时发生拥挤，网络性能将明显下降。我们将网络吞吐量随输入负荷的增大而下降的现象称作网络拥挤。当输入荷继续增大到一定程度，网络的吞吐量下降为零，网络完全不能工作，这就是所谓的锁死（deadlock）。解决网络拥挤的方法是流量控制。流量控制将动态地、有效地分配通信网络中的网络资源，包括通信信道、节点处理器和缓冲区等，以防止网络因过载而造成吞吐虽下降和网络延时增大，避免锁死，在竞争的多用户中公平分配资源。

如果网络加上适当的流量控制，使网络吞吐量随着输入负载的增加而增长，不出现拥挤与锁死现象，这样就保证了网络在高输入负载时的安全运行。由于流量控制需要有一定的额外开销，因此在输入负载较小时，有流量控制的网络吞吐量小于无流量控制的网络吞吐量。

3. 网络连接的建立与管理

在面向连接服务中，通过建立网络连接来实现传输实体之间传送数据的逻辑的端–端通信通道。

　　从 OSI 参考模型的角度看，网络层所提供的服务分为两类：面向连接的网络服务 (Connection – Oriented Network Service，CONS) 和无连接网络服务 (Connection – Less Network Service，CLNS)。

　　面向连接网络服务又称作虚电路 (virtual circuit) 服务，它具有网络连接建立、数据传输和网络连接释放三个阶段，是可靠的报文分组按顺序传输的方式，适用于定对象、长报文、会话型传输要求。

　　无连接网络服务的两实体之间的通信不需要事先建立好一个连接。无连接网络服务有三种类型：数据报 (datagram)、确认交付 (confirmed delivery) 与请求回答 (request reply)。数据报服务不要求接收端应答。这种方法尽管额外开销较小，但可靠性无法保证。确认交付又称为可靠数据报，这种服务要求接收端对每个报文分组产生一个确认。请求回答服务要求接收端用户每收到一个报文均给发送用户发回一个应答报文。

2.8.5　传输层及高层协议

1. 传输层

　　前面讨论的三层即物理层、数据链路层和网络层统称为低层。低层协议涉及的是节点之间或主机与节点之间的协议和接口。传输层以上，不再考虑主机如何与网络相连，它们是主机到主机之间的协议。

　　传输层是 OSI 参考模型的七层中比较特殊的一层。在 OSI 参考模型的讨论中，人们经常将七层分为高层和低层。如果从面向通信和面向信息处理角度进行分类，传输层一般划在低层；如果从用户功能与网络功能角度进行分类，传输层又被划在高层。这种差异正好反映出传输层在 OSI 参考模型中的特殊地位和作用。

　　设置传输层的主要目的是在源主机和目的主机进程之间提供可靠的端–端通信。传输层协议为点–点协议，传输层的协议软件只在主机上运行，而低层协议则出现在主机和通信节点机上。传输层为上提供传输服务，完成无差错按序的报文传送，其基本内容简述如下。

　　1) 传输地址

　　传输层的使用者是用户进程。用户进程要发起一次通信，必须有一条通路，此通路是由传输层提供的。网络中任一进程访问网内其他进程，要由传输层提供通信用的全部地址细节。

　　一个用户进程要同另一主机上的用户进程通信时，它首先选一传输地址，作为它对外通信的通道号码，它在通信过程中的全部收、发报文都在这条通道上进行。图 2-40 中，设主机 A 传输层提供三个传输地址 A，B 和 C；主机 B 传输层提供三个传输地址 H，I 和 G。主机 A 中进程 A 与主机 B 中进程 B 通信，占用传输地址 C，它发出的每个报文，不仅要包含对方主机是 B，还要指明对方的传输地址为 I，而对方进程 B 应在这个地址上倾听，等待接收。否则双方无法通信。一旦一个进程选定了一个传输地址，该地址可作为这个进程的标识。

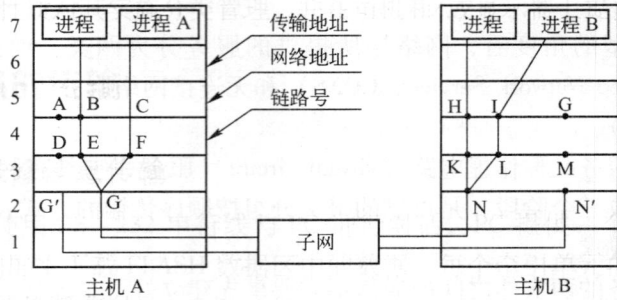

图 2-40 通信双方的传输地址

2）传输连接

传输服务的用户可请求在本地主机传输地址和远地主机传输地址之间建立连接。这时，必须借助于低层协议，传输层把传输地址映射到网络地址。两个传输连接 CFGNLI 和 BEGNH，每个连接使用不同的虚电路 FGNL 和 EGNK。当然，多个传输地址也可复用一条虚电路，以降低传输费用。图中表示出了两条虚电路复用的物理线路 GN。也可以把各传输地址分散到几条虚电路上传输，以增加传输吞吐率，缩短传输时间。

在主机 B，网络层应将输入信息进行分解，指出哪些分组属于虚电路 K，哪些分组属于虚电路 L，以便传输层处理。这种分解通常就是剥去输入分组的报文，连同网络地址一起，将数据送至传输层。

3）传输层的正常工作

传输层要发报文时，只要把它拆成若干数据块，向网络层要一个网络地址即逻辑通道号。在这个通道上把数据块逐块向下交发，由下层组织分组，再由链路层组织成帧，最后经物理层发出去。

接收报文时，传输层先向下层提出接收请求，并给出至少一个缓冲区。下层收到分组后，拆去分组的封装信息，将数据块填入传输层提供的缓冲区，并向传输层报告。传输层取走一块数据后，还可继续要求接收，直到最后一个数据块收完，组合成报文，交给自己的高层协议。

属于同一层用户的数据，可能从一条通道来，也可能从几条通道来。一条通道来的数据块也可能分别属于不同的用户进程，传输层必须根据数据块头部的传送层控制信息加以区分、分类、合并，然后以完整的报文交给不同用户。

当网络层提供数据报服务时，收到的数据块是无序的，传输层要将它们排序，装配成报文，再交给高层用户。排序要有足够的缓冲区，而且对每条通道分别设置缓冲区，其缓冲区的数量远比下层协议多。

4）处理低层不可恢复的差错

一般来说，链路层、网络层有严格的差错检验、反馈重传、流量控制等手段，只要硬件可靠，不正常情况几乎不会出现。但一旦出现不正常情况，传输层就得负责恢复。

下层不可恢复的差错是指下层出现了规程错误，进入复位或重启恢复规程。下层的重启，只是使双方重新同步，让通道重新被高层调用，已传送的各分组并不能作废，不能从头开始传送。因为收方已将收到的部分正确分组交给了传输层，不可能再收回来，而发方也已经撤销了各已被应答的分组的副本，不可能利用副本重传了。下层不能恢复的差错，应及时通知收发双方传输层，以便双方准备好重新发、收该报文及后续报文。传输层要做到报文一级的重传，需要两个前提：一是传输层在收到对方主机对一个报文的妥收应答前，全部保留这个报文的副本；二是要求低层协议有一定的控制策略，让重启前所有已发出、仍在网络中运动着的分组在下次传输层进行报文重传之前全部消失。

低三层保证分组的正确性、顺序性；而传输层则保证报文的正确性和顺序性，这种保证是由主机到主机之间的应答机构实现的。同时，低三层不可恢复的差错，只能靠高层协议恢复。传输层也有自身不可恢复的错误，如对方主机短期内的硬件或软件失效，使一半报文流传在途中，不能再传了，这应由上一层协议组织重传。

2. 会话层

会话层建立在传输层上，利用传输层提供的服务，使得两个会话实体之间不考虑它们之间相隔多远、有什么样的通信细节，进行透明的、可靠的数据传输。当两个应用进程进行相互通信时，希望有个作为第三者的进程能组织它们的会话，协调它们之间的数据流，以便使应用进程专注于信息交互。设立会话层就是为了达到这个目的。从 OSI 参考模型看，会话层以上各层是面向应用的，会话层之下各层是面向网络通信的。会话层在两者之间起到连接的作用。会话层的主要功能是向会话的应用进程提供会话组织和同步服务，对其进行控制和管理，以便协调会话过程，为表示层实体提供更好的服务。

会话层与传输层有明显的区别。传输层协议负责建立和维护点－点之间的逻辑连接。传输服务比较简单，目的是提供一个可靠的传输服务。会话层在发出一个会话协议数据单元时，传输层可以保证将它正确地传送到对等的会话实体。从这个角度来看，传输层协议使会话协议得到了简化。但是为了达到为各种应用进程服务的目的，会话层应该为数据交换提供各种服务。

会话层定义了多种服务可供选择。它将相关的服务组织成了功能单元。目前定义了12 个功能单元，每个功能单元提供一种可供选择的工作类型，在会话建立时可以就这些功能单元进行协商。最重要的功能单元是核心功能单元，它包括：会话连接、正常数据传送、有序释放、用户放弃与提供者放弃等五种服务。

会话服务主要分为两个部分：会话连接管理和会话数据交换。会话连接管理服务使得一个应用进程在一个完整的活动或事务处理中，通过会话连接与另一个对等应用进程建立和维持一条会话通道。会话数据交换服务为两个会话的应用进程利用该通道交换会话单元提供手段。

在以上基本服务的基础上，会话层还提供了可供选择的服务，如交互管理、会话连接同步及异常报告。会话连接同步服务允许两个相互通信的用户有选择地定义和标明一些同步点和检查点。当会话连接的两端失去同步时，可以将此连接恢复到一个已定义的状态。异常报告服务使用户得知一些不可恢复事件的发生。

会话的同步是会话服务的重要内容。会话服务提供者允许会话用户在传送数据的过程中设置同步点，并赋予同步序号，以识别和使用同步点。会话同步服务的目的是两个用户会话过程采取的预防措施，当传输连接出现故障时，整个会话活动不需要全部重复一遍。

会话同步服务在一个会话连接中定义若干个同步点。同步点又分为次同步点和主同步点。主同步点用于将一个会话单元分隔开来。

活动管理功能是主同步点概念的一种扩展，它将整个会话分解成若干个离散的活动。一个活动代表一个逻辑工作段，它包括多个会话单元。对于应用层来说，一个活动相当于一次应用协议数据单元的交换。从用户发出会话连接请求起到会话连接释放确认是一个会话连接的持续时间。一个会话连接可以分为几个活动，而每个活动又可以由几个会话单元组成。以用户应用进程的文件传送服务为例，一个完整的会话过程包括多个文件的传送。一个活动相当于某一特定用户的几个文件的传送，而每一个文件传送相当于一个会话单元。为分隔每一个文件传送，用户可以设置主同步点，而一个会话单元中的次同步点相当于文件中的每一条记录。用户可以在全部文件传送过程中设置多个检测点。如果用户检测出一个故障，用户可以使用会话同步服务。两个用户中任一个用户可以发出再同步请求，并以所需的同步点序号为参数。这一请求到达对方后成为再同步指示。对方发出再同步响应信息，发起方收到再同步确认信息后，双方已经确定了合适的再同步点，通信就可以重新进行下去。

会话层通过会话服务与活动管理达到协调进程之间的会话过程，确保分布进程通信的顺利进行。

3. 表示层

表示层位于 OSI 参考模型的第六层。在它下面的五层用于将数据从源主机传送到目的主机，而表示层则要保证所传输的数据经传送后其意义不改变。表示层要解决的问题是：如何描述数据结构并使之与机器无关。在计算机网络中，互相通信的应用进程需要传输的是信息的语义，它对通信过程中信息的传送语法并不关心。表示层的主要功能是通过一些编码规则定义在通信中传送这些信息所需要的传送语法。表示层提供两类服务：相互通信的应用进程间交换信息的表示方法与表示连接服务。

表示服务的重要概念是语法转换、表示上下文。

1）语法转换

人们在利用计算机进行信息处理时要将客观世界中的对象表示成计算机中的数据，为此引入数据类型的概念。从较低层次看，任何类型的数据最终都将被表示成计算机的比特序列，一个比特序列本身并不能说明它自己所能表示的是哪种类型的数据。对比特序列的解释会因计算机体系结构、程序设计语言，甚至于程序的不同而有所不同。这种不同归结为它们所使用的"语法"的不同。在计算机网络中，相互通信的计算机常常是不同类型的计算机。不同类型的计算机所采用的"语法"是不同的。为保证同一数据对象在不同计算机中语义的正确性，必须对比特序列格式进行交换，把符合发送方语法的比特序列转换成符合接收方语法的比特序列，这一工作称之为语法转换。OSI 设置表示层就是要提供这方面的标准。表示层采用两次语法转换的方法，即由发、收双方表示层实体协作完成语法转换，为此它定义了一种标准语法，即传送语法（transfer syntax）。发送方将符合自己语法序列转换成符合传送语法的数据序列；接收方再将符合传送语法的数据序列转换成符合自己局部语法的数据序列。

2）表示上下文

就像每个程序中所用的数据类型都需要事先说明一样，两台计算机在通信开始之前就要先协商这次通信中需要传送哪种类型的数据，通过这一协商过程，可以使通信双方的表示层实体准备好进行语法转换所需要的编码与解码子程序。由协商过程所确定的那些数据类型的集合称之为"表示上下文"（presentation context）。表示上下文用于描述抽象语法与传送语法之间的映像关系。

同时，对于同样的数据结构，在不同的时间，可以使用不同的传送语法，如使用加密里、数据压缩算法等。因此在一个表示连接上可以有多个表示上下文，但是只能有一个表示上下文处于活动状态。应用层实体可以选择采用哪种表示上下文处于活动状态，表示层应负责使接收端知道因应用层工作环境变化而引起的表示上下文的改变。在任何时刻可以通过传送语法的协商定义多个表示上下文，这些表示上下文构成了已定义的上广文集。

考虑到用户处在网络环境中需要保密、格式转换等，表示层为此制定了诸如密码转换、终端管理和文件传送等协议。

4. 应用层

应用层是 OSI 模型的最高层，实现的功能分为两大部分，即用户应用进程和系统应用管理进程。

系统应用管理进程管理系统资源，如优化分配系统资源和控制资源的使用等。由管理进程向系统各层发出下列要求：请求诊断，提交运行报告，收集统计资料和修改控制等。除此之外，系统应用管理进程还负责系统的启动，包括从头启动和由指定点重启动。

用户应用进程由用户要求决定。通常的应用有数据库访问、分布计算和分布处理等。通用的应用程序有电子邮件、事务处理、文件传输协议和作业操作协议等。

在 OSI 应用层体系结构概念的支持下，目前已有的 OSI 标准的应用层协议包括：
① 文件传送、访问与管理（File Tranfer Access and Management，FTAM）协议；
② 公共管理信息协议（Common Management Information Protocol，CMIP）；
③ 虚拟终端协议（Virtual Terminal Protocol，VTP）；
④ 事务处理（Transaction Processing，TP）协议；
⑤ 远程数据库访问（Remote Database Access，RDA）协议；
⑥ 制造业报文规范（Manufacturing Message Specification，MMS）协议；
⑦ 目录服务（Directory Service，DS）协议；
⑧ 报文处理系统（Message Handling System，MHS）协议。

思考题

1. 通信系统由哪几个部分组成，各有什么作用？
2. 什么是总线主设备和总线从设备，二者之间有什么关系？
3. 常用的计算机网络拓扑结构有几种？
4. 常用的计算机传输介质有哪几种？
5. OSI 参考模型分成哪几层？

第3章 动车组（列车）通信网络协议

列车通信网的主要功能是作为沟通各个控制、诊断单元的信息通道，实现信息交流，从而达到控制的统一和资源共享的目的。本章介绍动车组中所用的网络协议，主要包括 TCN 通信网络标准、ARCNET 通信网络标准、CAN 网络通信标准、GSM—R 无线通信网络标准。这些协议或者是专为铁路系统设计，或者是为适用于铁路系统而改进的通用通信网络标准。

3.1 TCN 通信网络标准

TCN（列车通信网络）于 1999 年 6 月正式成为国际标准，即 IEC 61375—1。该标准对列车通信网络的总体结构、连接各车辆的列车总线、连接车辆内部各智能设备的车辆总线及过程数据等内容进行了详细的规定。

TCN 标准分为上、下两层，上层为列车总线，下层为车辆总线。列车总线由各个车厢内固定安装的物理传输介质（双绞线或同轴电缆）通过车厢之间的互连而构成。每个车厢内设一个通信节点，列车总线通过节点与车辆总线相连。车辆总线分别设置在各节车厢内，连接该节车厢的各个控制单元与设备。列车通信网络的结构如图 3-1 所示。

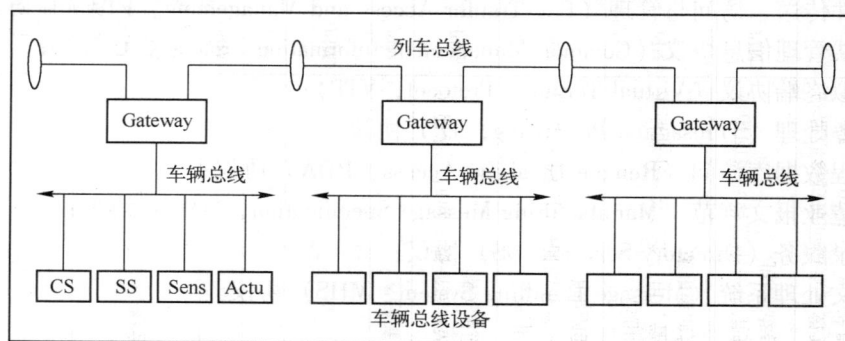

图 3-1　列车通信网络结构
Gateway—列车车辆总线网关；CS—主站；SS—从站；Sens—智能传感器；Actu—智能执行器

图中给出了三节的结构，其中，车厢中从站及智能设备的数量因要求不同而有差别。列车总线与车辆总线是两个独立的通信子网，而且有不同的通信协议。节点就是进行协议转换的网关。有动力装置的车厢（动车或机车）内的节点称为主节点（master node），无动力装置的车厢内的节点称为从节点（slave node），每一列车在运行中必须有一个且只能有一个控制总线工作的节点，称为控制节点。正常情况下以前导车的主节点为控制节点，称为主控节点。主控节点管理列车总线的运行，必要的时候主控节点可以切换。车辆总线的运作由各车厢的节点来管理。

3.1.1　列车通信网的体系结构

　　列车通信网的结构应遵循层模型。列车通信网络作为局域网，节点功能固定，故只涉及了网络中的下两层和应用层。其中数据链路层在应用到局域网时分成了两个子层：逻辑链路控制（Logic Link Control，LLC）子层和介质存取控制（Medium Access Control，MAC）子层。MAC 子层处理局域网中各站对通信介质的争用问题，对于不同的网络拓扑结构可以采用不同的 MAC 方法；而 LLC 子层屏蔽各种 MAC 子层的具体实现，将其改造成为统一的 LLC 界面，从而向网络层提供一致的服务。列车通信网上的数据量都比较小，不存在路由选择、顺序控制和阻塞控制等问题，比较简单；但是实时性、可靠性及网络构成的实用性要求比较高。列车通信网的体系结构如图 3-2 所示。

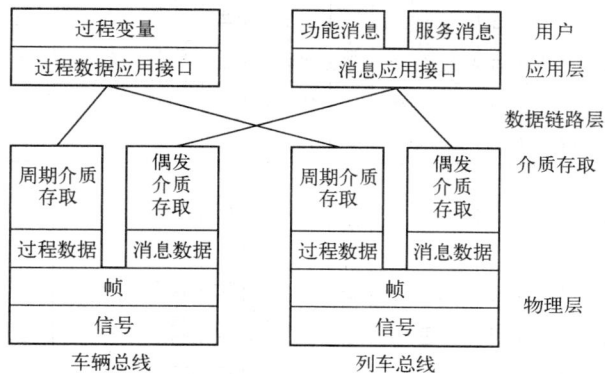

图 3-2　列车通信网的体系结构

　　TCN（列车通信网络）将列车上的智能设备连接起来，完成下述功能：

　　① 列车牵引及车辆控制（如车门、车灯等的远程控制）；

　　② 远程诊断及维护；

　　③ 旅客信息及舒适性。

　　TCN（列车通信网络）包括两层结构：

　　① 连接各车辆的绞线式列车总线（Wire Train Bus，WTB），列车新编组时可自动配置，通信介质为双绞线，通信速率为 1 Mbps；

　　② 连接一节车辆内或车辆组各设备的多功能车辆总线（Multifunction Vehicle Bus，MVB），经优化具有快响应性，通信介质为双绞线或光纤，通信速率为 1.5 Mbps。

　　网络管理部分包括对网络的配置、维护及操作。

　　表 3-1 是 WTB 和 MVB 的基本特点。

表 3-1　WTB 和 MVB 的基本特点

	WTB	MVB
组态	根据列车编组在线自动组态	总线成员事先确定
介质	双绞线	总线母板，双绞线，光纤

	WTB	MVB
设计长度	860 m	20 m（无隔离），200 m（有隔离），2 000 m（光纤）
数据速率	1.0 Mbps	1.5 Mbps
编码	曼彻斯特码 + 分界符	曼彻斯特码 + 分界符
帧长度	最大 1 024 位	最大 256 位
帧格式	HDLC	TC57
支持设备	最多 32 个节点	最多 4 096 个节点
地址	相对地址，在组态时在线分配	事先确定
基本周期	25 ms	最小 1 ms
冗余	物理层双份冗余	
总线管理	总线由一个主设备控制，支持总线主设备冗余	
介质访问	周期性的过程数据，偶发的消息数据，随机的监管数据	
链路服务	源地址广播（过程数据入无连接的目的地址数据报）	
协议	分布式数据库（过程数据），网络层、传输层和会话层协议（消息数据）统一的数据类型	
应用接口	过程变量（过程数据），远程调用处理（消息数据）	

3.1.2 多功能车辆总线

多功能车辆总线（Multifunction Vehicle Bus，MVB）用于连接位于同一节车辆内或不同车辆内的标准设备，构成列车通信网。标准设备包括可编程设备和智能传感器和执行器。

MVB 可以连接 4 096 个设备，不同设备分配不同地址。其中 256 个站具有消息传送能力。

图 3-3 和图 3-4 分别为 MVB 应用于机车（动车）和车辆（拖车）的简图。

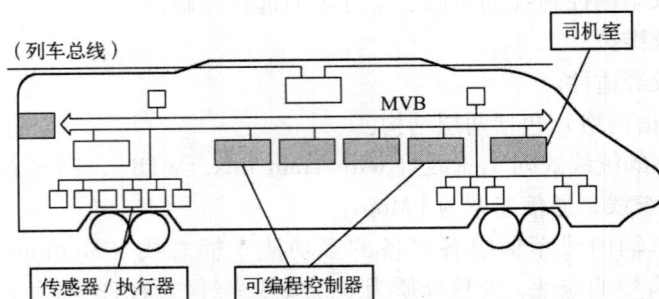

图 3-3　MVB 应用于动车简图

MVB 传输的数据有以下 3 类。

① 过程数据：定时广播的带源地址的数据，定时间隔小于 1 ms。

② 消息数据：有请求时应答，带有目的地址的点对点或广播数据。

③ 管理数据：用于事件判决、主设备转换、设备状态发送的数据。

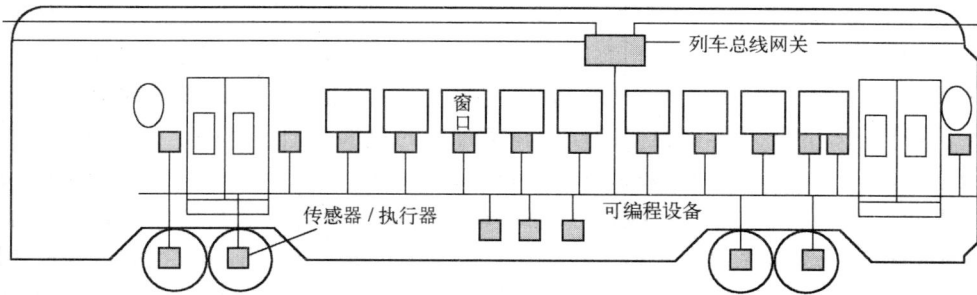

图 3-4 MVB 应用于拖车简图

1. MVB 物理层

MVB 提供三种通信介质，工作速率相同。

① 标准的 RS－485 收发器，距离 20 m，最多连接 32 个设备。

② IEC 61158－2 规定的变压器及电气隔离收发器，采用屏蔽双绞线，距离 200 m，最多连接 32 个设备。

③ 光纤，距离 2 000 m，点对点连接或星形连接。

MVB 上连接的设备都有一总线控制器，设备通过它来控制总线访问。

MVB 采用曼彻斯特编码，每一数据位码元中间都有跳变，从高到低的跳变（负跳变）表示"1"，从低到高的正跳变则表示"0"。

2. MVB 帧

MVB 帧是由 9 bits 起始位＋数据＋8 bits 校验位＋结束位构成的。

MVB 有两种帧。

① 主控帧：总线的某个总线管理器发送的帧。

② 从属帧：由总线从设备发送，回应某个主控帧。

基于帧结构，MVB 共有 16 种报文，在主控帧中以一个字码（F－code）来区分，如表 3-2 所示。

表 3-2 MVB F－code 表（主控帧类型）

F－code	报文类型	F－code	报文类型
0	16 位长的过程数据请求	8	主控权转换请求
1	32 位长的过程数据请求	9	一般事件请求
2	64 位长的过程数据请求	10	（保留）
3	128 位长的过程数据请求	11	（保留）
4	256 位长的过程数据请求	12	256 位长的消息数据请求
5	（保留）	13	群组事件请求
6	（保留）	14	单一事件请求
7	（保留）	15	设备状态查询

MVB 介质访问控制采用主从方式，由唯一的主控器以定时轮询的方式发送主控帧。总线上其他设备均为从属设备，需要根据收到的主控帧来回送从属帧。它们不能同时发送

信息。MVB 由专用主设备——总线管理器进行管理。管理器是唯一的主设备。为增加可用性，可能有多个总线管理器，它们以令牌方式传递主设备控制权。在一个给定时间，仅有一个管理器在总线上工作。对于多个偶发性响应，主设备减少发送设备数量，直到不发生冲突。根据通信网上所传输数据的性质和实时性的要求，把通信网上的数据分为三类：过程数据（process data）、消息数据（message data）和管理数据（supervisory data）。通信网采用不同的方法来传递这三类数据。过程数据是那些短而紧迫，传输时间确定和有界的数据。把列车运行的控制命令和运行状态信息定义为过程数据。过程数据的传输是周期性的。把那些非紧迫的但可能冗长的信息定义为消息数据，把诊断信息、显示信息和服务功能作为消息数据来传送。它们的传送是非周期的，而且可以根据需要分帧传送。管理数据是网络自身管理、维护和初始化时在通信网中传递的"数据"。这些数据只有在网络重构或初始化时才传递，且传递时与其他两种数据不发生冲突，因此在列车运行时通信网上传送的只有过程数据和消息数据，这两种数据用周期传送和非周期传送来区分。周期性和偶发性数据通信共享同一总线。但在各设备中被分别处理。周期性和偶发性数据发送由充当主节点的一个设备控制，这保证了确定性的介质访问。为此，主节点在基本周期中交替产生周期相和偶发相，如图 3-5 所示。

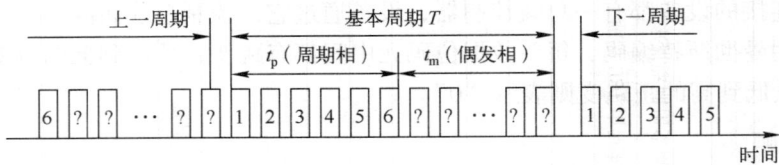

图 3-5 数据传输

3.1.3 绞式列车总线

绞式列车总线（Wired Train Bus，WTB）是一种串行通信总线，主要是为铁道车辆间建立通信连接而设计的。图 3-6 表示了绞式列车总线的拓扑结构。

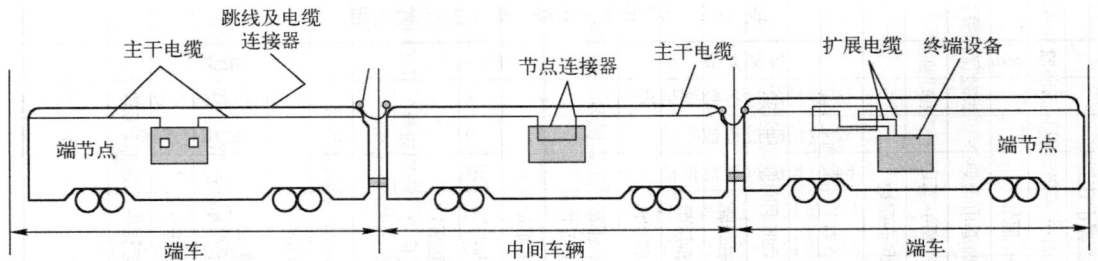

图 3-6 WTB 拓扑结构

1. WTB 物理层

WTB 采用屏蔽双绞线，要求有较高的机械连接性能。使用该种介质可以达到 1 Mbps 通信速率，长度为 860 m，对应 22 节 26 m 长的 UIC 列车，可连接至少 32 个节点。

MVB 采用曼彻斯特编码，每一数据位码元中间都有跳变，从高到低的跳变（负跳变）表示 "1"，从低到高的正跳变则表示 "0"。

2. WTB 帧

所有的帧符合同一编码方式，遵循 HDLC（ISO/IEC 3309）标准。帧格式如图 3-7 所示。

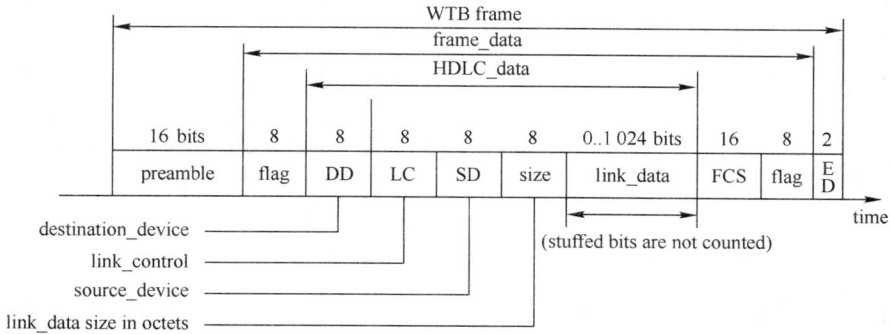

图 3-7　WTB 帧格式（扩展 ISO/IEC 3309）

3. WTB 报文

每次通信均由主节点建立，被选择的从节点对主节点的命令帧回复应答帧。图 3-8 为一报文时序图，包含一主节点命令帧和一从节点的应答帧。

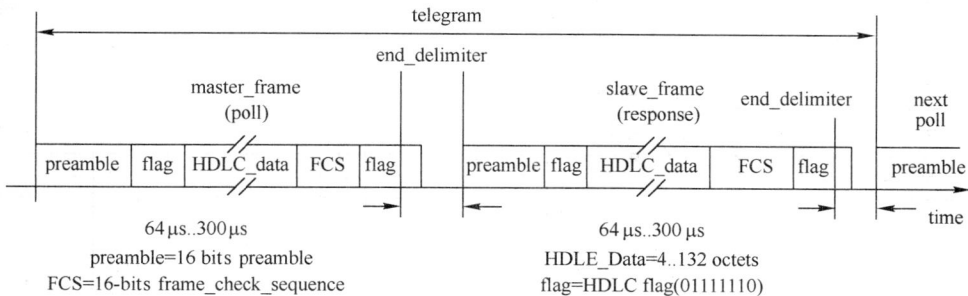

图 3-8　WTB 报文时序图

WTB 规定了三种报文：

① 过程数据报文；

② 消息数据报文；

③ 管理数据报文。

4. WTB 的 MAC（介质访问控制）

在列车总线上，只有唯一的主节点控制介质访问，其他的所有节点均为从属节点，只能在主节点问询到它时才能发送回应帧。

常态工作时，主节点不停地循环操作。它将总线活动划分为一个个基本周期，主节点在基本周期中交替产生周期相和偶发相，如图 3-9 所示。

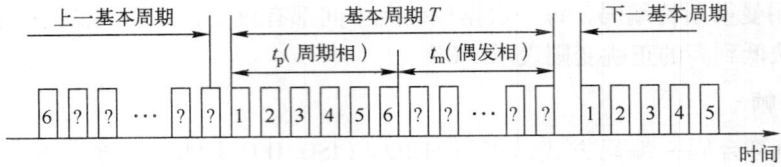

图 3-9　WTB 周期相和偶发相发送

5. WTB 列车初运行

1）一个列车内的初运行

列车总线主设备控制 WTB 的配置，当列车的组成改变时，即车厢被连挂或解挂时（如果需要经常发生），主设备重新组织总线，这个过程叫做列车初运行。

在初运行时，所有节点接收到一个唯一的标识它们在列车中的位置的地址，节点还必须能确定列车的定向，以便区分左右，例如门控制。在初运行结束时，所有节点都知道新的构型，并且总线进入常规操作。

在初运行过程中，节点和电缆段从电气上连接起来，形成一条两端都有终端连接器的单一总线。初始时，如果一个节点未被命名，它的介质连接装置便通过打开总线开关，同时在与之相连的每段的末端插入一个终端连接器的方法，把总线断开。介质连接装置的两个信道监听总线，每个信道监听一个方向。一个没命名的从设备不能发送帧。列车初运行的基本电路如图 3-10 所示。

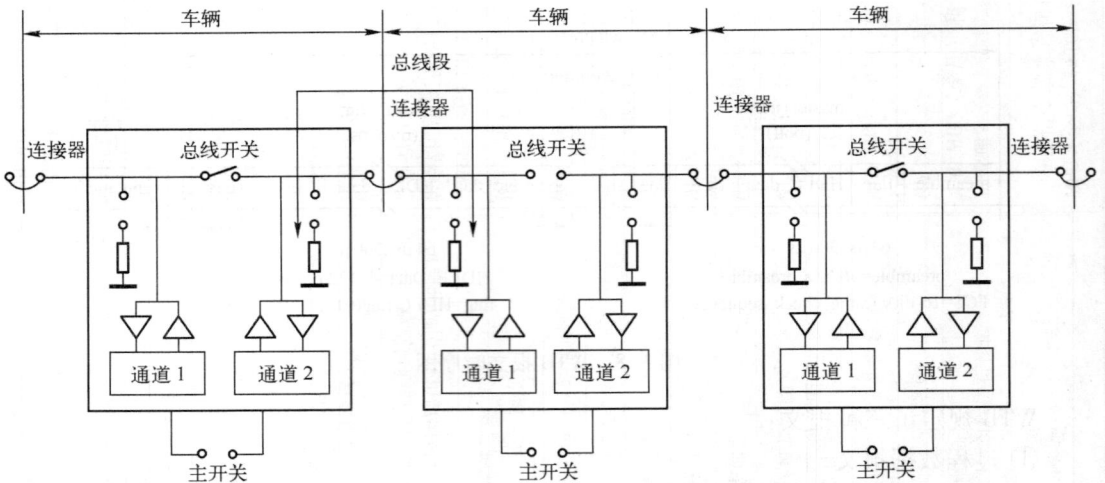

图 3-10　列车初运行的基本电路

列车总线主设备的选择取决于应用。通常，列车司机通过某种方法，比如插入一把钥匙，来选择司机室内的节点作为主设备，这个节点的编号为 01，并最终由它控制总线。

主设备通过交替地向每个方向发检测请求帧来启动初运行，下一个从设备将会检测到主设备发出的帧，并用一个检测响应帧作为回答，指明自己是一个没被命名的从设备，如图 3-11 所示。

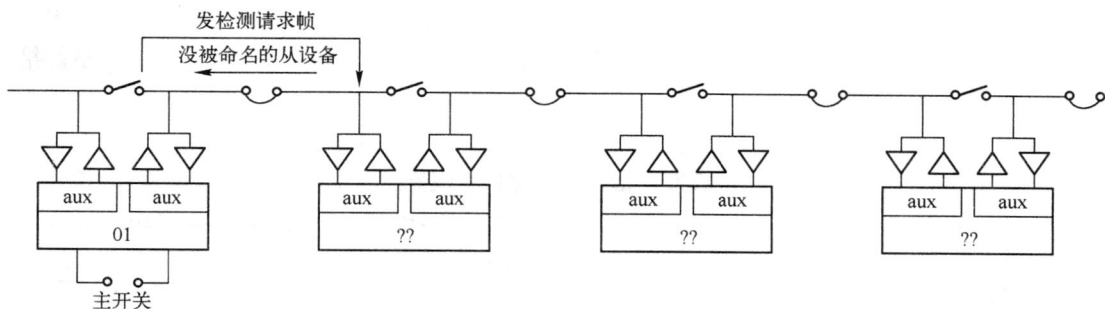

图 3-11　节点 01 检测另一节点

当主设备检测到一个方向上的没命名的从设备的回答后，它把其他通道切换到列车这一端，发一个命名请求给没命名的设备，告诉它"你是 02 号节点"。收到这一命名请求的从节点发一个响应给主设备，以确认它已接受地址 02，然后它把自己的标识设置为 02，并打开主设备方向上的主通道（见图 3-12）。

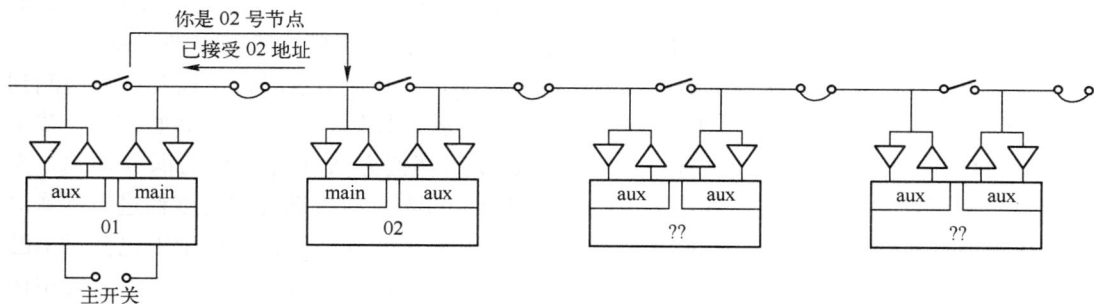

图 3-12　节点 01 给节点 02 命名

主设备不能直接询问第三个节点，因为如果不存在第三个节点，关闭总线开关，移走节点 02 的终端连接器，将会使总线不能正常工作。

像主设备一样，第 2 个节点通过辅助通道发检测请求帧。第 3 个节点（如果存在）将发回一个检测响应帧给 02，然后由节点 02 向主设备报告检测到一个没命名的节点。为实现这一功能，主节点要定期轮询这一方向的端节点，读取它们的检测状态（见图 3-13）。

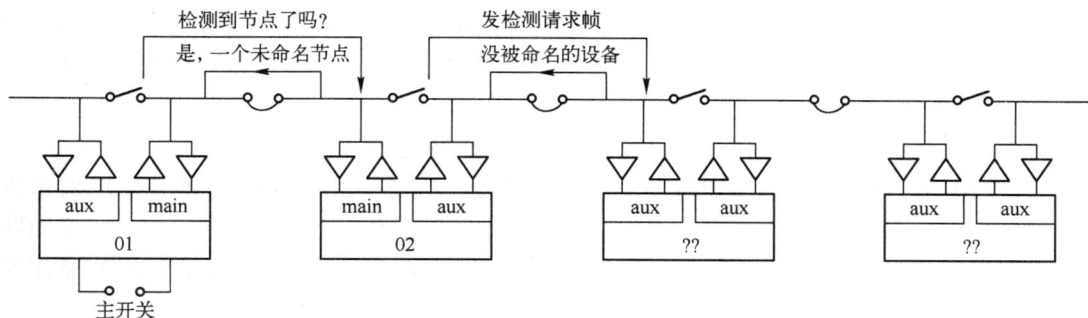

图 3-13　节点 02 检测到另一节点，并向节点 01 报告

如果节点 02 报告检测到了一个没命名的节点，主设备就打开 02 作为中间节点（闭合总线开关，移走终端连接器，并关闭辅助通道），这时主设备就可以直接访问节点 03，给它命名（见图 3-14）。

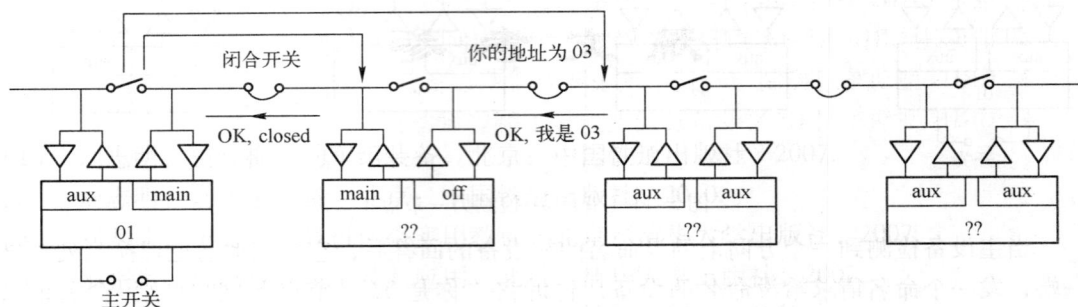

图 3-14 节点 02 延长总线

持续这一交换，直到这一方向上的所有节点都被命名。尽管导向车厢可能是推式车厢，这种情况下，由于可能的节点都位于司机室的前方，初运行时接 63、62 等给节点命名。

当端节点在一定的时延之内不再向主设备报告检测到其他节点时，主设备认为检测到了列车的末端。但是没有返回响应并不能安全地确定就是最后一节车厢。例如，下一节车厢可能没有可操作的列车总线设备。应用软件必须用其他方法（打开自动耦合开关、人工开关）来识别列车的末尾。另外，我们还希望司机对列车组成部分的完整性进行检查。

当两个方向的节点都被命名之后，主设备把构型发送给各从设备，构型中包括每个已命名的节点的描述符。在收到构型之前，节点不能参与常规操作，这是因为节点需要用构型对收到的帧解码。

在常规操作时，端节点周期性地向列车末端发检测请求来检测列车的长度。当端节点报告列车的组成改变时，如果条件允许（例如，车速 <5 km/h），主设备重新启动初运行过程。

2）控制权的转移

尽管应用允许多个节点都成为主设备，但实际上一次只能有一个可操作的主设备，这些节点叫做弱节点。

弱节点允许列车总线在没有指定主设备的情况下进行操作：在一定时间内没有检测到总线动作的从设备将成为弱主设备；有可能同时存在多个弱主设备，且每一个都想给它的邻节点命名，直到两个已命名的段发生冲突；这时，其中一个弱主设备自称为主设备，并重新命名其他段。

应用可以指定一个节点作为主设备，这个节点叫做强节点。

在应用的控制下，充当主设备的节点可以改变。在终点站可逆向（推—拉）列车改变运行方向时，就要改变主节点：司机从司机室中取下钥匙，走到列车的另一头，把钥匙插在这一端的司机室中；在取下钥匙时，主设备还像以前一样控制列车，但这时它是作为弱主设备，它仅仅通知其他的节点自己被降级。降级将禁止一些功能。

在另一个节点插入钥匙后，这个从设备便升级为强节点。当弱主设备检测到有一个节点已经升级时，它取消对所有节点的命名，并退回到从设备状态。然后新的主设备重新命名所有的节点。

3）两列车的连接

当两列初运行过的车连接时，末端节点识别出列车被加长了。由于节点在收到检测帧时就已经被命名，它们只回答一个指明其组成部分个数的应答帧。下一步的工作取决于主设备的强度，如果两列车都是在强主设备控制下，那么每一列车都发一个信号给应用，说明检测到了另一列不能对其命名的列车。

如果一个主设备是强主设备而另一个是弱主设备，则弱主设备的端节点就发一个信号给弱主设备，从末端节点开始，逐个取消对命名节点的命名。然后，再发一个信号给强端节点，告诉它自己是没命名的，强主设备就接管这些设备，并像单个列车那样进行初运行。

如果两个主设备都是弱主设备，则拥有较多的已命名节点的弱主设备成为强主设备。如果两个弱主设备拥有同样数目的已命名的节点，由端节点决定哪方取胜。仲裁进程保证总是有一个赢家。

6. WTB 容错

1）介质冗余技术

即使列车总线上的信息与安全无直接关系，列车总线上的故障也会导致列车不能正常运行。对总线和节点来讲，多级冗余是期望的。下面描述的是一个简单的介质冗余方案，这个方案中使用的是电缆重复，而不是节点重复。

为使冗余管理简单化，节点发送时总是在两条电缆上同时发送。接收时则只从一根电缆上接收。每个设备都独立地选择自己的活动电缆线。每个设备从一根电缆线上接收数据，同时监视另一根电缆线，检查它是否可操作。为实现这一功能，译码器发"有效数据"信号。

这种节点的介质连接装置的每一根线都需要一个线路连接装置（见图 3-15）。

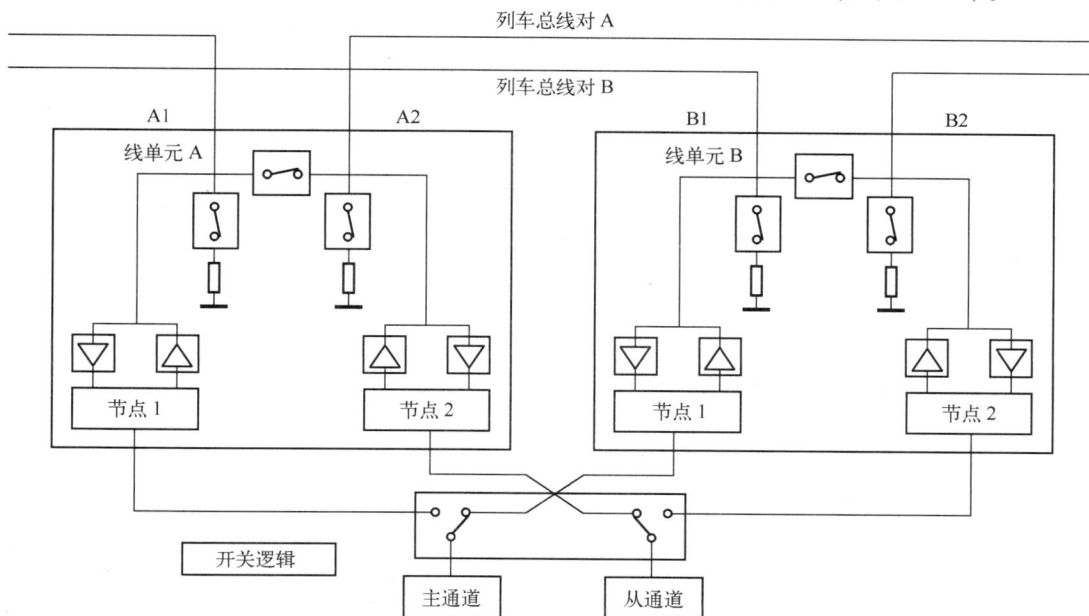

图 3-15　双线路连接装置的列车总线节点

对进入节点的冗余信号的管理是实现问题。

2）主设备冗余技术

只有一个中心主设备容易引起故障。冗余要求有一种多主设备结构来确保一个设备故障时，其他设备仍能正常工作。

尽管任何列车总线设备都可以作为主设备，至少可作为"弱主设备"，但把"监控列车运行"功能分配给另一节点也是不可行的。这是因为列车总线主设备跟踪总线动作并接收控制信息，而其他设备不做这项工作。切换到一个非当前的主设备上是危险的，但让其他主设备来监听总线获取信息却是可行的，然而这样做要求有一个复杂而可靠的广播协议。

因为主设备在数据高度集中的司机室内，所以只有在司机室内复制一个主设备才是合理的，这两个主设备物理上是独立的（比如可以在机车的两边），并且通过直接相连实现同步（见图3-16）。

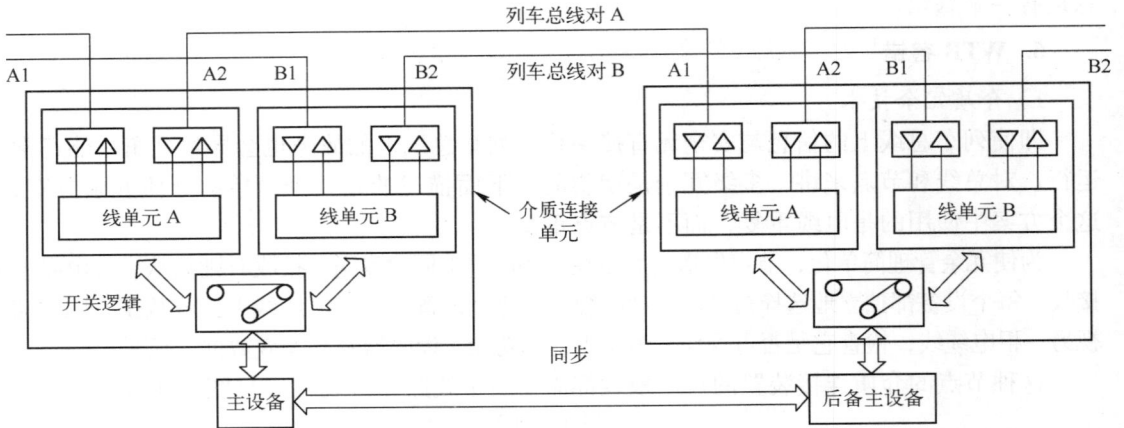

图3-16　主设备冗余

后备主设备像主设备一样工作，但它不发送帧。它监督主设备的动作，如果主节点出现故障，在一定时间内没有发送，后备主设备便进入一个恢复过程，并接管主设备的工作。原则上，从设备无需后备，除非该从节点的功能十分迫切。比如它的车厢具有牵引功能，在这种情况下，该从设备的冗余配置和主设备一样。

只有完全重复的配置才能提高利用率，这是因为把两条线连到同一节点上，引入了共模故障。

3.2　ARCNET 通信网络标准

3.2.1　简述

ARCNET 是一种网络访问规程，于1977年由 Datapoint 公司制定。ARCNET 的数据传输速率可达 2.5 Mbps，最大传输距离可达 6.4 km；最多可支持 255 个节点互连，并可实现多主式连接，亦即可连成总线型和星型。对于总线型，在不加中继器的情况下，可带 8 个节点，用同轴电缆作传输介质时，其最大传输距离为 300 m；若用双绞线作传输介质，最大距离约为 120 m。ARCNET 采用令牌传递（token passing）实现介质访问，介质上有一个称为 token（令牌）的特殊位串，它从低地址节点按序往高地址节点传递，而最高地址节点又往最低地址节点传递，这样逻辑上形成了一个环。当一个节点获得令牌时，它有权发送信息，若无信息可发，则把令牌传到下一个节点。这种方式类似令牌总线访问方法，它适合于实时小批量数据传输的场合。由于 ARCNET 网具有效率高、节点进退网操作简单、实时性好等优点，用它作为列车通信网中的列车总线能够满足列车的特殊要求。

ARCNET 通信线缆：ARCNET 采用同轴电缆，其规格遵循 RG – 62U ARCNET Connector。连接件为普遍采用的用于连接同轴电缆的 BNC 连接器。

ARCNET 过去曾普遍用于办公室自动化，经过优化，逐渐演进成了一种嵌入式网络技术。该技术广泛运用于工业控制领域、智能楼宇、交通运输、机器人及电子游戏等领域，在美国、欧洲特别是日本被广泛采用。目前已售出多达千万个 ARCNET 节点。

ARCNET NIC（网络接口控制）：对于 ARCNET 网络，其上每一个节点都要由管理员指定一个 MAC 地址，这往往是一个主要的错误来源。MAC 地址的范围是 0 ～ 255，因为该地址是由 8 位的拨码开关来设定的。ARCNET 是一种面向数据链路层的协议，没有定义应用层。设计者应针对具体的应用自行设计应用层。ARCNET 是基于令牌传递的协议，一个站只有获得令牌才能访问总线。当一个站获得令牌后，它可以向其他站发起一次传输，也可以向它的逻辑邻站传递令牌。每得到令牌后只能发送一个数据包。所有总线上的站是平等的，共享总线带宽。这样的机制避免了冲突，因此 ARCNET 用于实时系统具有明显的优点：设计者可以准确预测每个站发送一条消息所需的时间。这一点对于需要及时响应的控制系统或机器人来说尤其重要。最初的物理层是双脉冲收发器，优化后速率为 2.5 Mbps，新一代的收发器体积更小，速率可达 10 Mbps。

ARCNET 具有下列特点：简单易用、价格低、可靠性高、性能好。新型的 ARCNET 控制芯片非常小巧。ARCNET 体系结构如图 3–17 所示。

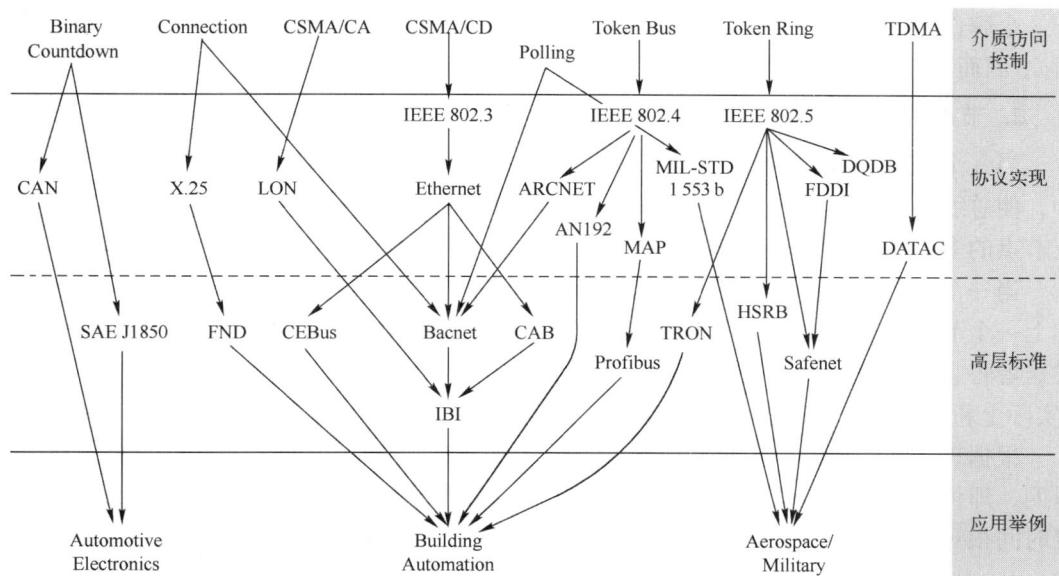

图 3–17 ARCNET 体系结构

3.2.2 ARCNET 工作机制

ARCNET 局域网采用了优化的令牌总线协议（IEEE 802.4），除了具有令牌总线网的一般特点外，还具有如下特点：

① 网络中每个节点保存有下一个节点的逻辑地址，可以生成一个网络活动节点地址表；

② 为了避免目的节点没有空闲缓冲区而引起信息的丢失，设置了空闲缓冲区查询帧，通过查询可以减少不必要的数据重传，提高了网络运行效率。

ARCNET 是一个真正开放标准协议，1999 年成为美国国家标准 ANSI/ATA878.1。从 OSI 参考模型来看，它提供了网络的物理层和数据链路层服务，说明 ARCNET 能方便地在两个节点之间实现数据包的发送和接收。

1. 逻辑环的建立

在 ARCNET 网络中，每个节点均有一个唯一 MAC（Medium Access Control）地址，其取值范围为 0 ~ 255，其中 0 是网络广播地址。每个节点在系统初始化或重构时确定它在逻辑环中的下一个节点，并将下一个节点的 ID 值保存在各自专用的寄存器 NID（Next ID）中，并按 MAC 地址从小到大的顺序构成一个逻辑环路。图 3-18 是一个典型的四节点逻辑环。

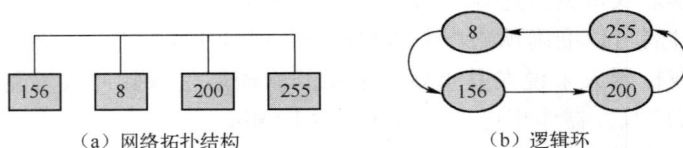

（a）网络拓扑结构　　　　　　（b）逻辑环

图 3-18　逻辑环的建立

令牌作为一组独特的信号序列，沿着逻辑环从一个节点传向逻辑邻居（而非物理邻居），因而与节点名在网络上的物理位置以及网络的拓扑结构无关。

2. 节点的进网或退网

当一个节点加电或 840 ms（2.5 Mbps 速率下）没有收到令牌时，它即发出一个重构脉冲，使总线终止一切活动，造成令牌丢失，从而引发系统重构，重构时间的多少取决于网上节点的多少和数据传输速率的大小，通常为 20 ~ 30 ms。

当一个节点由于故障或断电而退出网络时不需进行整个逻辑环的重构，因为当逻辑环的上一个节点（存有退网节点的 ID 值）向它发送令牌时，不能收到它的响应，因而令牌发送者将它的 NID 值加 1 重发令牌，直到收到响应，即找到逻辑环中新下一个节点为止（实际上新的下一个节点就是故障节点在原逻辑环的下一个节点），节点的退网也就完成。

根据现场实际情况，多数网络故障是节点故障，对于 ARCNET 即网络，只需该节点退网，即可保证网络中其他节点正常工作。由于节点退网无需网络重构，因而网络故障恢复时间很短。网络中节点的增加或退出都是由网络自动完不需外界的介入。

3. ARCNET 帧结构

像 Ethernet 一样，ARCNET 传输单位也称为帧，帧结构如下。

（a）ITT 帧

ALERT EOT DID DID。

（b）FBE 帧

ALERT ENQ DID DID。

（c）ACK 帧

ALERT ACK。

（d）NAK 帧

ALERT NAK。

（e）PAC 帧

ALERT SOH SID DID DID CP DATA CRC CRC。

其中，（a）为邀请发送（ITT）令牌帧，总是传递给它的后继工作站。

ARCNET 帧不管是哪种帧，都由 ALERT 引导，类似于 Ethernet 中使用的前导码。ALERT 由 6 比特间隔的传号"1"组成。传号"1"由正脉冲后跟负脉冲组成的双脉冲表示。空号"0"由无脉冲表示。EOT 是 ASCII 码中的传输结束控制符（04hex），后跟的两个字节都是 DID（终点标识符），即后继工作站的信息。重复使用 DID 的目的是增加可靠性。（b）是空闲缓冲器询问（FBE）帧。ENQ 是 ASCII 字符集中的询问字符（05hex），它后跟的两个字节 DID 是想通过询问了解空闲缓冲器状态的工作站标识，DID 重复使用也是为提高寻找终点工作站的可靠性。（c）为 ACK（确认）帧，由 ALERT 和 ACK 组成。ALERT 的构成前面已有叙述，ACK 是 ASCII 字符集中的确认字符（06hex）。当响应 FBE 帧而发送 ACK 时，表示接收工作站具有可供使用的缓冲器空间。ACK 帧元所以没有 DID 字段，是因为这种帧是作为广播方式发送的。（d）为 NAK（否认）帧，是 ASCII 字符集中的否认字符（15hex），当响应 FBE 帧而发送 NAK 时，表示接收工作站不具有可供使用的缓冲空间。NAK 帧也没有 DID 字段，其原因与 ACK 帧相同。（e）为 PAC（数据）帧，帧中 SOH（标题开始）是 ASCII 字符集中的标题开始字符（01hex），SID（源节点 ID）和 DID（目的节点 ID）表示源点和终点工作站的地址，CP（连续指针）字段指示工作站在存储器中找到的传输数据的起点。数据字段 DATA 具有可变长度，处于 1 字节和 508 字节之间，用以携带用户数据。2 字节的 CRC 字段由发送站添加，用来保护 DATA 字段。

4. 数据的接收和发送

ARCNET 局域网的数据传输速率为 156.25 kbps ～ 10 Mbps，其用户数据的长度为 0 ～ 507 字节，有两种 ARCNET 数据帧模式，其中短帧模式用户数据的最大长度为 253 字节，长帧模式用户数据的最大长度 507 字节，只要按一定的格式将用户数据写入协议控制器内置的 2KB RAM 中，在数据发送时，协议控制器会自动将其组织到 ARCNET 的数据帧中。传输数据在协议控制器内置的 2KB RAM 中的存放格式如图 3-19 所示。

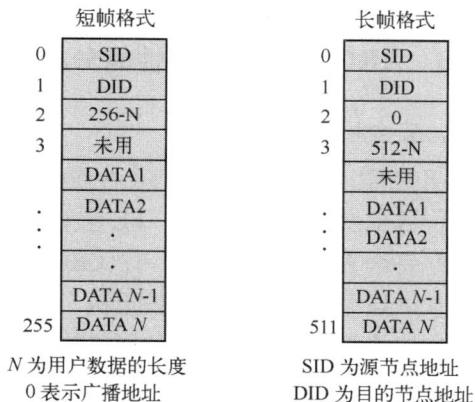

图 3-19　数据在 2KB RAM 中的存放格式

在数据传送的过程中，一旦源节点 CPU 将待发的用户数据写入协议控制器的内部 RAM，在该节点持有令牌时，相当于接收到令牌传送帧（Invitation to Transmit，ITT，简称令牌），首先向目的节点发送一个空闲缓存查询帧（Free Buffer Enquiry，FBE），查询目的节点是否有足够的接收缓存，目的节点如有，则回答一个确认帧（Acknowledgement，ACK），否则回答一个否认帧（Negative Acknowledgement，NAK）。源节点只有收到来自目的节点的 ACK 帧后才向其发送一个含有用户数据的数据帧（PAC，Packet）。如果目的节点收到了数据，且通过 CRC 校验，则回送一个 ACK 帧，告诉源节点数据接收成功，否则目的节点不回发任何信息，导致源节点超时，源节点认为数据发送失败，等下一次收到令牌时重发该数据帧，至此节点传输过程结束，令牌被传递给下一个节点。图 3-20 是节点 156 向节点 255 发送数据包的具体过程。

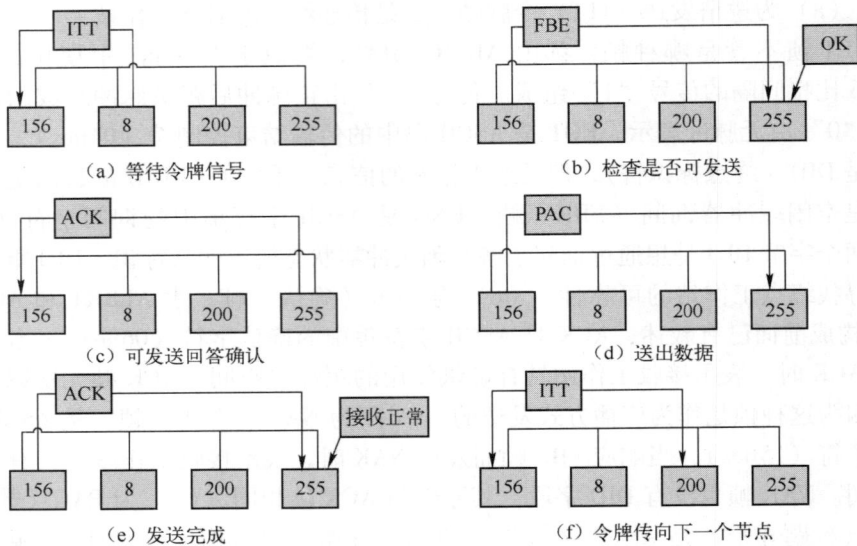

图 3-20　节点 156 向节点 255 发送数据包的具体过程

ARCNET 支持广播消息。广播消息发出后无须回送确认帧，通过消息广播一次可以将消息传送给网络上的所有节点，可见广播速度很快。

3.2.3　ARCNET 网络的性能分析

1. 安全机制

ARCNET 局域网通过下列几种途径确保数据的安全传输：

① 数据发送前通过发送 FBE 帧对目的节点的接收准备进行确认；

② 每个数据帧中都含有一个 CRC - 16 的帧校验序列；

③ 一旦令牌丢失，将引发重构，自动重构网络；

④ 协议控制器提供强大的网络故障诊断功能。

此外，由于协议控制器内置 2 KB RAM，可储存 8 页短帧模式的用户数据和 4 页长帧模式的用户数据，即使节点 CPU 不读取 RAM 中的数据，数据充满 RAM 也无关紧要，当

RAM 要溢出时，节点 CPU 在收到 FBE 帧时可回送 NAK 帧，使 RAM 不再接收数据，此时源节点将不再发送数据，将令牌传送给下一节点。因此，即使某一节点无法通信，整个网络也不会锁闭。

2. 数据吞吐量和总开销

由于 ARCNET 使用令牌传送机制来仲裁节点对网络的访问权，因而网络性能在时间上是可预测的或可确定的。正是由于 ARCNET 的时间可确定性，使其在工业实时控制领域中的应用经久不衰。反映局域网性能的一个重要参数就是"一个节点在能够发送信息之前必须等待的时间"，这个参数表示了各个节点每秒钟能发送的信息数，也就是网络的吞吐量。

在 2.5 Mbps 的数据传输速率下，ARCNET 协议控制器执行简单的令牌传送约需 28.2 μs（协议控制器响应时间 12.6 μs + 令牌码传送时间 15.6 μs），因而令牌绕逻辑环一周的传递时间为 $28.2 \times N_{nodes}$（μs），其中，N_{nodes} 为网络中活动节点数。一个节点从接收到令牌到发送数据为止，共需 117.2 μs 的处理时间，传输每个字节需 11 个时钟周期，一个字节的传输时间为 11×400 ns $= 4.4$ μs（速率为 2.5 Mbps 时，每个时钟周期为 100 ns）。因此令牌绕逻辑环一周最坏情况下的传输时间是网上每个节点均有数据需要发送，其大小可表示为 $(28.2 + 117.2 + 4.4 \times N_{bytes}) \times N_{nodes}$（$N_{bytes}$ 为每个数据包发送的字节数），因而等待时间 T_w 的范围为：

$$28.2 \times N_{nodes}(\mu s) < T_w < (145.4 + 4.4 \times N_{bytes}) \times N_{nodes}(\mu s)$$

若一网络中活动节点数为 100 个，令牌环绕一周约有 2% 的节点需要发送信息，其信息包的总长度为 100 字节，则一个节点发送数据的等待时间为：

$$T_w = (145.4 + 4.4 \times 100) \times 100 \times 2\% + 28.2 \times 100 \times 98\% = 3\,934(\mu s)$$

即一个节点在一秒钟内可发送约 256 个信息包。事实上，Datapoint 公司的实验表明即使在一个具有 175 个节点的重载网络中，节点有信息发送的次数与总的具有令牌的次数之比也很少超过 2%。由此可见 ARCNET 局域网的性能是很高的。

此外，从数据传输的效率来看，若一个节点信息包的长度 253 字节，其传输总时间为 $145.4 + 4.4 \times 253 = 1\,258.6(\mu s)$，传输数据所花时间为 $4.4 \times 253 = 1\,113.2(\mu s)$，数据传输效率约为 88%（$1\,113.2/1\,258.6 \times 100\% \approx 88\%$），也是相当高的。

3.3 CAN 通信网络标准

3.3.1 简述

CAN（Controller Area Network）即控制器局域网络。由于其高性能、高可靠性及独特的设计，CAN 越来越受到人们的重视。国外已有许多大公司的产品采用了这一技术。CAN 最初是由德国的 Bosch 公司为汽车监测、控制系统而设计的。众所周知，现代汽车越来越多地采用电子装置控制，如发动机的定时、注油控制，加速、刹车控制（ASC）及复杂的抗锁定刹车系统（ABS）等。由于这些控制需检测及交换大量数据，采用硬接信号线的方式不但烦琐、昂贵，而且难以解决问题。采用 CAN 总线，上述问题便得到很好地解决。据资料介绍，世界上一些著名的汽车制造厂商，如 BENZ（奔驰）、BMW（宝马）、

PORSCHE（保时捷）、ROLLS－ROYCE（劳斯莱斯）和 JAGUAR（美洲豹）等都已开始采用 CAN 总线来实现汽车内部控制系统与各检测和执行机构间的数据通信。

由于 CAN 总线本身的特点，其应用范围目前已不再局限于汽车行业，而向过程工业、机械工业、纺织机械、农用机械、机器人、数控机床、医疗器械及传感器等领域发展。CAN 已经形成国际标准，并已被公认为几种最有前途的现场总线之一。

CAN 属于总线式串行通信网络，由于其采用了许多新技术及独特的设计，与一般的通信总线相比，CAN 总线的数据通信具有突出的可靠性、实时性和灵活性，其特点可概括如下。

- CAN 为多主方式工作，网络上任一节点均可在任意时刻主动地向网络上其他节点发送信息，而不分主从，通信方式灵活，且无需站地址等节点信息。利用这一特点可方便地构成多机备份系统。
- CAN 网络上的节点信息分成不同的优先级，可满足不同的实时要求，高优先级的数据最多可在 134 μs 内得到传输。
- CAN 采用非破坏性总线仲裁技术，当多个节点同时向总线发送信息时，优先级较低的节点会主动地退出发送，而最高优先级的节点可不受影响地继续传输数据，从而大大节省了总线冲突仲裁时间。尤其是在网络负载很重的情况下也不会出现网络瘫痪情况（以太网则可能）。
- CAN 只需通过报文滤波即可实现点对点、一点对多点及全局广播等几种方式传送接收数据，无需专门的"调度"。
- CAN 的直接通信距离最远可达 10 km（速率 5 kbps 以下）；通信速率最高可达 1 Mbps（此时通信距离最长为 40 m）。
- CAN 上的节点数主要取决于总线驱动电路，目前可达 110 个；报文标识符可达 2 032 种（CAN 2.0A），而扩展标准（CAN 2.0B）的报文标识符几乎不受限制。
- 采用短帧结构，传输时间短，受干扰概率低，具有极好的检错效果。
- CAN 的每帧信息都有 CRC 校验及其他检错措施，保证了数据出错率极低。
- CAN 的通信介质可为双绞线、同轴电缆或光纤，选择灵活。
- CAN 节点在错误严重的情况下具有自动关闭输出功能，以使总线上其他节点的操作不受影响。

3.3.2 技术规范

1. 体系结构

为使设计透明和执行灵活，遵循 ISO/OSI 标准模型，CAN 分为数据链路层（包括逻辑链路控制子层 LLC 和介质访问控制子层 MAC）和物理层，而在 CAN 技术规范 2.0A 的版本中，数据链路层的 LLC 和 MAC 子层的服务和功能被描述为"目标层"和"传送层"。CAN 的分层结构和功能如图 3-21 所示。

LLC 子层的主要功能是：为数据传送和远程数据请求提供服务，确认由 LLC 子层接收的报文实际已被接收，并为恢复管理和通知超载提供信息。在定义目标处理时，存在许多灵活性。MAC 子层的功能主要是传送规则，亦即控制帧结构、执行仲裁、错误检测、出错标定和故障界定。为开始一次新的发送，MAC 子层也要确定，总线是否开放或者是

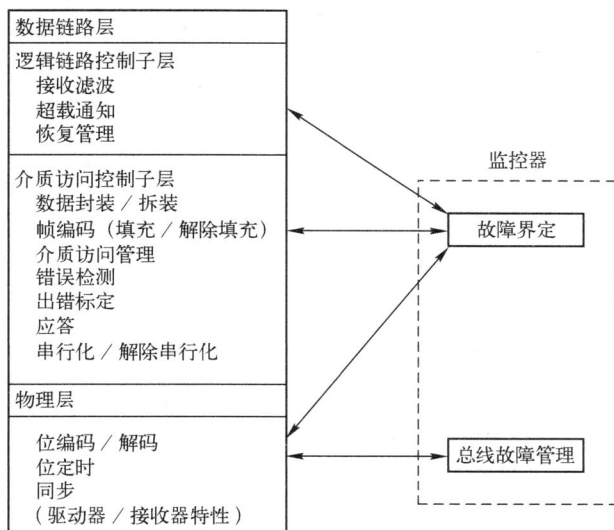

图 3-21　CAN 的分层结构和功能

否马上开始接收。位定时特性也是 MAC 子层的一部分。MAC 子层特性不存在修改的灵活性。物理层的功能是有关全部电气特性不同在节点间的实际传送。自然，在一个网络内，物理层的所有节点必须是相同的。然而，在选择物理层时存在很大的灵活性。

CAN 技术规范 2.0B 定义了数据链路中的 MAC 子层和 LLC 子层的一部分，并描述与 CAN 有关的外层。物理层定义信号怎样进行发送，因而，涉及位定时、位编码和同步的描述。在这部分技术规范中，未定义物理层中的驱动器/接收器特性，以便允许根据具体应用，对发送媒体和信号电平进行优化。MAC 子层是 CAN 协议的核心，它描述由 LLC 子层按收到的报文和对 LLC 子层发送的认可报文。MAC 子层可响应报文帧、仲裁、应答、错误检测和标定。MAC 子层由称为故障界定的一个管理实体监控，它具有识别永久故障或短暂扰动的自检机制。LLC 子层的主要功能是报文滤波、超载通知和恢复管理。

2. 通信介质及网络拓扑

通信介质可选双绞线、光纤，编码方式为 RS－485（NRZ），通信速率最高为 1 Mbps（40 m），拓扑结构为总线型，如图 3-22 所示。

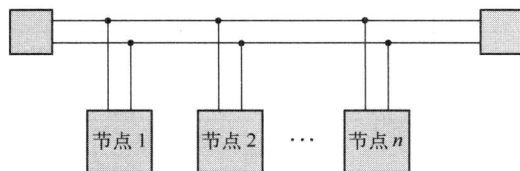

图 3-22　CAN 总线型网络拓扑结构

3. 报文传输

1）帧类型

报文传输由以下 4 个不同的帧类型所表示和控制。

● 数据帧：数据帧携带数据从发送器至接收器。

● 远程帧：总线单元发出远程帧，请求发送具有同一识别符的数据帧。

● 错误帧：任何单元检测到一个总线错误就发出错误帧。

● 过载帧：过载帧用以在先行的和后续的数据帧（或远程帧）之间提供一附加的延时。

数据帧（或远程帧）通过帧间空间与前述的各帧分开。

2）数据帧

数据帧由 7 个不同的位场组成：帧起始、仲裁场、控制场、数据场、CRC 场、ACK 场、帧结尾。数据场的长度可以为 0。

（1）帧起始

它标志数据帧和远程帧的起始，由一个单独的"显性"位组成。只在总线空闲（参见"总线空闲"）时，才允许节点开始发送（信号）。所有的节点必须同步于首先发送信息节点的帧起始前沿。

数据帧结构如图 3-23 所示。

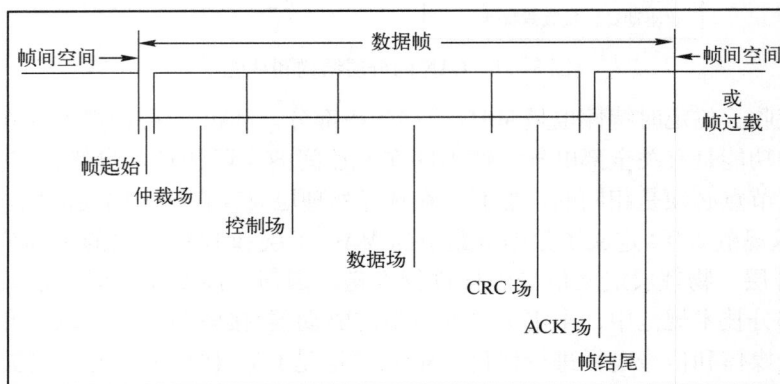

图 3-23　数据帧结构

（2）仲裁场

仲裁场包括识别符和远程发送请求位（RTR），其结构如图 3-24 所示。

识别符：识别符的长度为 11 位。这些位的发送顺序是从 ID – 10 到 ID – 0。最低位是 ID – 0。最高的 7 位（ID – 10 到 ID – 4）必须不能全是"隐性"。

RTR 位：该位在数据帧里必须为"显性"，而在远程帧里必须为"隐性"。

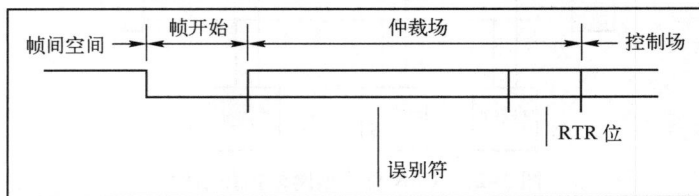

图 3-24　仲裁场结构

（3）控制场

控制场由 6 个位组成，包括数据长度代码和两个将来作为扩展用的保留位。所发送的保留位必须为"显性"。接收器接收所有由"显性"和"隐性"组合在一起的位。控制场结构如图 3-25 所示。

数据长度代码：数据长度代码指示了数据场中字节数量（见图 3-26）。数据长度代码为 4 个位，在控制场里被发送。

图 3-25　控制场结构

数据字节数	数据长度代码			
	DLC3	DLC2	DLC1	DLC0
0	d	d	d	d
1	d	d	d	r
2	d	d	r	d
3	d	d	r	r
4	d	r	d	d
5	d	r	d	r
6	d	r	r	d
7	d	r	r	r
8	r	d	d	d

图 3-26　数据长度代码中数据字节数的编码
d—"显性"；r—"隐性"

数据帧：允许的数据字节数：{0，1，…，7，8}。其他的数值不允许使用。

（4）数据场

数据场由数据帧中的发送数据组成。它可以为 0 ～ 8 个字节，每字节包含了 8 个位，首先发送 MSB。

（5）CRC 场

CRC 场包括 CRC 序列（CRC sequence），其后是 CRC 界定符（CRC delimiter）。

（6）ACK 场

ACK 场：ACK（应答）场长度为 2 个位，包含应答间隙（ACK slot）和应答界定符（ACK delimiter）。在应答场里，发送站发送两个"隐性"位。当接收器正确地接收到有效的报文，接收器就会在应答间隙（ACK slot）期间（发送 ACK 信号）向发送器发送一"显性"的位以示应答。

应答间隙：所有接收到匹配 CRC 序列（CRC sequence）的站会在应答间隙（ACK slot）期间用一"显性"的位写入发送器的"隐性"位来作出回答。

ACK 界定符：ACK 界定符是 ACK 场的第二个位，并且是一个必须为"隐性"的位。因此，应答间隙（ACK slot）被两个"隐性"的位所包围，也就是 CRC 界定符（CRC delimiter）和 ACK 界定符（ACK delimiter）。

（7）帧结尾

每一个数据帧和远程帧均由一标志序列界定。这个标志序列由 7 个"隐性"位组成。

3）远程帧

通过发送远程帧，作为某数据接收器的站通过其资源节点对不同的数据传送进行初始化设置。远程帧结构如图 3-27 所示。

远程帧由 6 个不同的位场组成：帧起始、仲裁场、控制场、CRC 场、应答场、帧末尾。

与数据帧相反，远程帧的 RTR 位是"隐性"的。它没有数据场，数据长度代码的数值是不受制约的（可以标注为容许范围里 0 ～ 8 的任何数值）。此数值是相应于数据帧的数据长度代码。

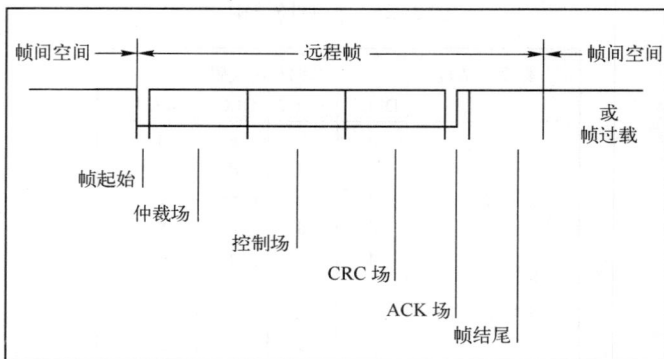

图 3-27 远程帧结构

RTR 位的极性表示了所发送的帧是数据帧（RTR "显性"）还是远程帧（RTR "隐性"）。

4）错误帧

错误帧由两个不同的场组成。第一个场用作为不同站提供的错误标志（error flag）的叠加。第二个场是错误界定符。错误帧结构如图 3-28 所示。

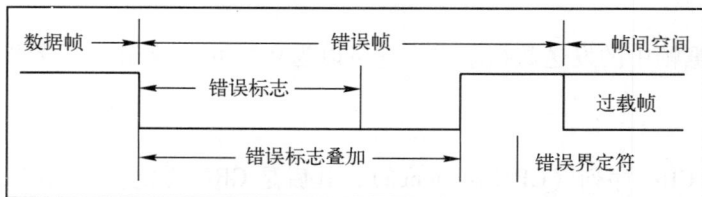

图 3-28 错误帧结构

为了能正确地终止错误帧，一"错误被动"的节点要求总线至少有长度为 3 个位时间的总线空闲（如果"错误被动"的接收器有本地错误的话）。因此，总线的载荷不应为 100%。

有两种形式的错误标志，主动错误标志（active error flag）和被动错误标志（passive error flag）。主动错误标志由 6 个连续的"显性"位组成。被动错误标志由 6 个连续的"隐性"的位组成，除非被其他节点的"显性"位重写。

检测到错误条件的"错误主动"的站，通过发送主动错误标志来指示错误。错误标志的形式破坏了从帧起始到 CRC 界定符的位填充规则（参见"编码"），或者破坏了应答场或帧结尾场的固定形式。所有其他的站由此检测到错误条件，并与此同时开始发送错误标志。因此，"显性"位（此"显性"位可以在总线上监视）的序列导致一个结果，这个结果就是把各个单独站发送的不同的错误标志叠加在一起。这个顺序的总长度最小为 6 个位，最大为 12 个位。

检测到错误条件的"错误被动"的站，试图通过发送被动错误标志来指示错误。"错误被动"的站等待 6 个相同极性的连续位（这 6 个位处于被动错误标志的开始）。当这 6 个相同的位被检测到时，被动错误标志的发送就完成了。

错误界定符包括 8 个"隐性"的位。

错误标志传送了以后，每一站就发送"隐性"的位并一直监视总线直到检测出一个"隐性"的位为止。然后就开始发送 7 位以上的"隐性"位。

5）过载帧

过载帧包括两个位场：过载标志和过载界定符。过载帧结构如图 3-29 所示。

有两种过载条件都会导致过载标志的传送：

● 接收器的内部条件（此接收器对于下一数据帧或远程帧需要有一延时）；

● 间歇场期间检测到一"显性"位。

由过载条件 1 而引发的过载帧只允许起始于所期望的间歇场的第一个位时间开始。而由过载条件 2 引发的过载帧应起始于所检测到"显性"位之后的位。

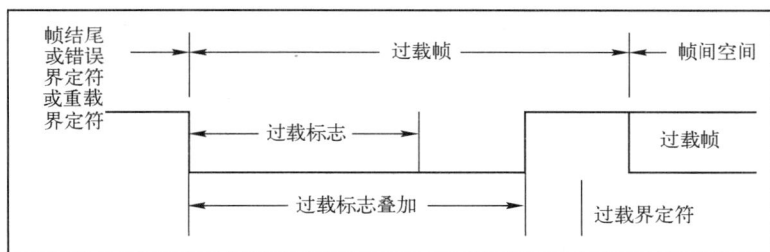

图 3-29　过载帧结构

通常为了延时下一个数据帧或远程帧，两个过载帧都会产生。过载标志由 6 个"显性"的位组成。过载标志的所有形式和主动错误标志一样。过载标志的形式破坏了间歇场的固定形式。因此，所有其他的站都检测到一过载条件并与此同时发出过载标志。（万一有的节点在间歇的第 3 个位期间于本地检测到"显性"位，则其他的节点将不能正确地解释过载标志，而是将这 6 个"显性"位中的第一个位解释为帧的起始。这第 6 个"显性"的位破坏了产生错误条件的位填充的规则。）

过载界定符包括 8 个"隐性"的位，过载界定符的形式和错误界定符的形式一样。过载标志被传送后，站就一直监视总线直到检测到一个从"显性"位到"隐性"位的发送（过渡形式）。此时，总线上的每一个站完成了过载标志的发送，并开始同时发送 7 个以上的"隐性"位。

帧间空间包括间歇场、总线空闲的位场。如果"错误被动"的站已作为前一报文的发送器时，则其帧空间除了间歇、总线空闲外，还包括称作挂起传送（SUSPEND TRANSMISSION）的位场。

对于不是"错误被动"的站，或者此站已作为前一报文的接收器，其帧间空间如图 3-30 所示。

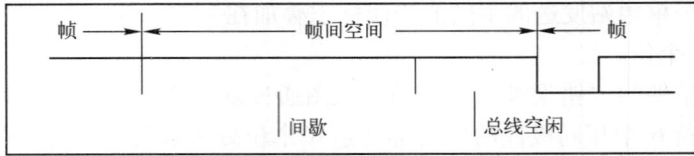

图 3-30   帧间空间结构（1）

对于已作为前一报文发送器的"错误被动"的站，其帧间空间如图 3-31 所示。

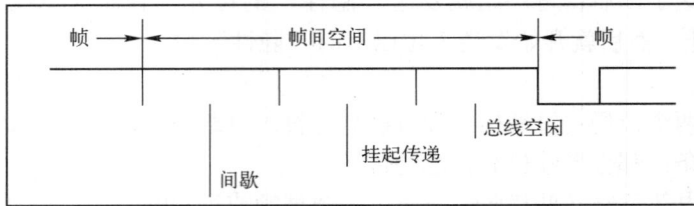

图 3-31   帧间空间结构（2）

间歇包括 3 个"隐性"的位。间歇期间，所有的站均不允许传送数据帧或远程帧，唯一要做的是标示一个过载条件。总线空闲的（时间）长度是任意的。只要总线被认定为空闲，任何等待发送信息的站就会访问总线。在发送其他信息期间，有报文被挂起，对于这样的报文，其传送起始于间歇之后的第一个位。总线上检测到的"显性"的位可被解释为帧的起始。

挂起传送就是"错误被动"的站发送报文后，站就在下一报文开始传送之前或总线空闲之前发出 8 个"隐性"的位跟随在间歇的后面。如果与此同时另一站开始发送报文（由另一站引起），则此站就作为这个报文的接收器。

3.4   GSM － R 无线通信网络标准

3.4.1   移动通信发展简介

早期的无线通信技术主要被用于专用无线通信系统及军事通信系统中。随着晶体管技术的发展，移动设备逐步小型化，从而无线通信的应用更加广泛，被用于汽车公用无线电话、公安消防等方面。19 世纪 70 年代，贝尔实验室提出的蜂窝系统概念促成了大规模移动通信的实现。第一代移动通信系统如 AMPS 和 TACS 为模拟移动通信系统，它们具有抗干扰能力差和信道容量低的缺点。数字技术的发展带来了移动通信系统的数字化、综合化和宽带化，第二代移动通信系统如 GSM 和 Q-CDMA 系统等采用数字方式，实现了容量大、频谱利用率高和业务种类众多等特点。目前第三代移动通信系统如 UNTS、CD-MA2000 和 TD-SCDMA 技术则朝着宽带和高速数据业务方向发展，全球范围内的第三代移动通信技术正处于测试阶段，部分国家已经出现了商用网络，这标志着未来无线数据业务发展步伐的加快。作为第三代移动通信发展的前奏，由 GSM 和 CDMA 系统演变出来的第 2.5 代通信系统如 GPRS 和 CDMA1x 技术已经得到了广泛的应用。

第一代和第二代移动通信技术以提供话音业务为主，同时提供多种补充和承载业务。第 2.5 代技术同时实现话音和无线数据业务的承载，第三代移动通信技术的业务种类则进一步扩大，如可以实现视频以及高速数据类业务传送等。

作为数字移动通信技术，相对于 CDMA 技术而言，TDMA 技术成熟较早，使用较为广泛。中国从 20 世纪 90 年代初、中期开始引入 TDMA 技术的 GSM 系统，经过建设和扩容，目前已发展成为全球闻名的 GSM 移动运营使用国家。2000 年，中国开始启动 GPRS 技术的测试和试验网建设工作，2002 年中国移动即开始部署 GPRS 商用网络，并相继推出多种移动互联网业务。2002 年启动的以信息产业部为主、由多家运营商参与的第三代移动制式的测试工作也标志着移动数据业务的美好前景。

3.4.2　GSM 原理

GSM 移动技术可以使用 900 MHz、1 800 MHz 以及 1 900 MHz 的频段，国内主要采用 900 MHz 和 1 800 MHz，简称为 GSM900 和 DCS1800。GSM900 系统的频段范围为下行 935 ～ 960 MHz、上行 890 ～ 915 MHz，载频间隔为 200 kHz，可用信道数为 124 个，如图 3-32 （a）所示。扩展 GSM （EGSM） 的频段范围为下行 925 ～ 960 MHz、上行 880 ～ 915 MHz，载频间隔为 200 kHz，可用信道数为 175 个。DCS1800 的频段范围为下行 1 805 ～ 1 880 MHz、上行 1 710 ～ 1 785 MHz，载频间隔为 200 kHz，可用信道数为 374 个。

GSM 系统采用 TDMA 多址方式，其载频间隔为 200 kHz，每个载频按时间分割为以 8 个时隙为单位的 TDMA 帧，即每 8 个时隙在 200 kHz 频率范围内循环出现，从而形成频率时间分割复用系统 （见图 3-32 （b））。多个 TDMA 帧构成复帧，复帧可分为包含 26 个 TDMA 帧的 26 复帧和包含 51 个 TDMA 帧的 51 复帧以及包含 52 个 TDMA 帧的 52 复帧等几种类型。26 复帧主要用于业务信道及随路控制信道，51 复帧专用于控制信道，52 复帧则相当于两个 26 复帧的组合，它主要用于 GPRS 系统中。

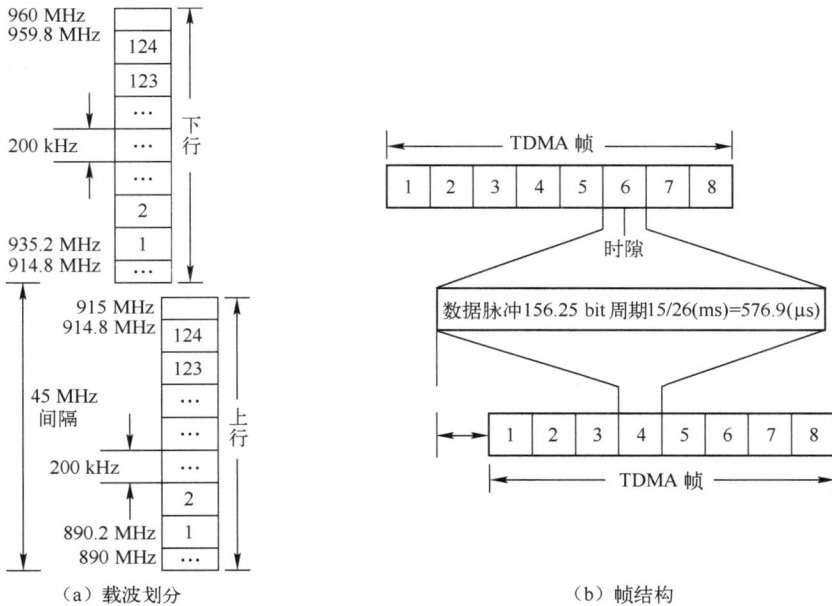

（a）载波划分　　（b）帧结构

图 3-32　GSM 的载频划分与时隙结构

1. GSM 信道类型

GSM 物理信道指采用频分、时分方式形成的突发脉冲，它用于承载逻辑信道。逻辑信道可分为业务信道（TCH）和控制信道（CCH）两大类型。

1）业务信道

业务信道类型如图 3-33 所示。

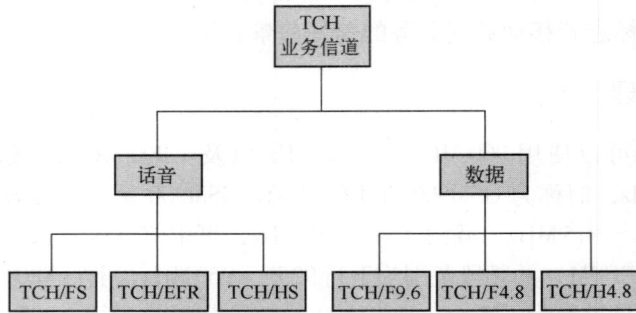

图 3-33　业务信道类型

业务信道主要用于传送话音和数据业务信息，它包括话音业务信道和数据业务信道。话音业务信道又包括全速率业务信道 TCH/FS、增强全速率业务信道 TCH/EFR 和半速率业务信道 TCH/HS，数据业务信道则包括 TCH/F9.6，TCH/F4.8，TCH/H4.8，TCH/F2.4 和 TCH/H2.4 等几种类型。

（1）全速率

TCH/FS：话音（速率 13 kbps）

TCH/EFR：话音（速率 12.2 kbps）

TCH/F9.6（9.6 kbps）— 数据

TCH/F4.8（4.8 kbps）— 数据

TCH/F2.4（2.4 kbps）— 数据

（2）半速率

话音（速率 6.5 kbps）

TCH/H4.8（4.8 kbps）— 数据

TCH/H2.4（2.4 kbps）— 数据

2）控制信道

控制信道如图 3-34 所示。

控制信道用于传送信令或者同步信息，它主要包括广播信道、公共控制信道及专用控制信道等三种类型。

广播信道为下行信道，它分为频率校正信道 FCCH、同步信道 SCH 和广播控制信道 BCCH。其中，FCCH 用于传送载频同步信息；SCH 用于提供帧同步；BCCH 则用于承载系统消息。

公共控制信道可分为寻呼信道 PCH、随机接入信道 RACH、接入允许信道 AGCH 和 CBCH。其中，PCH 为下行信道，用于进行移动用户的寻呼；RACH 为上行信道，用于移动用户申请接入系统；AGCH 为下行信道，用于对移动用户提供资源，保证用户接入；CBCH 用于发送到小区中所有用户的广播信息。

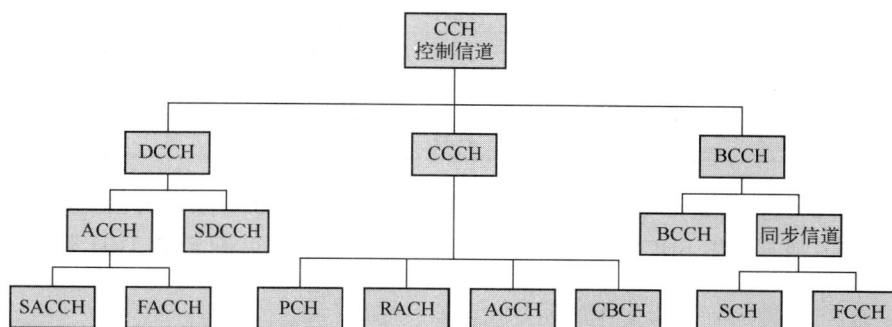

图 3-34 控制信道种类

专用控制信道则包括独立专用控制信道 SDCCH、慢速随路控制信道 SACCH 和快速随专用信道 FACCH 等几种类型。SDCCH 为载频上用于传送呼叫建立和鉴权等信息的独立专用信道；SACCH 与 SDCCH 或者 TCH 协同使用，用于承载 SDCCH 或者 TCH 相关的信息，如下行的功率控制信息和定时信息，以及上行的接收信号强度指示和链路质量报告等信息。FACCH 用于承载用户鉴权、切换和立即设定等信息，它利用 TCH 中的空闲帧，采用偷帧形式传送。

采用不同的信道类型进行组合，可以提供多种类型信息的传送，常用组合方式如下。
① 全速率话务信道组合：TCH/FACCH + SACCH。
② 广播信道组合：BCCH + CCCH。
③ 专用信道组合：SDCCH + SACCH。
④ 混合信道组合：BCCH + CCCH + SDCCH + SACCH。

2. GSM 信道的配置

基站可以配置为全向站或者定向站，全向站常采用 O_a 的形式表示，其中 O 表示 Omni，a 表示载频数，如 O_2 表示全向 2 载频配置；定向站则采用 S a/b/c 或 a/b/c 的形式表示，其中 S 表示 Sector，a、b、c 则分别表示各扇区的载频的数目。目前城市内 GSM 基站类型以扇形为多，配置较大的可达到 8/8/8，常见站型则为 3/3/3、2/2 或 1/1/1 等。

共 BCCH 配置采用 BCCH + SDCCH 或 BCCH + CCCH + SDCCH 等方式。示例如下。

对于 1/1/1 配置，TS0 作为控制信道使用，通常为 BCCH + SDCCH 形式，使得一个 BCCH 载频上可设置的 TCH 数最多为 7 个（如表 3-3 所示）。

表 3-3 BCCH 载频配置 CBCCH 信道

TRX1	TRX2	TRX3
CBCCH	TCH	TCH
TCH	TCH	TCH
TCH	TCH	TCH
TCH	TCH	TCH

TRX1	TRX2	TRX3
TCH	TCH	TCH
TCH	TCH	TCH
TCH	TCH	TCH
TCH	TCH	TCH

对于 2/2/2 配置，通常 TS0 和 TS1 被用做控制信道，TS0 可配置为 BCCH + SDCCH 或 BCCH，而 TS1 则专用做 SDCCH。这样，一个 BCCH 载频上可配置的 TCH 数最多为 6 个（如表 3-4 所示）。

表 3-4　BCCH 载频配置 BCCH 和独立的 SDCCH 信道

TRX1	TRX2	TRX3
CBCCH	TCH	TCH
SDCCH	TCH	TCH
TCH	TCH	TCH
TCH	TCH	TCH
TCH	TCH	TCH
TCH	TCH	TCH
TCH	TCH	TCH
TCH	TCH	TCH

3.4.3　GSM 网络中的数据业务

1. GSM 所支持的业务种类

GSM 系统所支持的业务可分为基本通信业务和补充业务两大类。基本通信业务又可以分为电信业务和承载业务。

电信业务主要包括基本电话业务、紧急呼叫业务和短消息业务、可视图文接入和传真类业务。承载业务则主要包括同步或者非同步的电路性数据业务等。

补充业务是基本业务的改进和补充，它必须和基本业务同时使用，而不能单独提供给用户。补充业务包括号码识别类、呼叫提供类、呼叫完成类、多方通话类、集团类、计费类、附加信息传递类和呼叫限制类等八种业务类型。常用的补充业务为呼叫转移、多方通话、主叫号码显示、主叫号码显示禁止、呼叫等待、呼叫保持、闭合用户群、对方付费、闭锁特定业务类型等。

GSM 不同版本规范对业务的支持情况见表 3-5。1991 年，GSM 网络开始初步实施，它遵循 GSM Phase1 规范，所能提供的业务仅包含基本的电话业务和紧急呼叫业务。随后，数据业务、短消息业务和有限的补充业务也逐渐出现。

表 3-5　GSM 不同版本规范对业务的支持情况

版　本	业 务 种 类
1990 - Phase1	基本服务
1995 - Phase2	增强声音 增强服务 扩大容量
1996 - Phase2 +	增强数据 增强用户功能

随着 GSM 规范的不断改进，1995 年形成了 Phase2 规范，它可以提供更多的业务类型，如 G3 传真、半速率话音业务、增强全速率话音业务、序列小区、增强的小区选择和重选算法、第二种加密算法以及更多的补充业务种类。

随后 GSM 规范的新版本被称之为 Phase2 +，以表示与第三代移动通信的区别。Phase2 + 并不是一个独立的版本，它只提供增强的新业务和特征。其中显著的特征包括 14.4 kbps 数据业务、高速电路交换数据、通用分组无线业务 GPRS、SIM 应用 Toolkit、话音分组呼叫业务、CAMEL（智能网）和优化路由等。

2. GSM 中的数据业务

GSM 数据业务的实现包括源数据编码、信道编码、比特交织、突发形成、加密、调制和发射等几个步骤，如图 3-35 所示。通常 GSM 源数据编码后的速率为 12 kbps，所能提供的数据速率为 9.6 kbps。

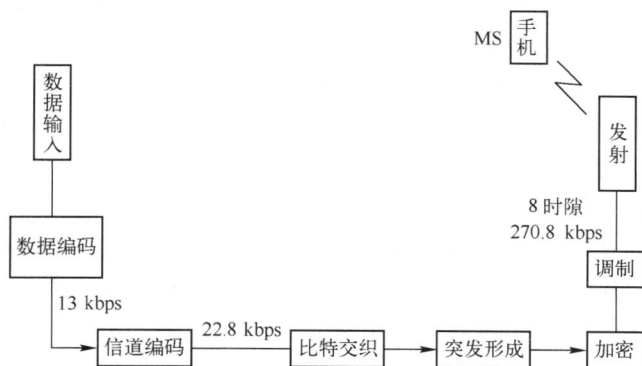

图 3-35　GSM 系统数据业务实现方式

如果保持源编码和信道编码之后的数据速率 22.8 kbps 不变，而变换信道编码过程中的穿孔减码（Puncturing）算法，就可以使每 20 ms 所传送的数据达到 290 比特，其中 288 比特为用户数据，另外的 2 比特为状态和控制信息。这样，用户数据速率可以达到 14.4 kbps（如图 3-36 所示）。

MSC 与其他网络的互连需要进行 GSM 传输特性和对端网络特性的适配，实现这种这适配功能的单元称为网络交互单元 IWF。IWF 相当于 Modem 池，其基本特性是提供传输和规程适配，保证 GSM 网络与分组数据网 PSPDN、电路交换网 CSPDN 与 ISDN 之间的互通（如图 3-37 所示）。它可以作为 MSC 的一部分存在，也可以独立存在。

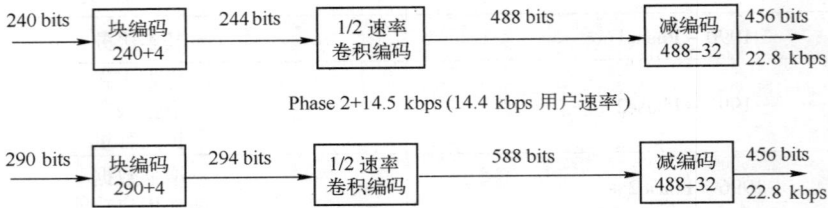

图 3-36　GSM 系统中不同数据速率的形成

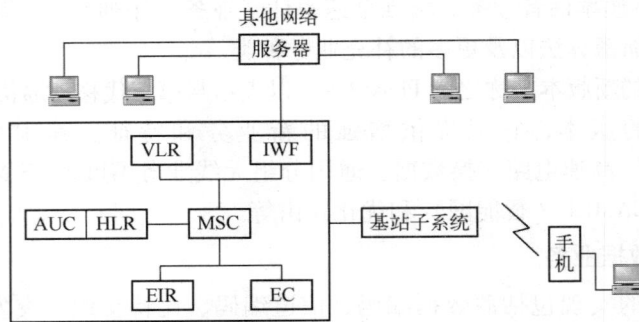

图 3-37　GSM 与其他数据网的互联

计算机的输出信号中包含最大 9.6 kbps 的数据信号和一些 RS-232 控制信号。控制信号也必须被 Modem 传送，从而使得 Modem 比特速率达到 12 kbps。一般来讲，计算机中的数据卡会将这些数据和控制信息转变成为 12 kbps 的串行数据流传送到移动用户。

移动用户增加错误保护比特位后在空中接口进行传送。它类似常规的话音链路，占用一个完整的时隙。在 BSS 去除错误保护比特位后，数据以 16 kbps 的速率将 12 kbps 的数据传送到编码器。编码器将 4 路信号复用后以 64 kbps 的速率传送到 MSC。MSC 将通过 IWF 将信号传送到 PSTN 用户。IWF 进行速率适配，将 64 kbps 中的填充位去除，重新转换为 12 kbps 串行数据，并变换为初始的 9.6 kbps 的数据和控制信号，并转发到 IWF 中的 Modem，如图 3-38 所示。

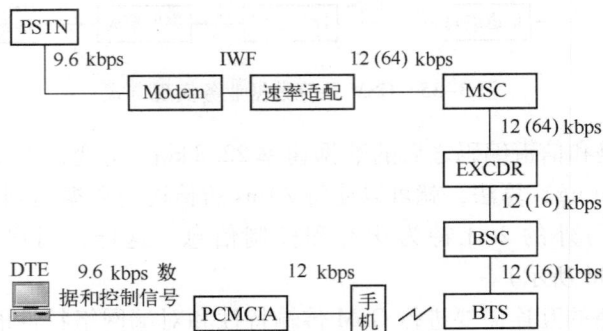

图 3-38　数据在空中接口的传送

3.4.4　GSM – R

1. GSM – R 发展

GSM – R 是铁路无线通信的一个新标准（国际铁路联盟认可并资助）。GSM – R 是基于目前世界最成熟、通用的公共无线通信系统 GSM 平台上的、专门为满足铁路应用而开发的数字式的无线通信系统。它针对铁路通信列车调度、列车控制等特点，为铁路运营提供定制的附加功能的一种经济高效的综合无线通信系统。

最初开发 GSM – R 的原因是铁路无线电频率的利用效率较低，铁路网络之间不同的通信系统的互操作性有限。1992 年，欧洲铁路的主管组织 UIC（国际铁路联盟）认为，GSM 正在逐渐成为移动通信的实用标准，而且 GSM 的功能能够为铁路的新型数字通信系统提供一个理想的平台。于是，作为 EIRENE（欧洲统一铁路无线增强网络）项目的一部分，有关 GSM – R 数字无线标准规范化的工作陆续展开。1995 年，MORANE（欧洲铁路移动无线电通信）项目启动，EIRENE 制定的标准得到认可，开始生效。

为了中国铁路跨越式发展的需要，铁道部已经计划在全国铁路系统中逐步建立起一套符合中国铁路发展需求的数字移动通信网络。经过多方考察论证，确定 GSM – R 系统是适合中国铁路建设的数字移动通信系统。

2004 年 3 月，铁道部与北电网络公司（加拿大）签署协议，在世界最高的铁路——青藏铁路建设 GSM – R 试验网。

2. GSM – R 特点

GSM – R 采用 GSM 标准无线数字技术，专为铁路运作提供了附加功能。GSM – R 的频带为：上行链路为 876 ～ 880 MHz，下行链路为 921 ～ 925 MHz。在一些国家，GSM – R 的频带可能更宽。GSM – R 无线网络是由铁路沿线的无线小区组成的。传输基站由网络中为小区服务的无线设备（收发器和天线）组成。它给手机或车载终端设备等移动单元提供无线端口。一组基站与基站控制器相连，基站控制器控制一些与它相连的小区。基站控制器提供移交、单元配置和在基站控制射频发射器的电平等功能。

基站控制器与控制网络的移动转接中心（MSC）相连，还连接着公共交换电话网络和监控列车位置的铁路智能网络。

期望的基站的覆盖区域为：高速发送时是周围 4 km，其余的为周围 7 km。在平原国家这个覆盖的距离可能更广。在山区或者火车不能直行的地区（比如英国西海岸沿线）覆盖区域需要达到方圆 2 km。

在隧道和车站需要漏泄馈线（leaky feeders）或者微蜂窝（micro-cellular）的基站来提供覆盖。

移动交换中心和基站控制器之间的通信很可能用铁路专用的 SDH 网络来提供。混合利用光纤和铜电缆的 DSL 技术将被用来完成基站和铁路沿线的当地设备之间的最后连接，包括信号传输、沿线的电话等。

通常，一个移动交换中心对整个国家的网络都有着足够的容量，尽管一旦这个交换中心被破坏（比如洪水或火灾），这将是一个非常冒险的策略。除了德国计划建立 7 个这样的移动交换中心外，其他很多国家至少有 2 个这样的交换中心。

GSM - R 为下列业务提供了一个平台：

① 列车自动控制；

② 列车无线通信；

③ 分组通信；

④ 功能性寻址；

⑤ 列车诊断；

⑥ 铁路维护；

⑦ 调车编组通信；

⑧ 列车时刻表变动；

⑨ 票价服务。

UIC 建立了 EIRENE 和 MORANE 两个组织来指定研发、测试和验证这个新无线系统的原型。

GPRS 也是 GSM - R 的主要组成部分，可支持数据传输应用和面向无线局域网（WLAN）等全新的特定服务和应用。GSM - R 还能提高网络性能，改进服务质量和可靠性，向高速列车提供清晰的语音和数据通信服务，把它建成综合业务的移动通信系统，最大限度地为铁路运输生产提供服务。

3. GSM - R 应用

随着铁路信息化水平的不断提高，语音和数据通信在铁路安全与效率方面的作用也显得日益重要。铁路部门过去依赖不同的技术系统来满足通信的需求，现在也纷纷把目光转向移动通信系统，而且，越来越多地选择了 GSM - R（铁路移动通信全球系统）解决方案。它可以实现列车的安全运行，建立车内和铁路控制中央系统，同时和紧急救助部门实现互联，并以 GSM - R 网络为平台，发展列车控制系统（ATC）满足铁路调度指挥现代化、运输管理信息化的需要，提高技术装备水平。

传统通信方式的缺点如下。

① 列车发车困难。大秦铁路是我国第一条万吨级重载铁路专线，列车全长可达 2.4 km，直线发车信号也要多级传递，遇有弯道、山区发车就更加困难。

② 线路的利用率不高。大秦铁路采用自动闭塞信号后，铁路的利用率还是提不高，其原因是列车采用混编方式，各次列车的长度不一样，最长为 2.4 km，最短为单机。这样自动闭塞区间只能按最长的列车考虑，如果运行较短的列车编组或单机时线路的利用率就明显的降低了。

③ 在广深、秦沈客运专线列车高速运行时，天气较好时司乘人员都无法确认地面信号，何况下雨、大雾时就更加困难了，因此都以机车信号为主。

④ 列车运行时状态的技术数据、参数目前只能等机车入库后从机车的综合数据记录仪（黑匣子）中读取，不能进行实时的监控，这样数据的时效性就大打折扣。机车的编组、载重、尾车的风压、红外轴温、车号传递等列控数据不能实现列车、地面指挥系统的共享。客运列车的旅客通信、列车售票、电子移动商务等业务不能开展。

铁路综合数字移动通信系统 GSM – R 是在现行技术比较成熟的 GSM 蜂窝系统的基础上，根据铁路的特点，增加了调度通信系统，具有以下特点。

① 能将铁路现有的各类通信业务融合到统一的网络平台上来，并且各类通信系统间（电务、工务、车务、电力、施工等）可以相互通信，相互协调，减少通信系统的集成和运行费用，并能提供高速载体与地面的通信业务。

② 满足高速铁路发展对通信的需要。

③ 可替代无线列调，能够满足区间公务移动、紧急救援、调车编组作业、站场无线等移动语音通信的需求。

④ 满足 DMIS 无线车号、列车尾部风压、机车状态信息、红外轴温监测、线路桥隧监护、铁路供电状态监视、道口防护等移动和固定无线数据传输的需求。

⑤ 满足铁路的安全信息的发布和预告警系统的需求，确保铁路的畅通、沿线施工、养护人员、车辆、机械的安全。

GSM 蜂窝系统主要是解决面状人群的移动通信，如城市、县城、村镇等人口密集区。而 GSM – R 的通信既要覆盖铁路局所在城市，还要覆盖铁路沿线和所有大小车站及区间。既要有 GSM 蜂窝系统的面状覆盖，又要有 GSM – R 的线状覆盖。

铁路综合数字移动通信系统 GSM – R 除了满足铁路运输主业和路内各种语音、数据、多媒体图像通信的需求外，同时也可给广大旅客和职工提供服务。

在线路抢险时，按传统的通信方式，现场提供的事故抢险电话只有几部，不能满足现场指挥的需要，一直是通信系统的瓶颈。有的铁路局采用卫星通信抢险车或微波车来满足通信的要求。但受现场地理条件的限制，有的通信抢险车不可能到达现场；就算能到达现场，系统开通的时间也直接影响到事故抢险的进度。而在 GSM – R 覆盖区间的任何点，都可以根据现场的需要及时开通所需的语音电话，需要时也可开通数据、多媒体图像等业务，保证通信系统的畅通无阻，指挥系统的灵活方便、安全可靠。

铁路综合数字移动通信系统 GSM – R 根据铁路的特点增加了集群调度功能，列调系统可以全部采用无线方式，也可根据具体情况采用有线、无线相结合的通信方式。系统具有强拆、组呼、语音广播、优先级业务、功能寻址等铁路调度通信功能，满足各种通信的需要。

综合数字移动通信系统 GSM – R 有机地将固定通信网与移动通信网结合在一起，对实现铁路的信息化必将产生极大的推进作用。铁路通信信号技术相互融合，行车调度指挥自动化打破了功能单一、控制分散、通信信号相互独立的传统技术观念，形成了车站、区间一体化，机电一体化，运输调度指挥和列车控制一体化，推动铁路运输调度指挥朝着数字化、智能化、网络化、综合化的方向发展。

铁路的提速和客运专线网络化、智能化、综合化的行车调度指挥系统，需要高度可靠、高度安全、快速接入的铁路综合数字移动通信网络，提供透明、双向、大容量的车–地安全和调度指挥信息传输平台。铁路综合数字移动通信系统 GSM – R 正是为适应这种需求在 GSM 的基础上衍生来的，它的应用必将对铁路通信带来一次质的飞跃。

思考题

1. 描述 TCN 标准的体系结构。
2. MVB 传输的数据有哪几类?
3. MVB 支持几种传输介质?
4. 简述 ARCNET 标准的技术特点。
5. 论述 CAN 的主要技术特点、性能指标。

第 4 章　CRH₁ 型动车组列车控制与管理系统

CRH₁ 整列动车组的控制信号、状态信息、故障信息是基于现场总线的实时通信网络传输的，可以说通信网络是列车信息的大动脉，顺畅的通信网络是列车正常运行的根本保证，列车通信网络已成为现代列车运行的核心。本章介绍 CRH₁ 型动车组通信网络的拓扑结构、通信协议、网络设备等内容。

4.1　列车控制与管理系统（TCMS）的总体结构

4.1.1　概述

CRH₁ 型动车组的计算机控制系统主要采用的是 MITRAC 模块化产品，可以高度分布在列车的各个控制现场，处理整个车组的控制、各单车的控制、列车诊断、状态监测、事件记录、人机界面等功能。各 MITRAC 模块之间的连接与管理是通过串行通信总线实现的，该通信系统称为列车通信网络（Train Communication Network，TCN）。

4.1.2　网络拓扑结构

CRH₁ 型动车组的列车通信网络（TCN）是 MITRAC 系统主干线，其拓扑结构如图 4-1 所示，即 TCN = MVB + WTB，利用多功能车辆总线进行车辆单元内的数据通信，利用线路列车总线进行车辆单元间的数据通信。

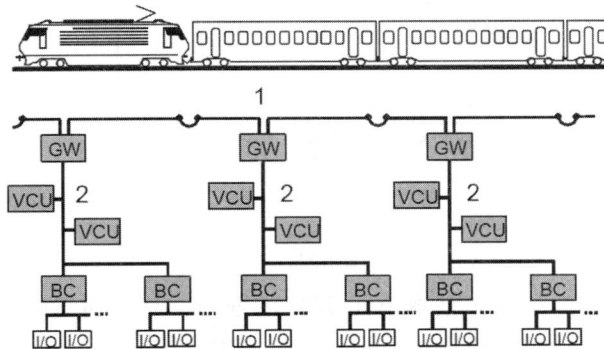

图 4-1　TCN 拓扑结构

1—WTB（线路列车总线）；2—MVB（多功能车辆总线）

GW—网关；VCU—车辆控制单元；BC—总线耦合器

列车总线由每辆车内固定安装的电缆及通信节点互连而成，每辆车上有一个通信节点（见图4-2），即通信网关（GW），列车总线通过网关与车辆总线交换信息。列车在一次运行中有且只有一个控制列车总线工作的主节点（主控制器网关），其他节点则为从节点，主–从关系的配置是网络自动完成的，当某 Mc 车的司机室启动后，其上的网关自动配置为主控制器，其他车上的网关自动配置为从控制器（从节点）。车辆总线用以连接列车总线通信节点和该节点甩在车内的各种设备，车辆设备是各种信息发源地，它接受通信节点的命令，将各种信息按一定的格式送往通信节点；从节点将各设备送来的信息重新编排，按照主节点的命令，按顺序发往主节点。

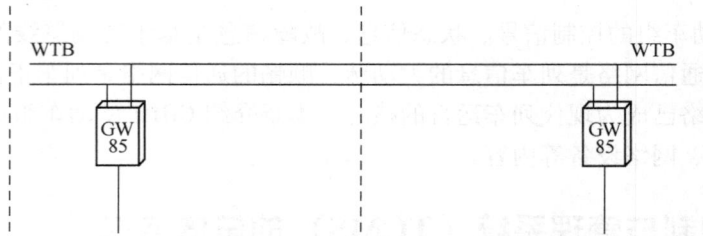

图 4-2　WTB 总线连接

WTB（Wired Train Bus）：线路列车总线，连接在动车组 MVB 区段之间的双绞屏蔽线（double twisted pair wires）线路，由网关（Gate Way）控制，通过自动车钩覆盖整车，允许多重操作（multiple operation）

WTB 是处理 MVB 区段之间数据通信的总线，WTB 可动态配置，也就是说挂在总线上的单元数可变。作为一个例子，就是两组 8 车动车组连挂在一起的情况。CRH1 型动车组的 WTB 总线通信速率为 1.0 Mbps

MVB（Multifunction Vehicle Bus）：多功能车辆总线，是处理有限各车辆之间通信的数据总线，MVB 只能静态配置，也就是说挂在总线上的单元数不可变，如果需要在 MVB 上挂更多的单元，就需为智能 TCMS 装置下载新的软件。MVB 总线介质为双绞屏蔽电缆或光缆（twisted–pair screened cable or optic fibre），通信速率为 1.5 Mbps。MVB 总线连接如图4-3所示。

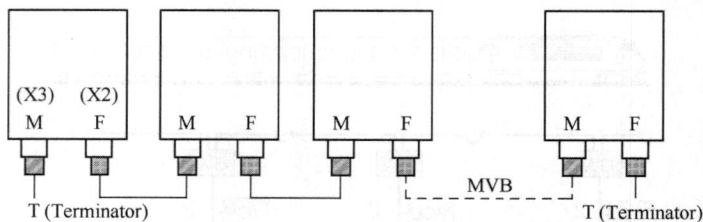

图 4-3　MVB 总线连接

根据 CRH1 型动车组的列车基本单元 TBU 的划分，整个列车控制管理系统在通信上也分成三段 MVB 总线区段：TBU1 段，TBU2 段，TBU3 段。

CRH1 型动车组的网络拓扑结构可说明如下：基本本地控制按 TBU 划分，即基本的本地控制及监控在 MVB 区段内进行，对于 TBU1 和 TBU2，MVB 区段控制和监控范围为两动一拖；TBU3 为一动一拖，如图4-4所示。

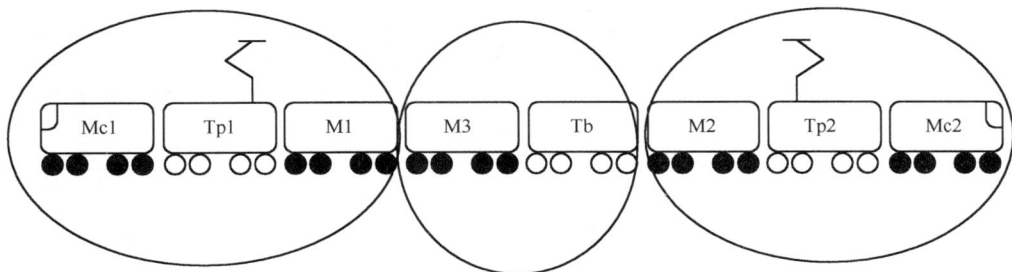

图 4-4　CRH₁ 型动车组的列车基本单元（TBU）

在区段内部，TC CCU（Train Control CCU）为控制和监控功能的核心。由 TC CCU 控制和监视的所有模块（如列车诊断、制冷空调、充电器等）综合起来无外乎就是一些对 TC CCU 输入或从 TC CCU 输出，由于这些模块本身具有完整的控制作用，即具有智能，所以可以看作是智能 I/O。这些智能 I/O 由 TC CCU 来激活、关闭，分区段的 MVB 总线如图 4-5 所示。

图 4-5 中用圆线围起来的部分是装在 Mc 车和 Tb 车上用于与 ATP、PIS、GPS 及烟火探测等功能部件进行串行通信的接口部件。

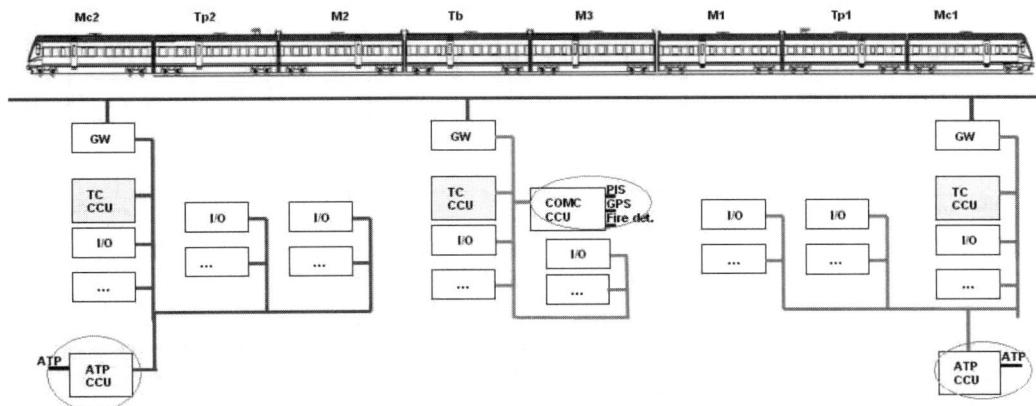

图 4-5　分区段的 MVB 总线

MVB 区段并不是完全独立的，基本的司机控制功能、高压（网侧）控制功能在列车两端的 Mc 车之间可互为冗余，这一功能是通过列车内部贯穿整车的冗余 MVB 实现，如图 4-6 中的虚线部分。当处于激活状态的司机室发生故障时，列车不会停止下来，司机的操作通过冗余总线由另一个司机室的控制设备自动接管，此时司机可以在屏幕上看到故障情况，但不会影响列车运行。

挂在 Tb 车 MVB 总线上的远程模块 AXS CCU（见图 4-7）可通过 GSM 建立与地面之间通信通道，贯穿整车的以太网（Ethernet）（图中最外围的灰色线）为 BT 提供列车维护、服务等方面的通信与接口。

值得注意的是，在本地 MVB 中还有一个功能独立的重要系统，就是牵引控制系统（Propulsion Control，PC），这个系统又自成一个独立的牵引 MVB 总线，对其下的单元（DCU/x，BCC/I，AX，DX 等）按分布式总线控制的方式实施控制与监视，如图 4-8 中用椭圆围绕的五个部分。图 4-8 也概括地表达了 CRH₁ 型动车组通信网络的拓扑结构。图 4-9 比较详

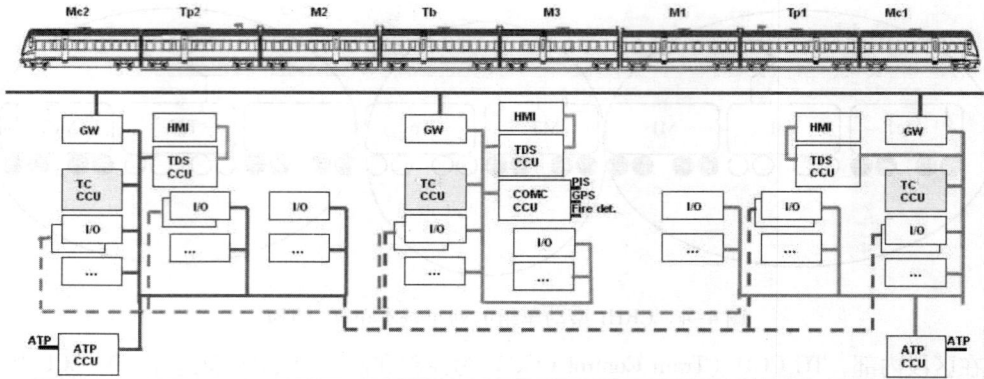

图 4-6　冗余 MVB 总线

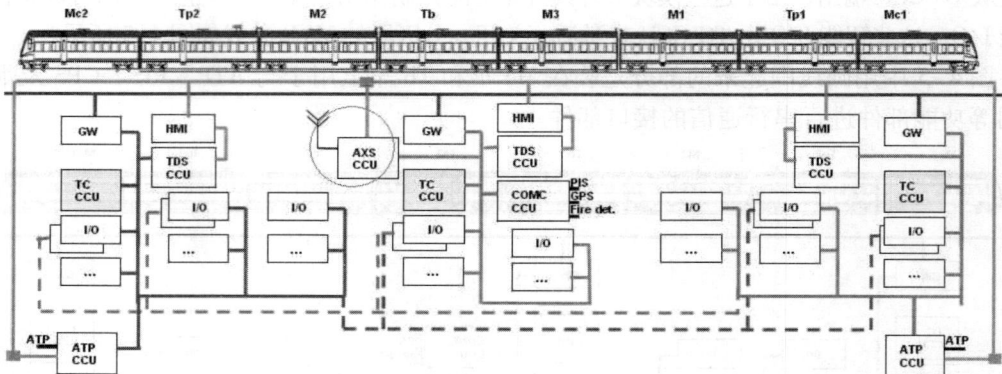

图 4-7　远程无线通信接口及售后服务以太网

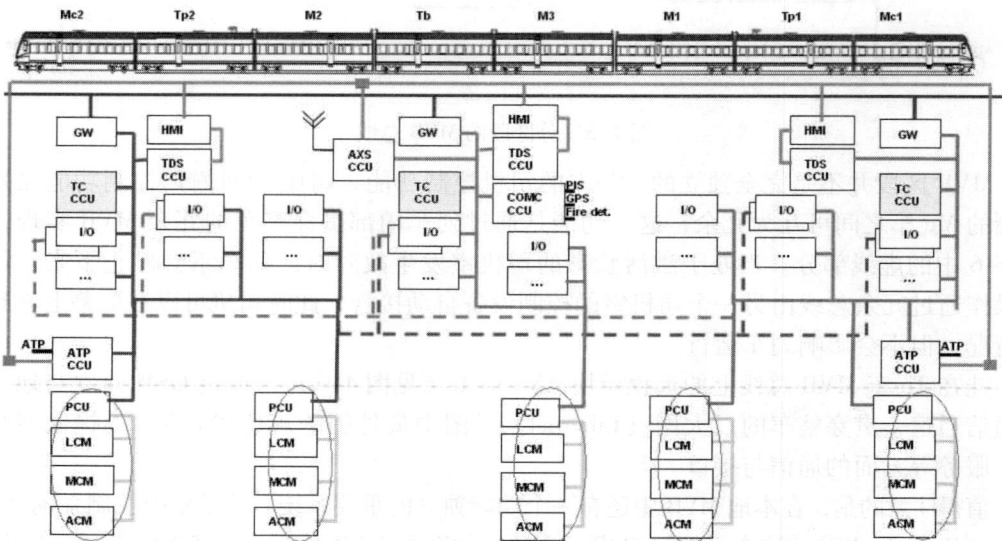

图 4-8　独立的牵引 MVB 总线

— = WTB　　≡ = MVB　　— = Ethernet

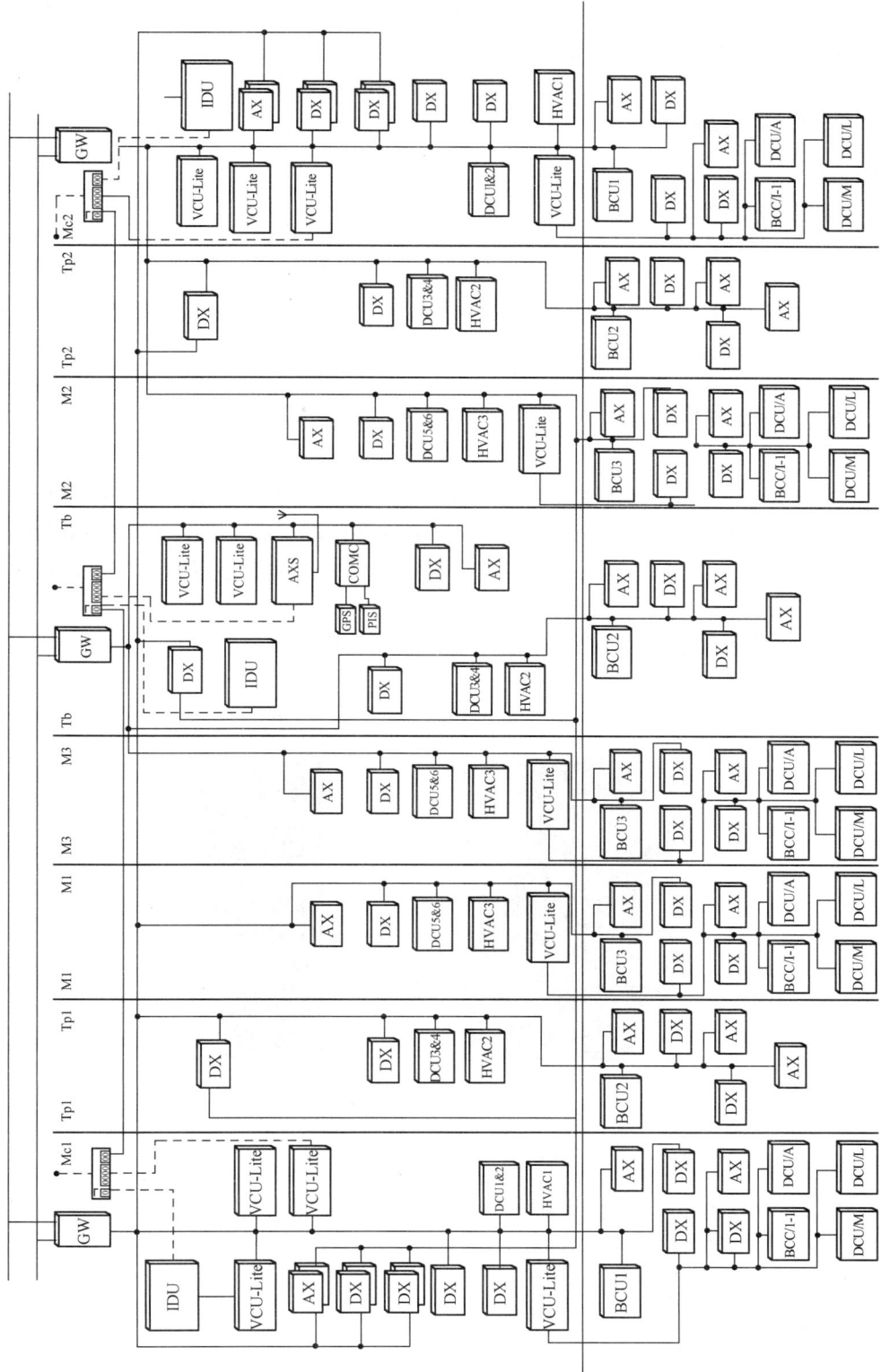

图 4-9　CRH₁ 型动车组的列车通信总线拓扑结构

细地表达了 CRH1 型动车组通信网络的拓扑结构，图中将挂在总线上的功能部件都标示了出来，例如图中深色的部分显示了牵引控制系统结构。

4.2 列车通信网络

4.2.1 列车级网络结构

总体上来说，CRH1 型动车组列车级的网络是以双绞线为物理介质，由网关 GW（Gateway）管理的通信速率为 1.0 Mbps 的总线网络，即 WTB（Wire Train Bus）网络。

4.2.2 列车级网络设备及配置

1. 中央控制单元（CCU）

1）硬件

中央控制单元 CCU 的硬件是通用处理器 VCU – Lite，CRH1 型动车组上有两种 VCU – Lite：VCU – Lite（DCB0911A），VCU – Lite M（DCB0911B）。这些设备之间的不同之处是：

DCB0911A 有一个 MVB 通信接口，两个电绝缘的 RS – 485 串行通信信道，其中一个可能被用作全双工或半双工，另外一个为半双工。

DCB0911B 有双重 MVB 功能，即它有两个电绝缘 MVB 通信接口。

VCU – Lite 的外形如图 4–10 所示。

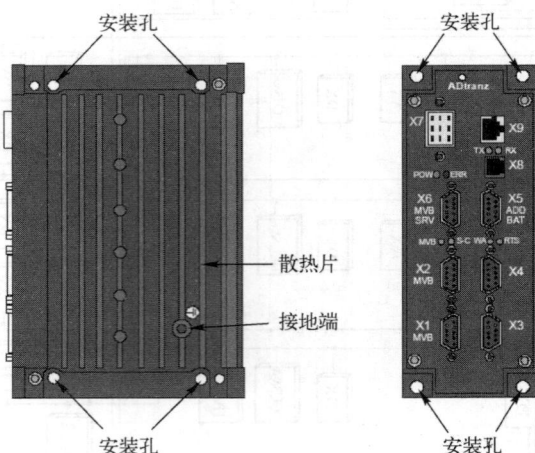

图 4–10　VCU – Lite 的外形

VCU – Lite（DCB0911A）的功能总结如下：

① DC/DC 变流器；

② MVB 通信（ESD +）；

③ MVB 服务端口；

④ 一个全双工通信信道（电绝缘）；

⑤ 一个半双工通信信道（电绝缘）；

⑥ 4MB EEPROM，4MB SRAM（带备用电池）；

⑦ 一个 10Base - T 通道（仅用于开发），一个 RS - 232 通道（仅用于开发）。

其电路原理方框图如图 4-11 所示。

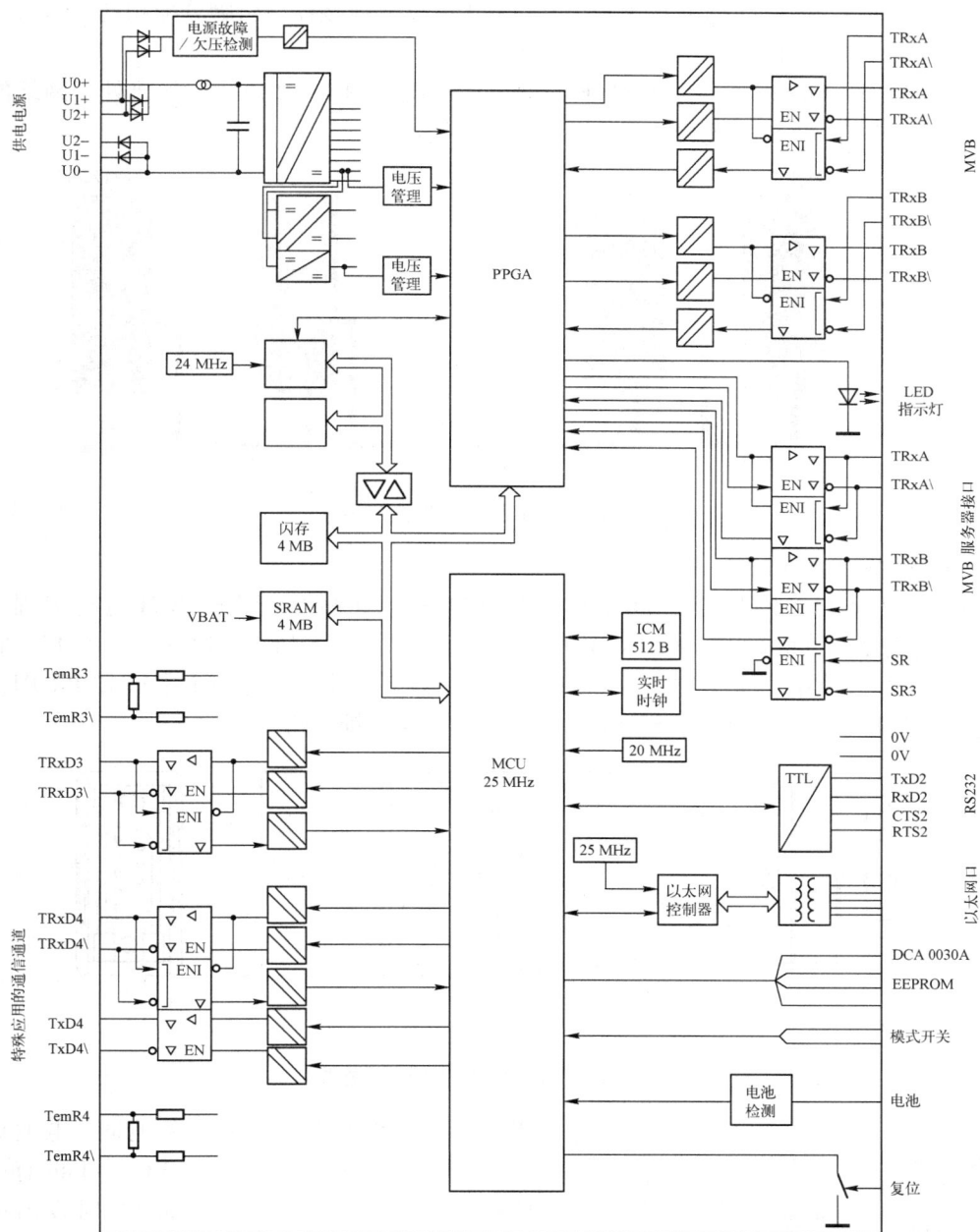

图 4-11　VCU - Lite（DCB0911A）的电路原理框图

（1）VCU – Lite 的供电

直接蓄电池供电，内置的 DC/DC 变流器能够支持多种蓄电池配置，如冗余或非冗余、悬浮或非悬浮等，该装置允许 10 ms 的断电。

（2）MVB 连接与终结

X1（插头）和 X2（插座）为两个 9 引脚 D – SUB 连接器，引脚分配相同，但极性相对（"插头"对"插座"），便于网络连接。

几个 VCU – Lite 连到同一个 MVB 总线上的情况如图 4-12 所示。如果处于网络的终端，需要在空的 D – SUB 连接器上接一个终端连接器。

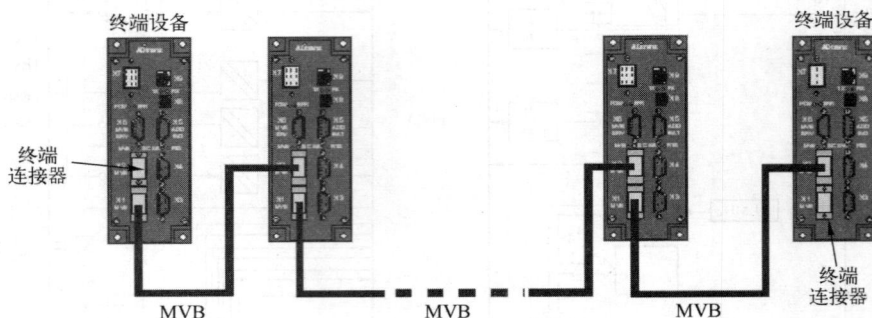

图 4-12　MVB 网络的连接和终止

（3）设备地址与 MOBAD

VCU – Lite 设备地址通过 MOBAD（DCA0030A）上的串行 EEPROM 进行编程，在 MVB 设备启动时读取。DCA0030A MOBAD 的外形如图 4-13 所示，照片见图 4-14。它与 VCU – Lite 一起使用，插在 VCU – Lite 的 X5 连接器上，其中包含一个串行 EEPROM，模式选择开关和电池，电池用于 SRAM 数据保持和实时时钟电路。

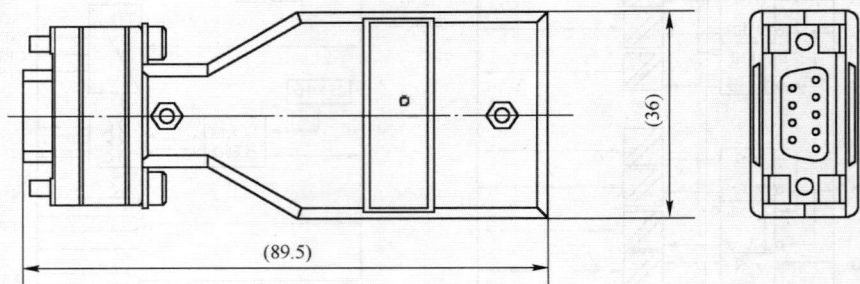

图 4-13　DCA0030A MOBAD 装置

图 4-14　DCA0030A MOBAD
装置照片

串行 EEPROM 用于储存数据，如设备地址、电池日期（电池第一次连接到 VCU – Lite 的日期），VCU – Lite 有一个内置的电池监控电路，当电池电压低于 3.0 V 时发出报警信号。

注意：除了 VCU – Lite 以外，AXS 的 MVB 地址也用 MOBAD2 插头设定。

（4）MVB 服务端口

可以将编程器或电脑（配备有 PC 节点板）用一条 MVB 电缆，通过 MVB 服务端口（9 针 D – Sub 插头 X6）直接连接到 VCU – Lite 上，对 VCU – Lite 进行编程或测试。

（5）专用 RS – 485 串口

VCU – Lite 配备两个专用 RS – 485 串行信道 COM3 和 COM4，COM3 可用于半双工通信，COM4 可用于全双工或半双工通信，其信道连接如图 4–15，图 4–16 所示。VCU – Lite 和第三方设备间的数据传输速率与电缆长度的推荐值列于表 4–1 中。

表 4–1　数据传输速率与电缆长度的关系

数据传输速率	最大长度
< 100 kpbs	300 m
< 200 kpbs	200 m
< 1 Mbps	30 m

专用串口必须用屏蔽电缆连接，电缆屏蔽层要通过 9 针金属 D – Sub 连接器连到 VCU – Lite 的外壳。注意：强烈建议屏蔽层在电缆两端都接地。

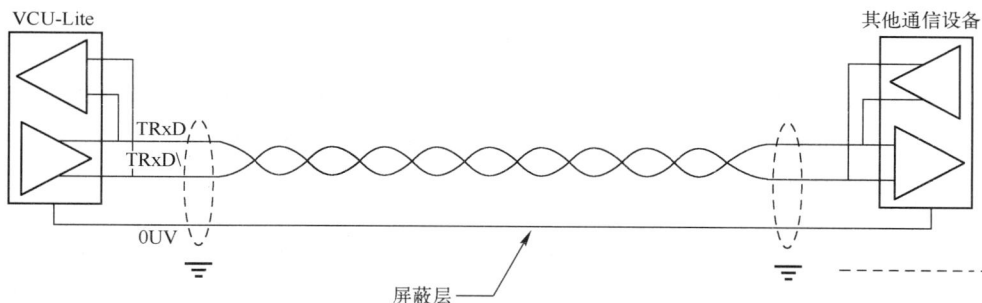

图 4–15　半双工串行通信信道的连接

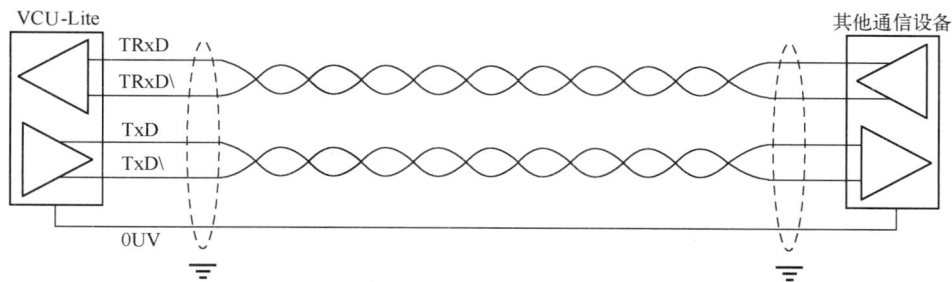

图 4–16　全双工串行通信信道的连接

串行通信的终端连接器配有"内置"高阻抗偏压电阻器，以防止线路终端"悬浮"。如果该通道用于"点对点"通信或者处于多点网络连接的终端，则必须连接这种 D 型的桥式终端连接器，连接线路如图 4–17 所示。注意：终端电阻有两种接法，一种是强迫通道空闲时为"1"（Mark 或 OFF），另一种是强迫通道空闲时为"0"（Space 或 ON）。通道 4（COM4）可用于全双工或半双工，这两种终端电阻接法都可以，使用全双工通信可以不接终端电阻。

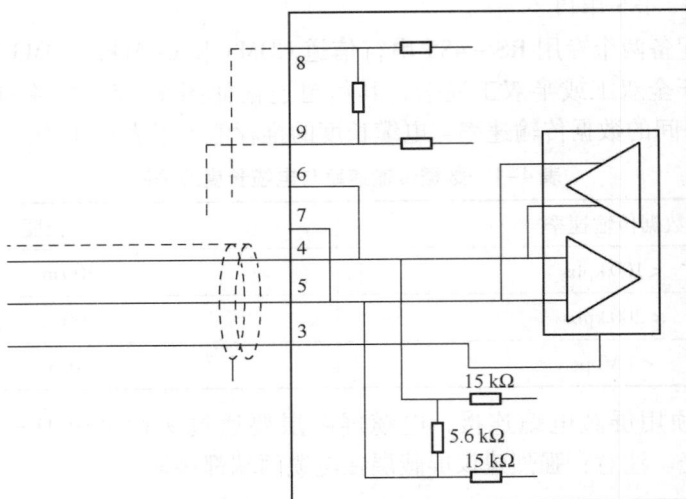

图 4-17　串行信道的终端连接

RS - 232 端口：VCU - Lite 配有 RS - 232 串行通信通道，使用时须有终端通信电缆（terminal communication cable），电缆的 RJ - 12 端连到 VCU - Lite 的 X8 上，另一端（9 针 D 型插座）连到 PC 的串口上。

（6）以太网

VCU - Lite 有一个 10Base - T 以太网接口，通过 RJ - 12 连接，它提供了 RS - 232 通信的另外一种选择，主要用于调试、下载应用程序及其他开发。注意：以太网通道不能用于内部的车辆通信。每个 VCU - Lite 装置都有自己独特的 MAC 地址，在生产时保存在 ICM 存储器中。

（7）发光二极管（LED）指示

VCU - Lite 有 8 个 LED，其显示含义如表 4-2 所示。

表 4-2　VCU - Lite LED 定义

LED 名称	颜　色	描述（亮时）
POW	绿色	电源正常
TX	黄色	在 RS - 232 上或 10Base - T 串行信道上传输数据
RX	黄色	在 RS - 232 上或 10Base - T 串联信道上接收数据
ERR	红色	检测到错误
MVB	黄色	MVB 通信信道上的活动
SC	黄色	应用专用串行通信信道上的活动
WA	黄色	警告
RTS	黄色	运行时间系统

（8）系统复位

可用多种方式启动 VCU – Lite 的系统复位：电源故障；时钟故障；内部看门狗（watch-dog）；软复位；手动复位。靠近 X9 插头（座）标有 "RES" 的是复位开关，手动复位时，先拧下 Phillips 螺丝，然后用一个细螺丝刀或类似工具按压开关，VCU – Lite 立刻重启。

2）软件

TC CCU 的应用软件在 Mc1、Mc2 和 Tb 车的 VCU – Lite 硬件中执行，是 TCMS 的主软件，也是 TCMS 的核心，其他系统（如空调系统、制动系统、门系统、照明系统等）都受该软件的控制和监视，如图 4–18 所示。

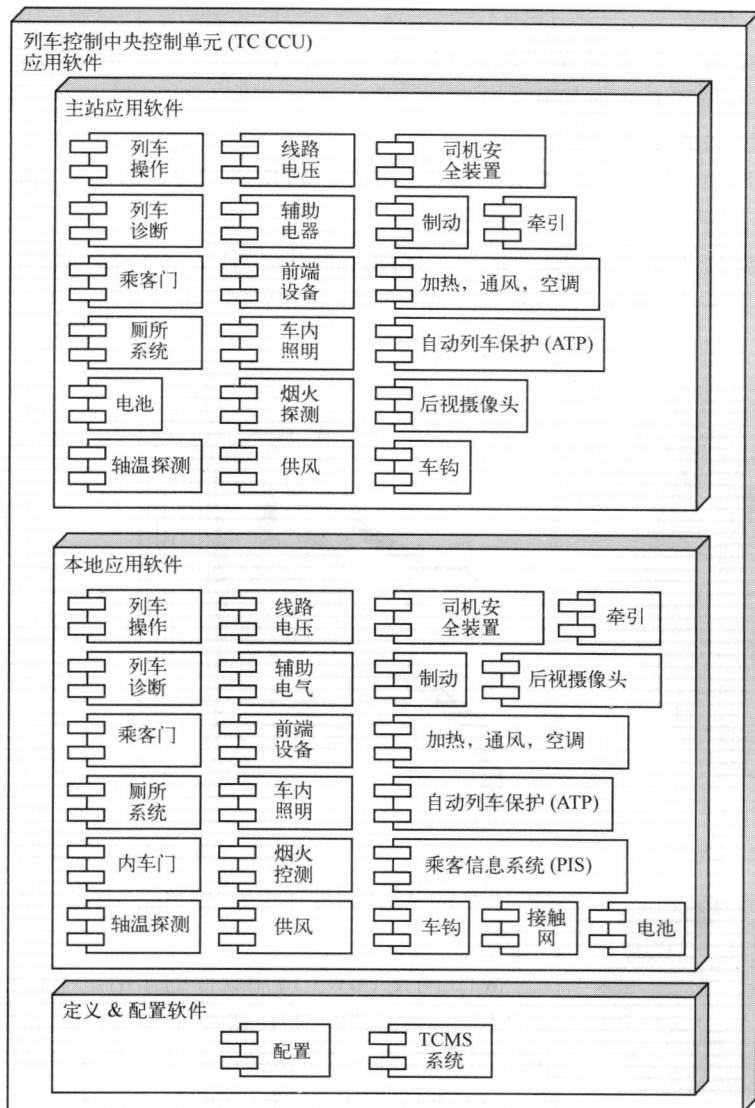

图 4–18　TC CCU 应用软件概览

2. 网关

1）硬件

列车组的网络设备就是网关（GW），CRH₁ 型动车组的计算机通信与控制系统的硬件基本上以 MITRAC 计算机为骨架，GW 就是 MITRAC 产品。

列车总线（WTB）网关（GW）是多功能车辆总线（MVB）和列车总线（WTB）之间不同物理介质和不同通信协议的转换接口。

网关在两种总线的通信之间进行数据的管理、分析和过滤。网关能够支持强、弱主机（strong and week master）的概念，也能在列车编组改变时自动标识、配置列车总线上的有效（active）节点。

通信网关中含有每个动车组项目特别指定的应用软件（只有 WTB 信号定义）。在 CHE 项目中，指定了 GW 应用软件。

网关用作网关的硬件装置。

网关的外形图如图 4-19 所示。包括：两个 MVB 通道（ESD +），两个 WTB 通道，FEPROM 内存。

与 VCU 类似，GW 也有 MVB 地址，但地址的设定不同，GW 的地址由连接器中的接线片设置（如图 4-20 所示）。AS、DX 和 COMC 的 MVB 地址与 GW 一样。

图 4-19　GW 外形

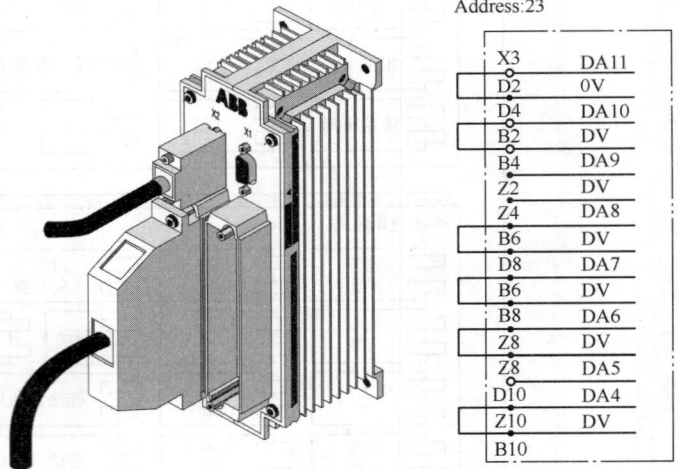

图 4-20　GW 的 MVB 地址设置

图 4-21　GW 的 MVB
地址插头

GW 的 WTB 地址插头为 125X02，其外形如图 4-21 所示。

2）软件

WTB 网关（GW）应用软件的作用是建立起不同物理层上采用不同通信协议的 MVB 和 WTB 总线之间互联，网关可操纵、分析及过滤两种总线间的数据传输。网关应用软件（应用识别码：LTA9M6）由 Mc1、Mc2 和 Tb 车内的网关 GW 硬件执行。网关的主要功能由标准的软件和固件（firmware）实现。CRH₁ 型动车组的网关应用软件与通过 WTB 的不同数据报文数量有关（例如，主机到从机报文，从机到主机报文），当列车编组改变或强主机和弱主机功能切换时，在 WTB 上识别和配置节点的功能也由网关实现。

4.3　车厢级通信网络

4.3.1　车厢级通信网络的结构

车厢级通信网络的结构参见图 4-9。

4.3.2　车厢级网络设备及配置

图 4-22 表示 Mc 车 MVB 总线上所挂的设备。其硬件设备有：VCU-Lite 列车控制单元（运行不同的软件，具有不同的功能），AXS（Mitrac Access Unit）远程控制模块（仅 Tb 车），IDU（Intelligent Display Unit）智能显示单元，DX（Digital Input/Output Unit）数字输入/输出单元，AX（Analog Input/Output Unit）模拟输入/输出单元，BC（Bus Coupler）总线连接（仅 Tb 车），COMC（Communication Controller）通信控制器（仅 Tb 车）。所配置的硬件大多为 MITRAC 系统单元，如图 4-23 所示。

主列车控制单元 VCU-Lite（如图 4-24 所示）包括以下部件：

① Motorola 68040 处理器；

② 有 MVB 接口；

③ 有服务 PC 接口；

④ 有以太网（Ethernet）接口。

CRH1 型动车组列车上有 2 种 VCU – Lite：一种带一个 MVB 接口、一个 RS – 485 接口；另一种带两个 MVB 接口。

1. 中央控制单元（CCU/VCU）

车厢级网络设备的中央控制单元的硬件与列车级网络的情况一样，也是通用处理器 VCU – Lite 上运行不同的软件。

2. 司机显示单元（IDU/TS/TD/MMI）

1）IDU 概述

智能显示单元（IDU），彩色触摸屏显示，作为 TCMS 的人—机界面（HMI）用以进行事件显示和车辆监控。IDU 对司机、乘务人员和维护人员来说可以完成以下功能：

① 在显示屏上进行监控和检查（check）；

② 集中显示列车的不同部位；

③ 代替了老式司机操作台上的许多显示与控制；

④ 显示列车系统状态、故障和事件信息；

⑤ 报警；

⑥ 启动指令。

与 IDU 直接相接的是 TDS（Train Diagnosis System，列车诊断系统），其连接方式为以

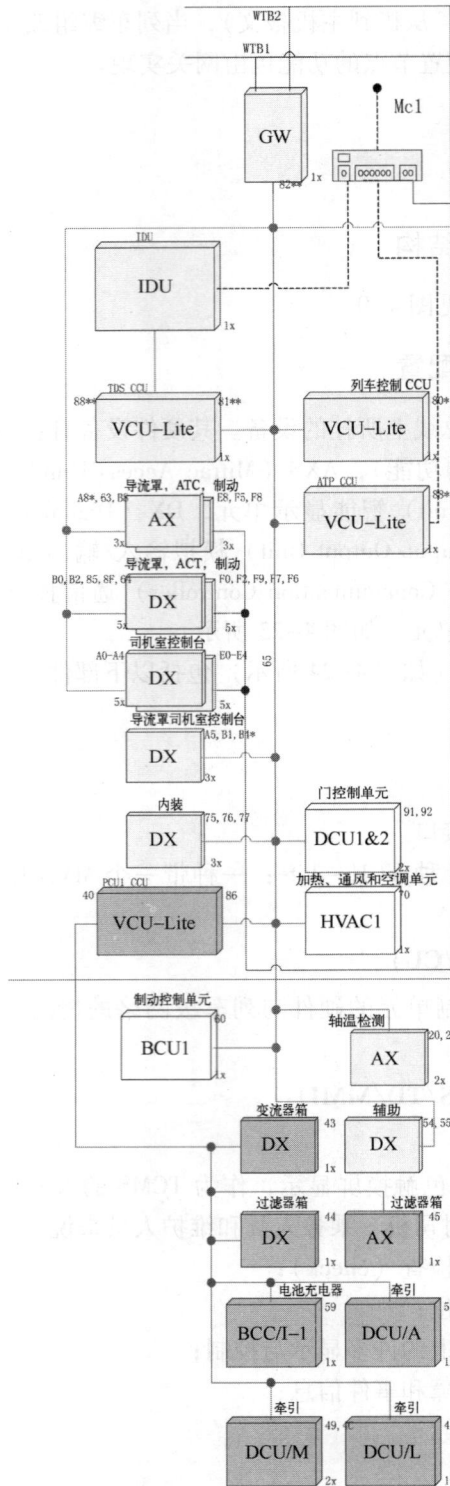

图 4-22　Mc 车 MVB 总线所挂的设备

图 4-23　MITRAC 系统单元　　　　　　　图 4-24　列车控制单元

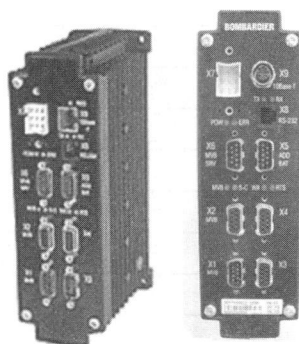

太网（Ethernet）接口，IDU 中运行基于项目的应用软件。IDU 包括：彩色触摸屏，两个 10 Base-T 通信通道（Ethernet），USB & COM，处理器和内存等。

2）外形及尺寸

尺寸规格：264 mm × 202 mm × 53 mm （宽 × 高 × 深）。深度包括底盘安装连接器，但不包括电缆连接器；

重量：　　最大 1.7 kg；

外形尺寸：如图 4-25 所示。

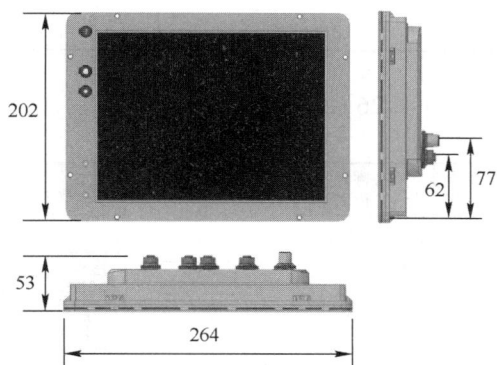

图 4-25　IDU 的显示屏外形及尺寸

3）IDU 的技术规格（见表 4-3）

表 4-3　IDU 的技术规格

内　　核	描　　述	备　　注
处理器	Intel Xscale	533 MHz
KERNEL FLASH	32 MB Strataflash	
FLASH	128 MB	
RAM	128 MB	
EEPROM	4 KB	Serial，internal parameter storage
图形控制器	8 MB RAM，2D/3D 加速	

续表

内　核	描　述	备　注
标准接口		
USB	2 pcs. Ver. 2.0	
以太网	2 pcs. 10/100 Base－T	
光敏元件	In front	
触屏	Resistive	5－wires
电源		
电压	14～36 V	
电流	750 mA/24 V	Peak current at start up 24 A for 0.1s
功率	18 W	
显示器		
10.4″ SVGA	彩色 800×600	Format 4:3
与 CPU 的连接方式	内置串行端口	
环境		
符合	EN50155	
库存温度	－40℃ ～ +70℃	
工作温度	－40℃ ～ +65℃	
壳体防护等级	IP65	

4）IDU 的原理框图（见图4-26）

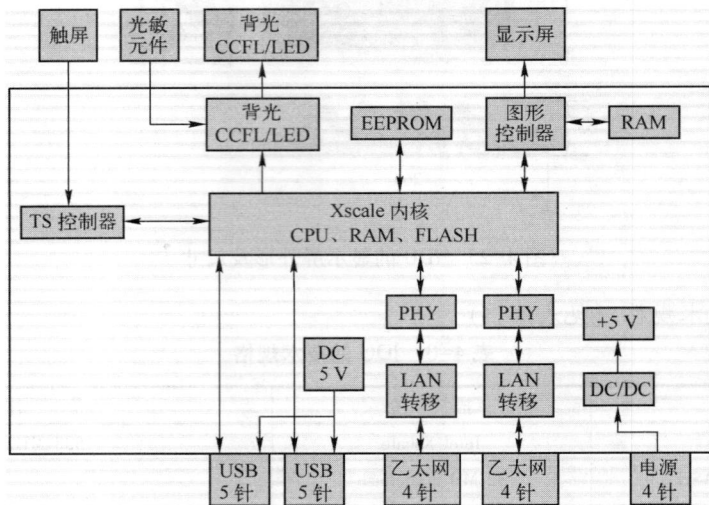

图4-26　IDU 的原理框图

5）IDU 应用软件

智能显示单元（IDU）应用软件用于向司机和乘务人员提供诊断数据和列车运行状况信息。IDU 设置在 Mc1、Mc2 和 Tb 车上，IDU 应用软件还可用于司机和乘务人员对列车进行控制，图 4-27 显示出了 IDU 应用软件控制和监测系统。

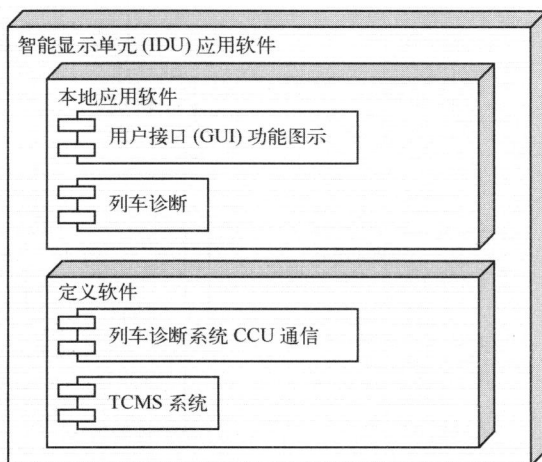

图 4-27　智能显示单元（IDU）应用软件控制和监测系统

6）列车诊断系统中央控制单元（TDS CCU）应用软件

设计列车诊断系统中央控制单元（TDS CCU）应用软件的目的是储存列车诊断数据和与智能显示单元进行通信，TDS CCU 应用软件（应用识别码：LTA9M1）也可用于 MVB 上的总线管理器，图 4-28 显示出了 TDS CCU 应用软件控制和监测系统。

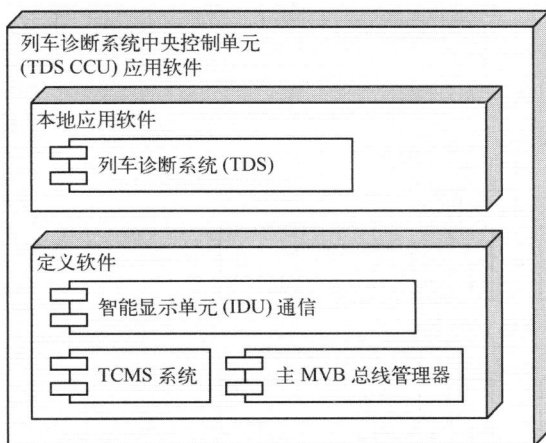

图 4-28　TDS CCU 应用软件控制和监测系统

7）IDU 的用户操作菜单

图 4-29 ～图 4-31 给出 IDU 操作界面中几个重要的用户菜单结构，图 4-32 ～图 4-37 给出 IDU 操作界面面板。

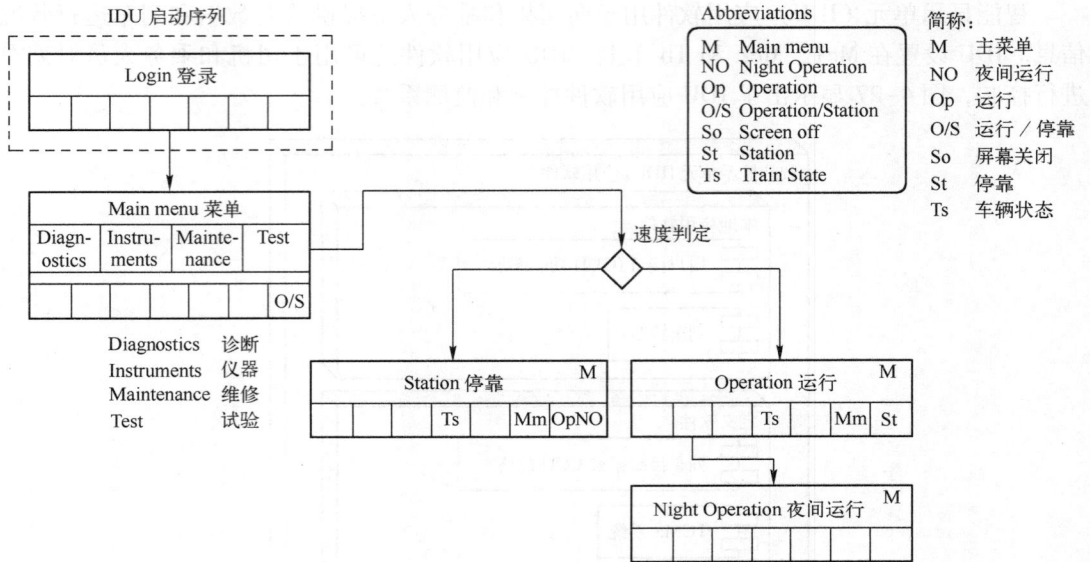

图 4-29　登录、运行和停靠菜单结构

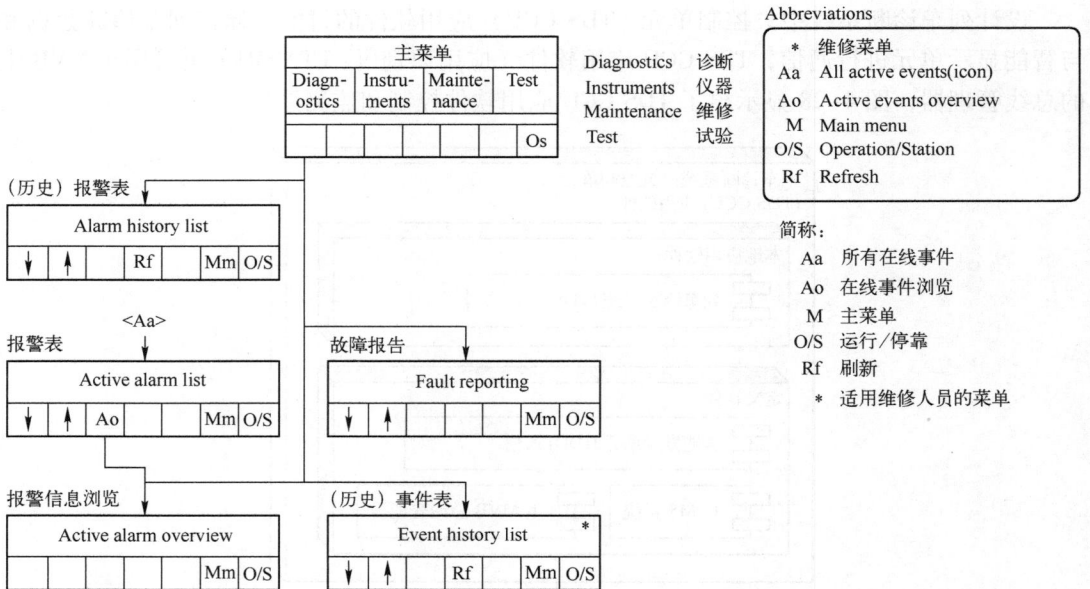

图 4-30　报警、诊断主菜单结构

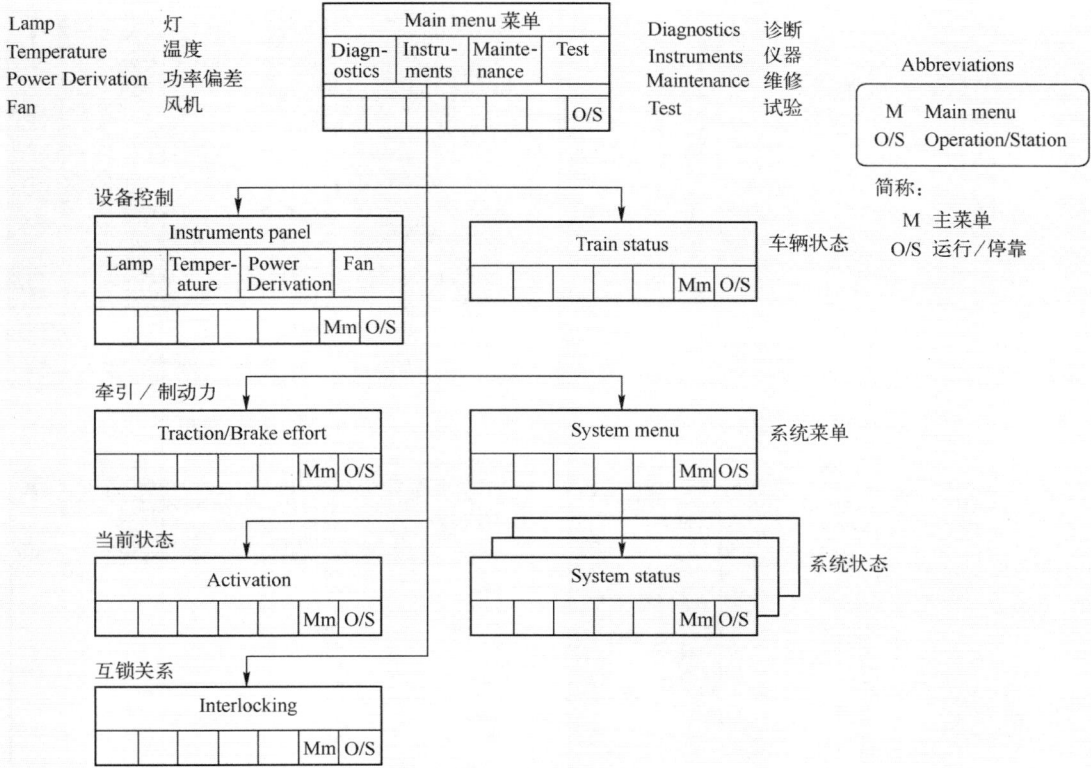

图 4-31　设备控制菜单结构

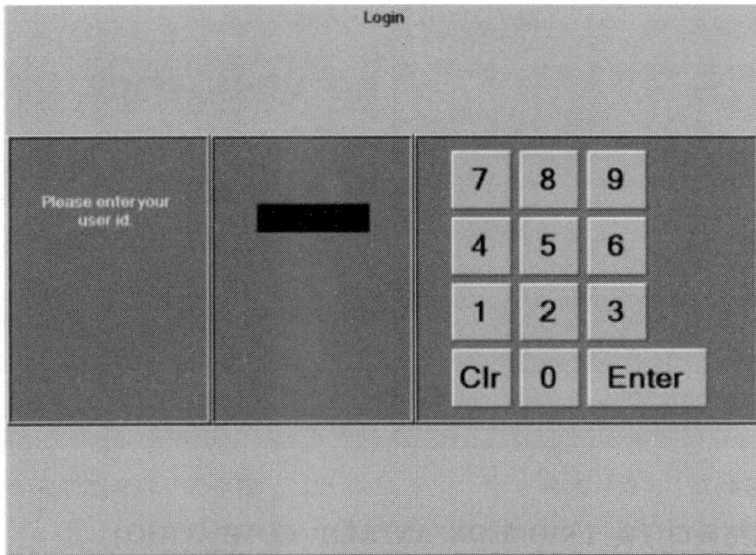

图 4-32　登录菜单

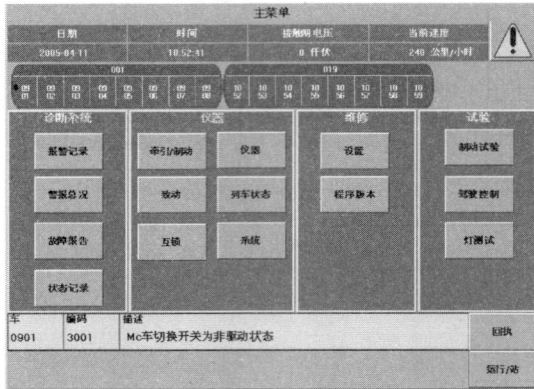

图 4-33　主菜单

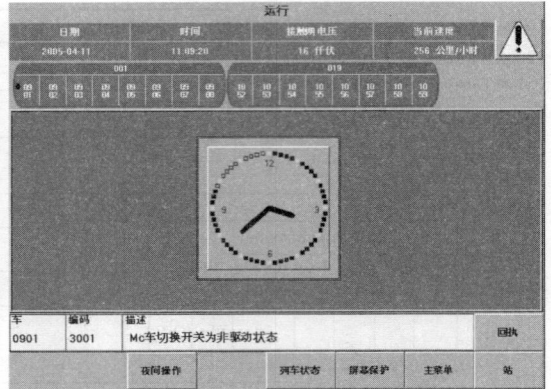

图 4-34　运行菜单

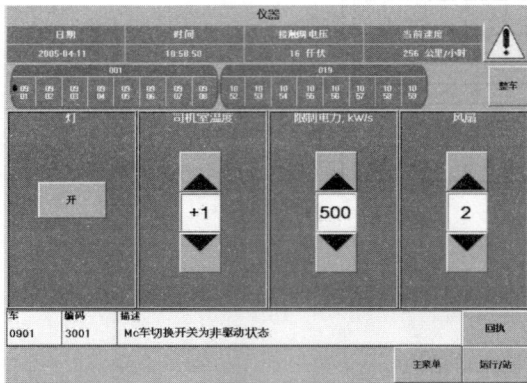

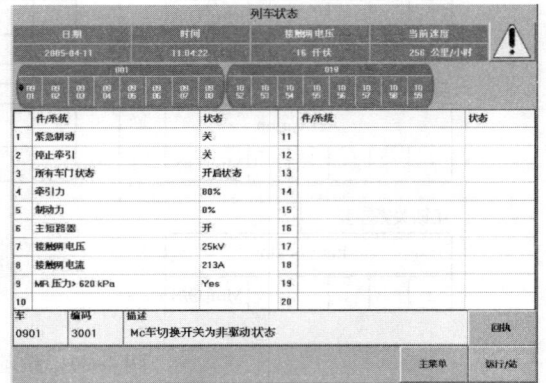

图 4-35　仪器与列车状态菜单

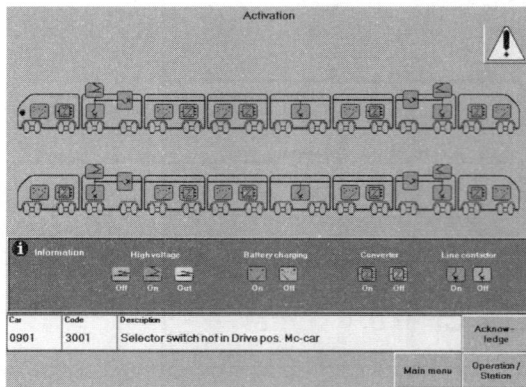

图 4-36　停靠站菜单

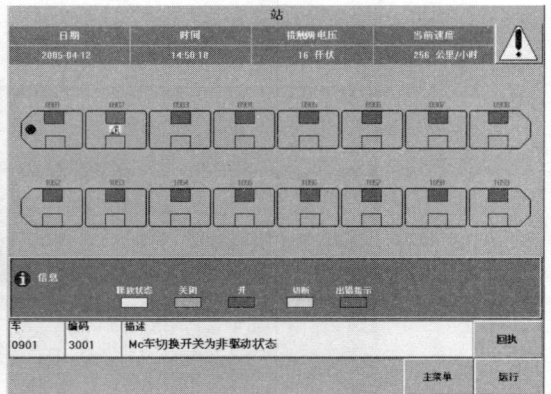

图 4-37　激活部件显示菜单

3. 其他网络接口设备（RIOM/DX/AX/KLIP/COMPACTIO）

1）AXS（Remote Access）远程访问单元

用于列车上的 TCMS 和地面站点之间无线通信（GSM），AXS 硬件由一个 VCU‑Lite 和一个安装在 VCU‑Lite 顶部的 GSM 无线电设备（包括无线电和天线）组成，如图 4-38 所示。

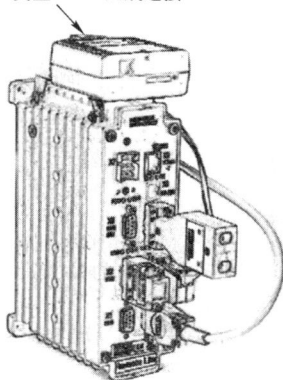

图4-38 AXS远程访问单元

2）COMC（Communication Controller）通信控制器

实现 MVB 与下列总线之间的通信转换：RS-485，RS-232。如图4-39所示。

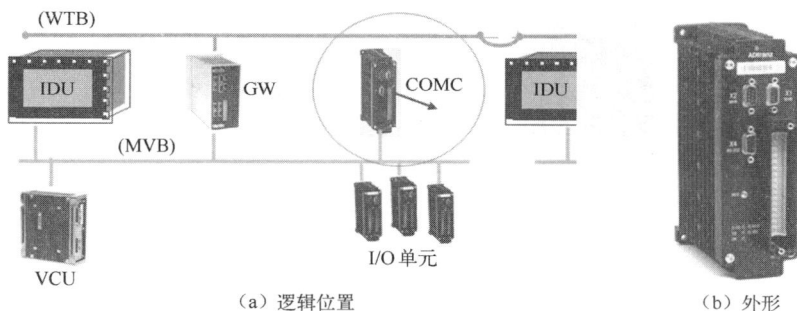

（a）逻辑位置 （b）外形

图4-39 COMC的逻辑位置与模块外形

非 MITRAC（Non-Mitrac Units）产品单元没有 MVB 接口，例如 PIS（Passenger Information System）系统、ATC（automatic train control）系统等，它们有 RS-485、RS-232、CAN 等接口，因此不能直接挂在 MVB 总线上，COMC 将这些接口信号转换成 MVB 接口形式。

设备的上部有一个 MVB 总线连接器（9 针 D 型插座），下部的连接器用于供电电源、地址编码和外部串行通信连接，此外还有与服务电脑的连接。

COMC 装置位于 8 辆车组成的列车组中的 Tb 车，也用作中段 MVB（Middle MVB）的备用管理器，控制和监视 MVB 的通信，处理 MVB 通信控制

3）DX（Digital Mixed Input/Output Unit，见图4-40）

- 数字输入／输出
- 10 个数字输入，4+3+3
- 6 个数字输出，2+2+2
- 上部连接：MVB
- 下部连接：电源，信号，地址编码
- MC68HC11 处理器
- 报警断开所有输出

图4-40 DX模块外形

4）AX（Analogue Mixed Input/Output Unit，见图 4-41）

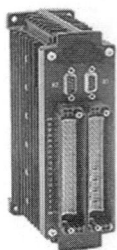

- 模拟输入／输出
- 4 个输入，可配置 ±10V 或 ±20mA
- 1 个输入，专用于电压测量
- 2 个输出，可配置 ±10V 或 ±20mA
- 上部连接：MVB
- 下部连接：电源，信号，地址编码
- MC68HC11 处理器
- 报警断开所有输出

图 4-41　AX 模块外形

5）BC（Bus Coupler，见图 4-42）

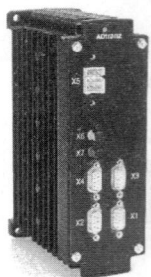

- 放大（再生）MVB 信号
- 当连接了许多单元的时候，在线路和线路之间
- 在线路和光纤之间流电绝缘

图 4-42　BC 模块外形

思考题

1. 描述 CRH1 型动车组控制与管理系统的主要结构。
2. 请论述 CRH1 型动车组控制与管理系统是如何实现冗余的？
3. CRH1 型动车组控制与管理系统主要有哪些设备？
4. CRH1 型动车组远程访问单元 AXS 的作用是什么？
5. CRH1 型动车组的通信控制单元 COMC 的功能是什么？

第5章　CRH2型动车组列车信息控制系统

CRH2型动车组列车信息控制系统通过贯穿全列车的总线传输信息，从而减轻了列车的重量，并且对列车运行状况及车载设备动作的相关信息进行集中管理，可以有效地实现对司机和乘务员的辅助作用、加强对设备的保养和提高对乘客的服务质量。列车信息控制系统具有控制指令传输、设备状态监视和故障诊断三大功能。

5.1　CRH2型动车组列车信息控制系统总体结构

5.1.1　列车信息控制系统概述

列车信息控制系统主要由列车信息中央装置（简称中央装置）、列车信息终端装置（简称终端装置）、列车信息显示器、显示控制装置、IC卡读写装置以及乘客信息显示器等组成。头车中设置由控制传输部和监视器部组成的中央装置，具有列车信息管理和向列车信息终端装置传输数据的功能。各车辆分别设置一台终端装置，实现各车厢中车载设备的信息传输。系统的功能主要有：牵引控制、制动控制、系统安全联锁、动车组过分相控制、车门控制、空调控制、设备的开启/复位、显示灯/蜂鸣器控制、操纵台故障显示灯的控制、故障或异常报警等。

中央装置及终端装置通过光纤双重环路及自诊断传输线（双绞线）连接，控制指令通过光纤双重环路及自诊断传输线（双绞线）传输。控制指令传输系统采用独立于监视器部的双CPU方式，具有故障导向安全和备份作用。列车信息控制系统可以区分重大故障和轻微故障，如果重大故障需要处理，此系统就会将故障内容及处理方案通知给司乘人员。

列车信息控制系统可以对车载设备进行检查，检查时设备具有诊断功能，列车信息控制系统只发出对设备的检查指令及收集检查结果。系统将检查结果和参数显示在显示器上，司机或维修人员可以根据该结果确定动车组系统是否需要检修。对于部件的偶发性故障识别，由检查员依据列车在运用维修基地的检测情况通过另外设置的各设备试验装置实现。行车中的设备状态的监视结果在进入列车基地后，可以通过IC卡进行写入、读出，并且行车中的各个设备的状态数据可以即时地写入到IC卡中。但是这些信息只进行信息的记录，与列车的控制无关。行车中或者维修时，诊断结果将输送到列车状态数据存储装置或者其他数据库，为维修提供的状态数据的主要信息可以显示在司机台上的显示屏上。

5.1.2　列车信息控制系统的组成及网络结构

1. 系统构成

列车信息控制系统由监视控制部分和信息传输部分两大部分构成，包括中央装置、终端装置、列车信息显示器、显示控制装置、IC卡读写装置及乘客信息显示器，如表5-1所示。

表 5-1　列车信息控制系统装置构成

车号		1	2	3	4	5	6	7	8
车种		T1c-1	M2-2	M1-3	T2-4	T1k-5	M2-6	M1s-7	T2c-8
中央装置	MS-A940	1							1
终端装置	MS-A941-G1/G2	1*	1*	1	1*	1*	1*	1	1*
列车信息显示器	MS-A942	2						1	2
显示控制装置	MS-A943	2						1	2
IC卡读写装置	MS-A944	2							2
乘客信息显示器		2	2	2	2	2	2	2	2

注：带 * 的有 AI 输入（Analog Input，模拟输入），是 MS-A941-G1，不带 * 的是 MS-A941-G2。

① 中央装置（型号：MS-A940）由输入输出连接器、电路板、母板、箱体构成。

② 终端装置（型号：MS-A941-G1、MS-A941-G2）由输入输出连接器、电路板、母板、箱体构成。有 AIN 底座的终端装置型号为 MS-A941-G1，没有 AIN 底座的型号为 MS-A941-G2。

③ 显示控制装置（型号：MS-A942）由输入输出连接器、电路板、母板、箱体构成。

④ 列车信息显示器（型号：MS-A943）。

⑤ IC 卡读写装置（型号：MS-A944）。

⑥ 乘客信息显示器是车厢两端的条形显示屏。

传输线有列车信息传输线（光纤）及自诊断信息传输线（双绞线）两种。列车信息传输线为双环形结构环路，如果在环路的一个方向没有检测到应答时，就向环路的另一个方向发送信息，因此能够避开故障部位。

中央装置和终端装置由光纤连接，采用不易发生故障的双向环形环路传输信息。当发生两处以上的线路故障时，可以继续由其他连接线路进行传输。另外，还设有备份传输线（自诊断传输线），当环形网络发生故障时可以传输控制指令，对各设备进行控制。

表 5-2 为传输系统构成设备一览表。

表 5-2　传输系统构成设备一览表

	T1c-1		M2-2	M1-3	T2-4	T1k-5	M2-6	M1s-7	T2c-8	
	中央	终端	终端	终端	终端	终端	终端	终端	中央	终端
显示控制装置	○							○	○	
IC卡读写装置	○								○	
乘客信息显示器		○	○	○	○	○	○	○		○
速度传感器（SG）	○								○	
重联控制盘	○								○	
LKJ2000 装置	○								○	
距离检测装置	○									
配电盘		○	○	○	○	○	○	○		○
空调显示设定器		○	○	○	○	○	○	○		○
侧面目的地显示器		○	○	○	○	○	○	○		○
辅助电源装置		○								○
车号显示器		○	○	○	○	○	○	○		○
制动控制装置		○	○	○	○	○	○	○		○
牵引变流器		○							○	
无线收音装置								○		
自动广播装置								○		

列车信息控制装置传输系统的构成如图 5-1 所示。

图 5—1　列车信息控制装置传输系统的构成

列车信息控制系统采用列车级和车辆级两级网络结构。列车级网络为连接编组各车辆的通信网络，以列车运行控制为目的，连接各中央装置和终端装置，采用双重环网结构。车辆级网络为连接车厢内设备的通信网络。

2. 中央装置

中央装置外形如图 5-2 所示，它由铝合金箱体组成，外形尺寸为 482.6 mm（宽）×400 mm（高）×345 mm（深）。最上部为外部连线插座 CN-M1～CN-M8，中间部分安装电路板，下部为通风空间。箱体后部有两层印刷电路板，最后一层安装外部连线插座，另一层作为各印刷电路板底板，电路板通过连接器与底板连接。

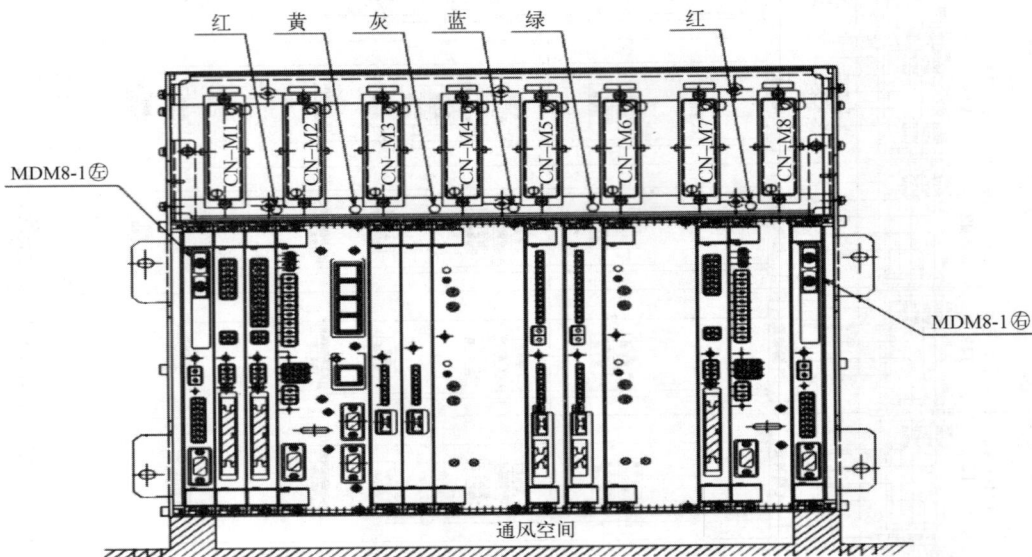

图 5-2　中央装置外形图

中央装置由 13 块电路板组成，由左至右分别命名为 MDM8-1（左）、TRC、TRC、CPU、DIS、DIO、PS、TXC、TXC、PS、TRC、CPU、MDM8-1（右）。具体排列位置如图 5-3 所示。

各电路板的排列如图 5-3 所示，基本功能如下。

MDM8-1 板：中央装置的光信号传输卡。中央装置用该卡收发光信号，它是信息控制系统的主要传输电路。

TRC 板：信号传输卡。该卡有 8 个传输通道，包含 20 mA 电流环与 HDLC 同步通信电路。

CPU 板：中央装置主处理板。板上 CPU 字长 32 位（相当于 MC68360），具备 4 MB ROM 存储器，2 MB RAM 存储器。该板实际上是为中央装置设计的专用嵌入式计算机，用于信息的处理、计算及信息记录。

DIS 板：光电隔离数字信号输入卡。用于处理 24 V、100 V 开关输入信号。

DIO 板：光电隔离或继电器隔离数字信号输出卡。用于处理 24 V、100 V 开关输出信号。

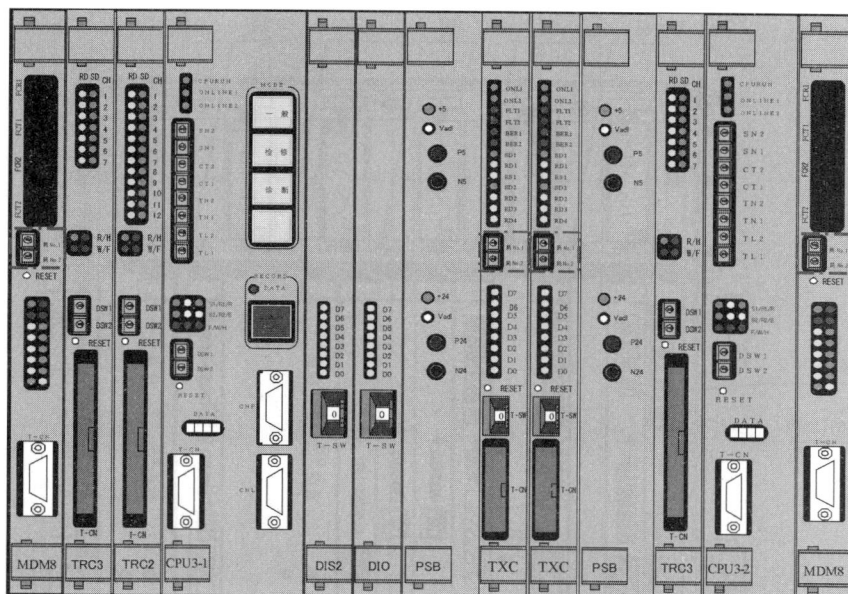

图 5-3　中央装置电路板排列

PS 板：电源卡。该板为 DC/DC 电源调整卡，输入为 DC 100 V，输出电压为 DC 24 V 与 DC 5 V。输出电流有两种规格，PSB 型容量较大，24 V 输出 2 A，5 V 输出 8 A，作为中央装置供电电源；PSA 型容量较小，24 V 输出 2 A，5 V 输出 3 A，作为终端装置供电电源。

TXC 板：控制指令发送卡。中央装置用该卡将控制指令发送到车辆设备。

中央装置第二块 CPU 卡（CPU3 - 1）上装有四个选择开关，用来选择列车信息控制系统的运行模式：一般、检修、诊断与备用。

3. 终端装置

终端装置有 AIN 底座的为 MS - A941 - G1，没有 AIN 底座的为 MS - A941 - G2。终端装置由输入输出连接器、电路板、母板、箱体构成，外形如图 5-4 所示。

终端装置由 10 块电路板组成，但有 11 个插卡位置，由左至右分别命名为 MDM8 - 2、MDM9、保留、CPU、TRC、DIS、DIO、AIN、PS A、RXC、PS B，各电路板的排列见图 5-5。其中，CPU、TRC、DIS、DIO、PS 卡的功能与中央装置同类卡相同，其他卡基本功能简述如下。

MDM8 - 2 板：光信号传输卡。终端装置用该卡收发光信号，它是列车信息控制系统的主要传输电路。

MDM9 板：光信号传输卡。终端装置用该卡与本车辆内制动控制装置及牵引变流器交换信息。

AIN 板：模拟信号输入卡。终端装置用该卡采集模拟信号，模拟信号输入范围为 0 ～ 100 V。

RXC 板：控制指令接受卡。终端装置用该卡接受中央装置传输来的指令。

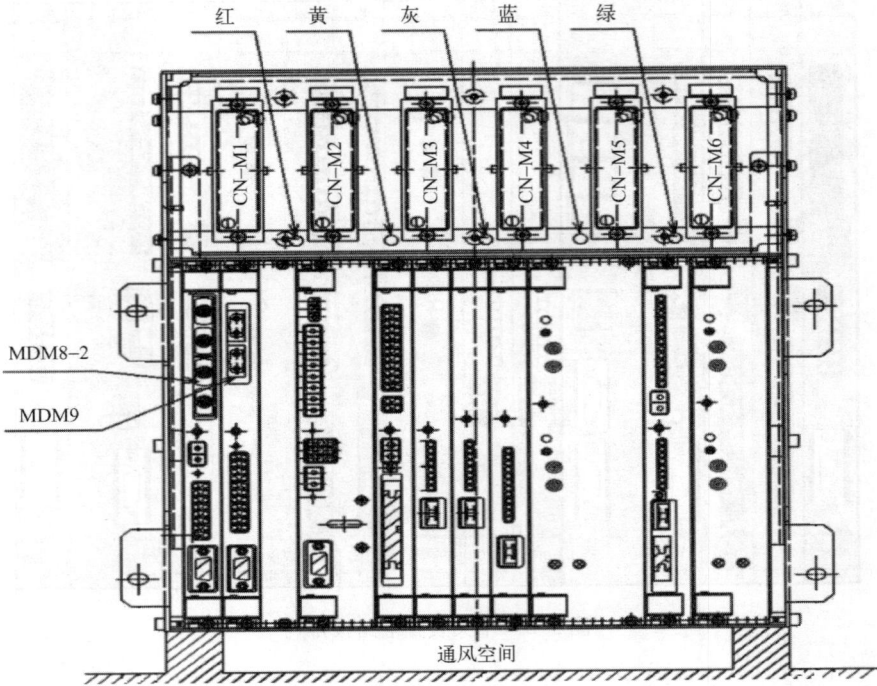

图 5-4　终端装置外形图

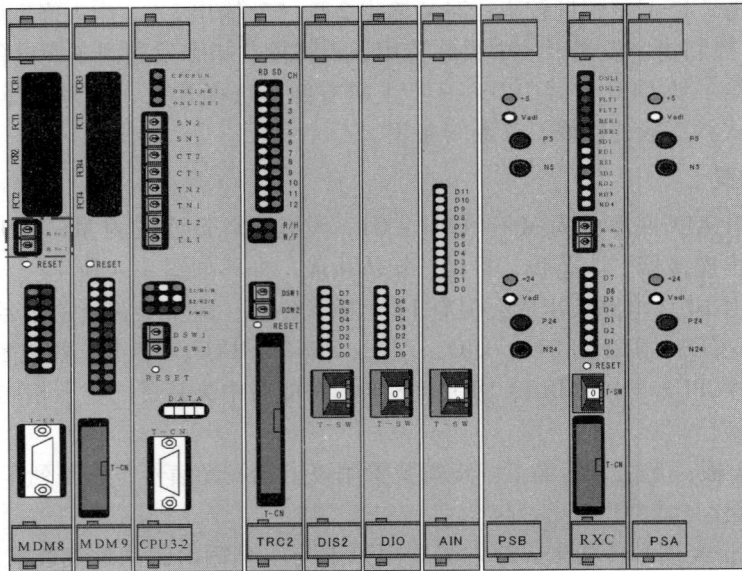

图 5-5　终端装置电路板排列

4. 显示控制装置

显示控制装置是用来控制显示器的，其外形图及电路板排列如图 5-6、图 5-7 所示。其中 PSB 和 CPU6 卡的功能与中央装置 PS 和 CPU 卡相同。

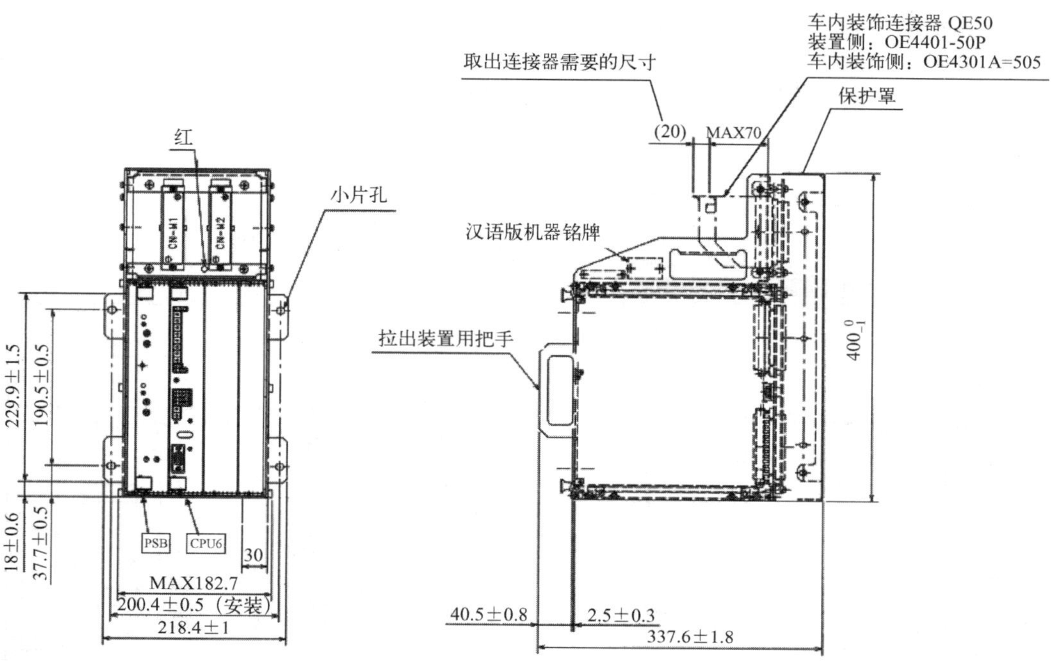

图 5-6　显示控制装置外形图

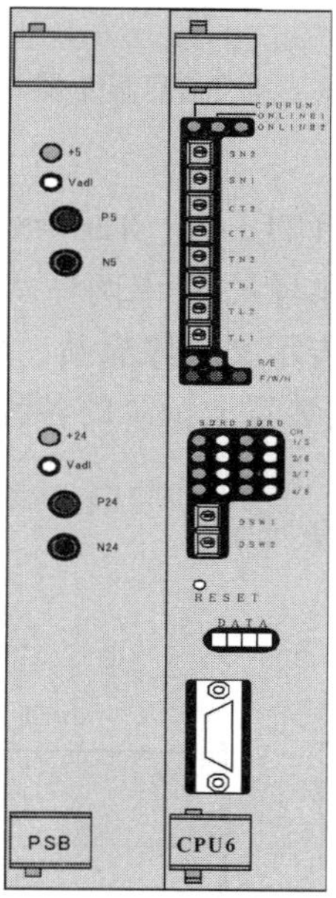

图 5-7　显示控制装置电路板排列

5. 列车信息显示器

每个操纵台上设置两台司机用列车信息显示器，另外在 7 号车厢（M1s－7）设置一台乘务员列车信息显示器，共 5 台。列车信息显示器为触摸式，通过操作触摸屏，可以进行画面切换，其外形图如图 5-8 所示，参数指标如下：

① 显示画面：彩色 LCD 8 色；

② 分辨率：640 × 480；

③ 显示文字数：40 个文字 × 24 行；

④ 输入：阻抗模式触摸输入方式。

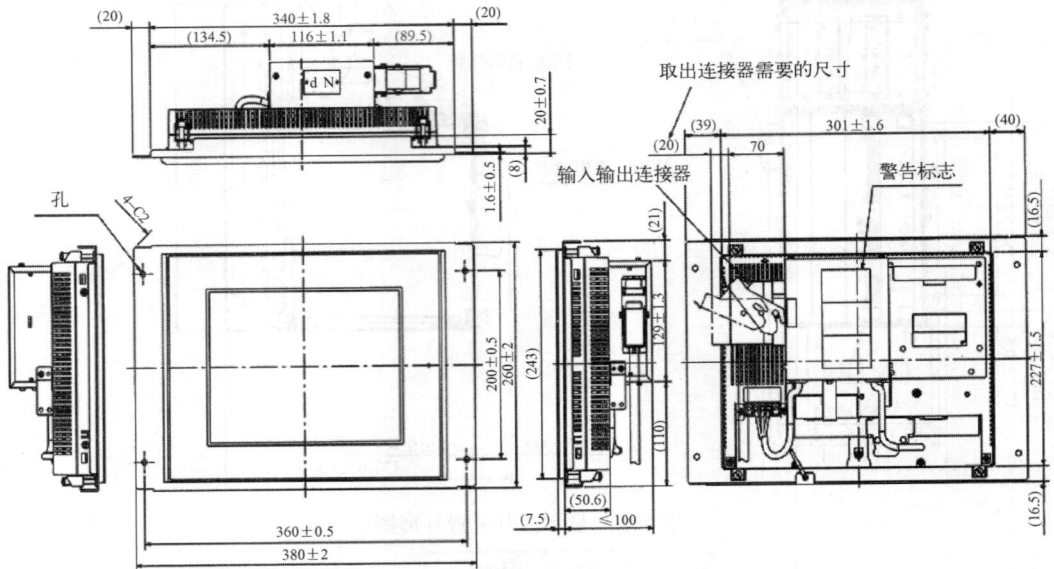

图 5-8　列车信息显示器外形图

6. IC 卡读写装置

IC 卡读写装置安装在头尾车厢（T1c-1、T2c-8），车上系统与地面系统之间的通信采用 IC 存储卡。IC 卡分读取 IC 卡和写入 IC 卡两种。

① 读取 IC 卡：从 IC 卡上读取告示文、停靠站、公里里程的信息。

② 写入 IC 卡：将列车信息控制装置上记录的各种信息和牵引变流器上记录的故障数据写入 IC 卡中。

IC 卡读写装置的外形图如图 5-9 所示。

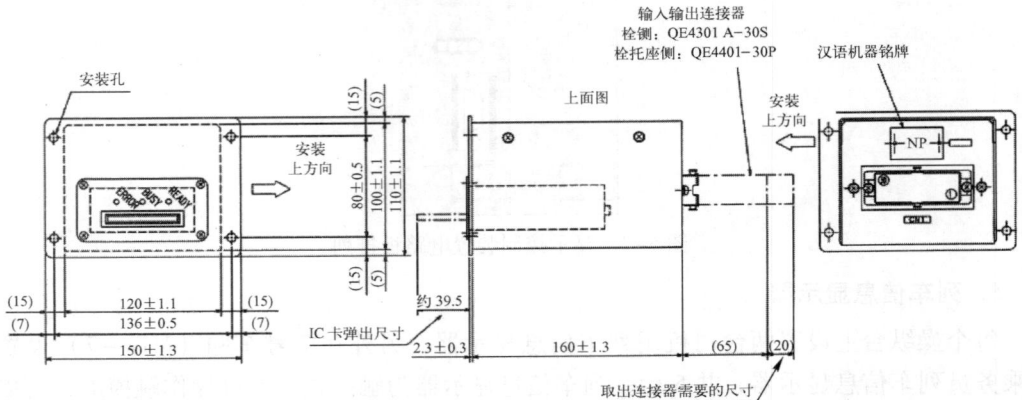

图 5-9　IC 卡读写装置外形图

IC 存储卡规格如下。

方式：非接触式。

型号：RT – 256 KB/AVS（或者 RT – 512 KB/AVS）。

存储容量：256 KB（或者 512 KB）。

接口：（IC 卡读写装置 – 显示控制装置）。

方式：20 mA 电流环形方式，38.4 kbps。

由于中央装置能读写 IC 卡，信息可以由地面人员通过计算机编辑写入 IC 卡，这样就可以通过读取 IC 卡将信息转储到中央装置的非易失性存储器里。

5.2　列车信息控制系统的功能

5.2.1　系统功能

1. 牵引、制动指令传输功能

① 牵引指令、制动指令的串行传输。

② 救援联挂时制动指令的串行传输。

2. 设备的控制、复位指令传输

① 向牵引变流器、辅助电源装置、配电盘传输的复位指令。

② 设备远程控制指令的传输。

③ 辅助绕组电源扩展供电的控制。

④ 三相 AC 400 V 电源扩展供电的控制（控制 BKK 接通、断开）。

⑤ 空调显示设定器的复位。

⑥ 利用停放开关进行相关设备的控制。

3. 显示灯、蜂鸣器控制指令传输

① 操纵台故障显示灯的显示输出。

② 操纵台单元显示灯的显示输出。

③ 操纵台蜂鸣器的启动输出。

④ 各车配电盘显示灯的显示输出。

⑤ 空档显示灯的显示输出。

4. 司乘人员支持功能

① 通过 IC 卡读写装置，输入并显示列车行驶路线、列车号、时刻表。

② 向车号显示器传输车号信息。

③ 发生故障或者异常时，在操纵台信息显示器上显示报警及操作指导信息。

④ 司机及乘务员辅助用的各种列车信息、设备信息的显示。

⑤ 应急信息的显示。

⑥ 和其他编组之间的解联、联挂状态的显示。

⑦ 安全设施故障记录的显示。

⑧ 最新故障记录的显示。

⑨ 指令通告的显示及接收确认功能。

⑩ 技术支持系统功能。

5. 服务设备控制功能

① 向乘客信息显示器、列车侧面目的地显示器传输显示内容及显示指令。乘客信息显示器所显示的内容（停车站向导、新闻、宣传等）在地面计算机进行编辑后，存储到 IC 存储卡中。通过司机室 IC 卡读写装置读出，输入到列车信息控制装置中，发出车号信息显示器的显示信息及指令。

② 向自动广播装置定时传输广播信息。

③ 解联时的其他编组广播切换输出。

④ 通过无线装置接收的 PR 文字、紧急文字的显示。

⑤ 旅客服务设备（空调、室内灯、广播节目）的控制及状态显示。

6. 数据记录功能

① 故障设备动作信息的记录。

② 主故障发生时的状态记录。

③ 运行距离及牵引/再生制动力的累积。

④ 营业运行中或者试运行中的列车性能信息的收集。

⑤ 营业运行中或者试运行中的项目选择信息的收集。

⑥ 营业运行中或者试运行中的空调运转率信息的收集。

⑦ 营业运行中或者试运行中的空调运转状态信息的收集。

7. 车上试验功能

① 车上试验（试验对象包括：牵引变流器、制动控制装置、辅助电源装置、空气压缩机、辅助制动装置、车门等）启动，各设备内置的自诊断功能的启动，检查结果显示功能。

② 试验结果的收集。

8. 自诊断传输线

① 各监视控制部分和信息传输部分之间的传输错误的检测。

② 控制信息的自诊断。

③ 光传输故障时的控制指令的备份。

9. 远程控制功能

10. 列车信息控制装置的自诊断功能

① ROM 诊断。

② RAM 诊断。

③ 数字输入输出通道诊断。

④ 模拟输入通道诊断。

11. 画面显示功能

操纵台上设置的列车信息显示器中，提供司机模式、维修模式等用于各种用途的工作模式。列车信息显示器具有触摸功能，可从菜单画面中选择希望显示的画面。

例如，当需要制动信息时，从菜单画面中触摸「制动信息」后，跳转到车号选择画面，选择车号后，显示来自制动装置的信息。并且，通过触摸分类信息画面右上角显示的「菜单」选择键，可以返回到菜单画面，以便进入其他分类信息画面。

5.2.2　系统工作环境

列车信息控制系统工作环境见表 5-3。

表 5-3　列车信息控制系统工作环境

序号	项目	装置	列车信息中央装置 列车信息终端装置	列车信息显示器 IC 卡读写装置	乘客信息显示器
1	环境温度	性能保证	0℃ ～40℃ （时间日历功能 10℃ ～40℃）		
		动作保证	−25℃ ～45℃	−5℃ ～40℃	0℃ ～50℃
		储存保证	−25℃ ～60℃		
2	相对湿度		10% ～90% （无凝结）	10% ～80% （无凝结）	30% ～90% （无凝结）
3	耐振性		JIS – E4031　1 种 B		
4	电源 （DC 100 V）		70 ～110 V （DC 100 V）		70 ～110 V （DC 100 V）

5.3　列车信息控制系统的信息传输

5.3.1　信息传输网络结构

列车信息传输系统由光纤连接各个中央装置及终端装置，构成双重环路结构，其结构如图 5-10 所示。对控制指令等要求有应答的重要数据，中央装置光节点同时向环路的两个方向发送信息，以便即时避开故障点，对于监控信息等其他的数据，采用单方向传输；如果发信源的光传输节点没有检测到应答，则向另一方向的传输回路发送信息。

另外，还设置有备份传输线（自诊断传输线），在环形网络故障时也可以进行信息传输。在发生故障时，使用备份传输线传输控制指令，对各设备进行控制。自诊断传输线采用双绞线，以总线方式连接中央装置与终端装置，采用 HDLC 作为数据交换协议，传输速度为 38.4 kbps。各个装置可即时独立进行对故障等的监视。

1. 光节点之间的传输

① 通过光纤双重环路结构传输。

② 固定长度的循环传输方式（传输控制指令）。

③ 令牌传递方式（传输监控信息）。

④ 传输周期：10 ms。

⑤ 适用光纤 GI50/125。

⑥ 传输速度：2.5 Mbps。

2. 光节点与设备（牵引变流器、制动控制装置）之间的传输

① 通过光纤进行点对点连接，2 线式半双工传输。

② 轮询选择方式。

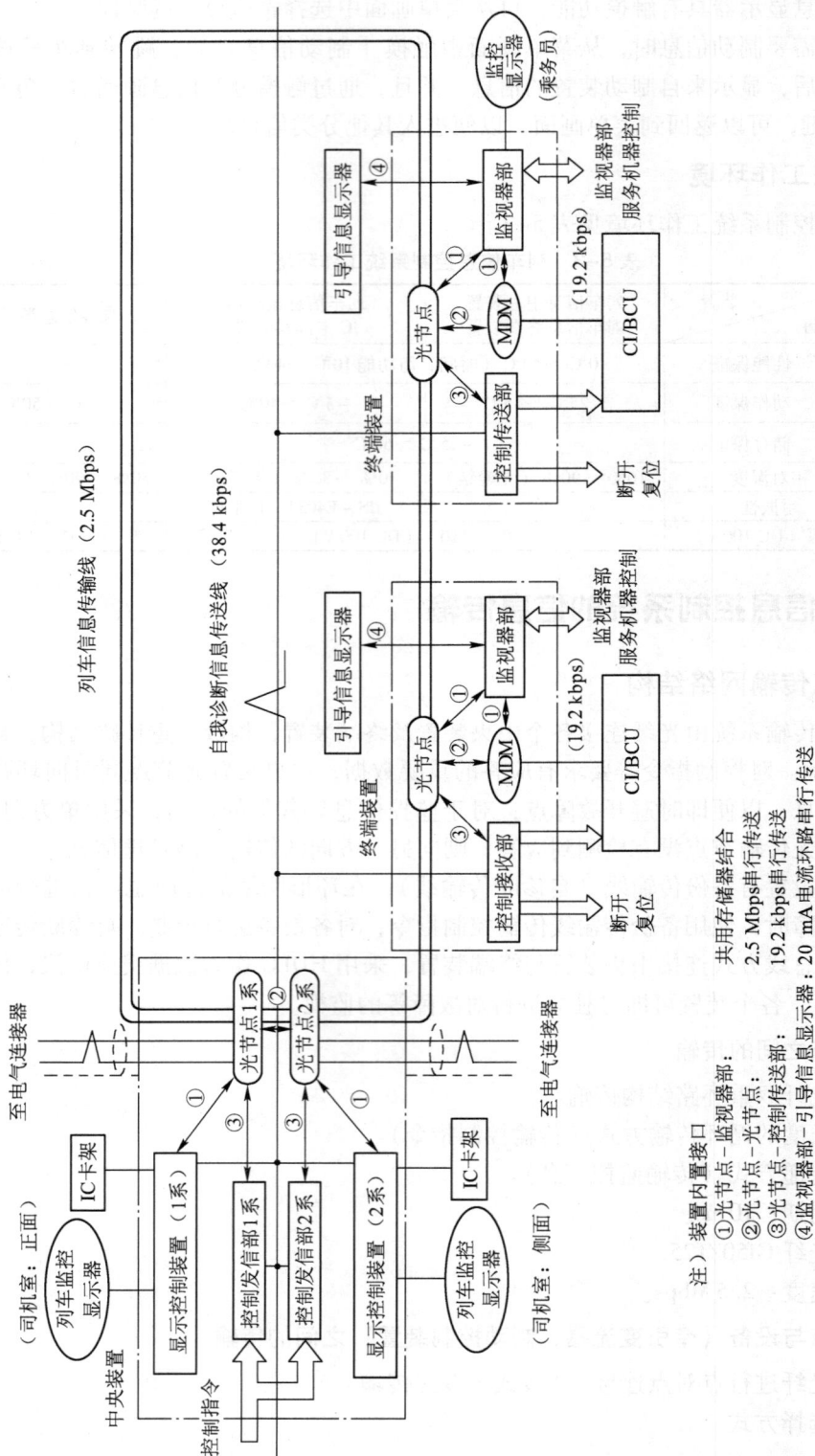

图5-10 列车信息传输系统的网络拓扑结构

③ 传输周期：10 ms。

④ 适用光纤 H-PCF200/230。

⑤ HDLC 方式：192 kbps。

3. 自诊断的传输

① 通过多站总线结构进行单向传输（控制发送部→控制接收部）。

② 固定长度的循环传输方式。

③ 传输周期：10 ms。

④ 符号化基带方式 24 VP-P（120 Ω 平衡电路）。

⑤ HDLC 方式 38.4 kbps。

⑥ 采用双 CPU 方式进行，确保传输安全可靠。

4. 设备（乘客信息显示器、空调显示设定器、自动广播装置、辅助电源装置、LKJ 2000 装置）—监视器部之间的传输

① 点对点连接的 4 线式双向传输。

② 轮询选择方式。

③ 20 mA 电流环路方式 24 V。

④ 起止同步方式 9 600 bps。

5. 侧面目的显示器（仅接收信号）—监视器部之间的传输

① 通过点对点连接的 2 线式单向传输。

② 20 mA 电流环路方式 24 V。

③ 起止同步方式 9 600 bps。

6. 距离检测装置（仅发送信号）—监视器部之间的传输

① 通过点对点连接的 2 线式单向传输。

② 30 mA 电流环路方式 24 V。

④ HDLC 方式 9 600 bps。

7. 广播装置（仅接收信号）—监视器部之间的传输

① 通过点对点连接的 2 线式单向传输。

② 30 mA 电流环路方式 24 V。

③ HDLC 方式 4 800 bps。

5.3.2　列车级网络

1. 列车总线技术规格

① 适用规格：ANSI 878.1 "ARCNET"。

② 传输速度：2.5 Mbps。

③ 拓扑结构：双重环形光纤网络。

2. 设备及网络结构

列车级网络由中央装置、终端装置、列车信息显示器、显示控制装置、IC 卡读写装置及乘客信息显示器等设备构成。各装置在列车内的配置情况如表 5-4 所示。列车级网络结构如图 5-11 所示。

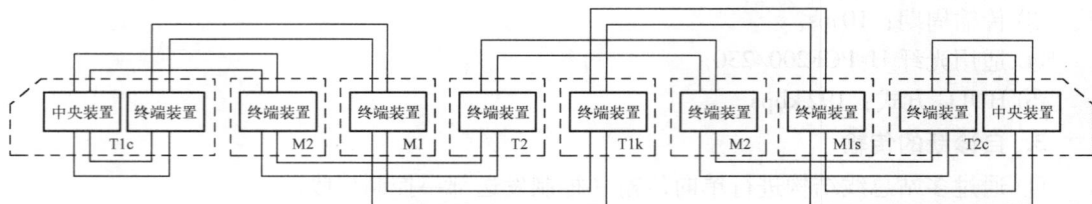

图 5-11　列车级网络结构

动车组列车级网络有两种类型。其一为光纤环网，连接所有中央装置与终端装置，采用 ANSI/ATA—878.1（ARCNET）协议；其二为自诊断传输网，以总线方式连接中央装置与终端装置，采用 HDLC 作为数据交换协议。

表 5-4　列车级网络设备配置

车 辆 编 号	T1c－1	M2－2	M1－3	T2－4	T1k－5	M2－6	M1s－7	T2c－8
中央装置	1							1
终端装置	1*[1]	1*[1]	1	1*[1]	1*[1]	1*[1]	1	1*[1]
列车信息显示器	2						1	2
显示控制装置	2						1	2
IC 卡读写装置	2							2

注：*[1]代表有模拟输入（AIN）卡。

5.3.3　车辆级网络

1. 车辆总线技术规格

① 适用规格：20 mA 电流环形方式。

② 牵引变流器、制动控制装置的传输使用光纤方式。

③ 同步传输方式（和一部分设备的传输是高级数据链路控制方式（HDLC））。

④ 传输速度：192 kbps / 19.2 kbps / 9.6 kbps。

⑤ 拓扑结构：点对点。

2. 设备与网络结构

车辆级网络指中央装置/终端装置与车厢内设备之间信息交换的通道。中央装置/终端装置与设备之间采用点对点通信方式，牵引变流器（CI）、制动控制单元（BCU）与终端装置采用光纤连接，其他设备与中央装置、终端装置采用电流环方式连接。CI/BCU 装置配置见表 5-5。

表 5-5　CI/BCU 装置配置表

	T1c－1		M2－2	M1－3	T2－4	T1k－5	M2－6	M1s－7	T2c－8	
	中央	终端	终端	终端	终端	终端	终端	终端	终端	中央
BCU		○	○	○	○	○	○	○	○	
CI			○	○			○	○		

车厢内部设备与车厢列车网络节点之间采用点对点方式通信，适用多种通信协议，包括20 mA 电流环、30 mA 电流环及高级数据链路控制 HDLC 方式。车辆级网络结构如图 5-12 所示。

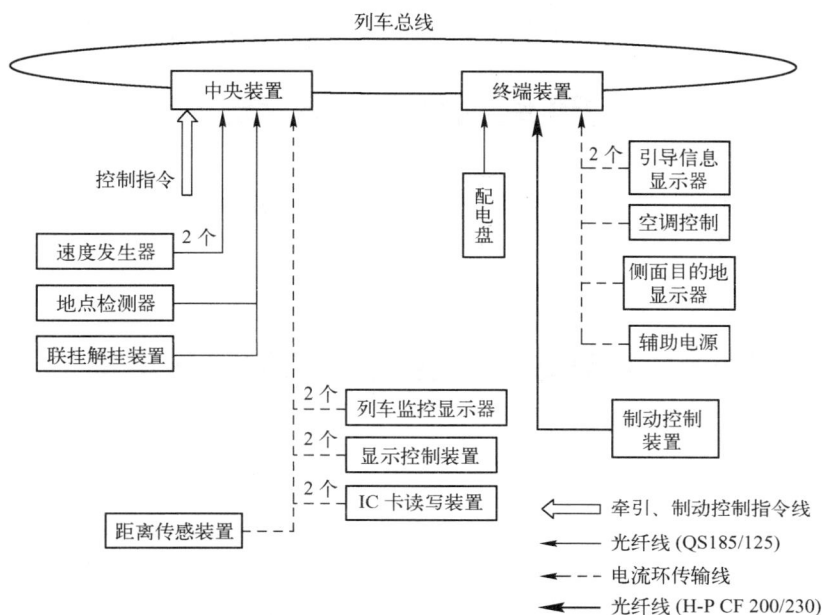

图 5-12　车辆级网络结构

思考题

1. 描述 CRH₂ 型动车组列车信息控制装置的主要结构。
2. 请论述 CRH₂ 型动车组列车信息控制装置是如何实现冗余的？
3. CRH₂ 型动车组列车信息控制装置主要有哪些设备？
4. CRH₂ 型动车组自我诊断传输线的作用是什么？
5. CRH₂ 型动车组的中央装置由哪些板卡组成？各板卡的作用是什么？

第6章 CRH₃型动车组列车 网络控制系统

CRH₃型动车组的列车网络控制系统是实现整个动车组功能的关键，同时也是其监控和诊断的核心。该系统构建基于 IEC 61375–1，列车通信网络（TCN），是一个分为两级的通信网络，由列车总线（WTB）和车辆总线（MVB）组成。

6.1 CRH₃型动车组列车网络控制系统的总体结构

6.1.1 概述

一列 CRH₃型动车组为固定配置的 8 车动车组，两列 8 车动车组联挂成一列长编组。8 车动车组分为 2 个由 4 辆车组成的牵引单元，每个牵引单元内用 MVB 贯穿单元内 4 辆车，两个牵引单元之间通过 TCN 网关的 WTB 连接，完成列车级信息的传递，即 CRH₃型动车组车辆级总线采用 MVB，列车级总线采用 WTB。每个牵引单元内的 MVB 网段均设有两个互为冗余的中央控制单元 CCU（以下简称 CCU），除此之外在 MVB 网段上还有牵引控制单元 TCU、制动控制单元 BCU、辅助控制单元 ACU、以及充电机单元 BC、空调控制单元 HVAC、门控制单元、旅客信息中央控制器 PIS – STC、人机显示接口 MMI、分布式输入输出站 SIBAS KLIP STATION（SKS）和紧凑式输入输出站 MVB – Compact I/O 等。CRH₃型动车组的网络拓扑如图 6–1 和图 6–2 所示。

维修信息主要通过动车组的诊断系统提供给列车工作人员和维修人员，整个网络控制的诊断系统集成在司机和乘务员 MMI 中，称为"动车组中心诊断系统"。维修信息可通过MMI 显示出来，并可通过无线通信接口传输或服务接口下载供相关人员参考和利用。每个司机室的两个 MMI 之间可通过专用的以太网在必要时进行通信。与 MVB 没有直接接口的子系统可用 I/O 模块（SIBAS – KLIP）和中心 EMU 诊断中的中央控制单元进行读取。

6.1.2 列车通信网络

CRH₃型动车组的列车通信网络采用屏蔽双股绞合电缆作为传输介质，并且采用冗余敷设，在列车中分为两路。

从列车通信和控制的观点来看，CRH₃型动车组分为两个由每 4 辆车组成的牵引单元（TU），每个牵引单元都在一个 MVB 总线网段上。WTB 的作用就是连接两个牵引单元，使两个牵引单元之间能进行必要的列车级数据交换。完成列车网 WTB 和车辆网 MVB 之间数据交换的基础是 TCN 网关，它负责 WTB 和 MVB 两个总线之间的数据转换和路由任务。

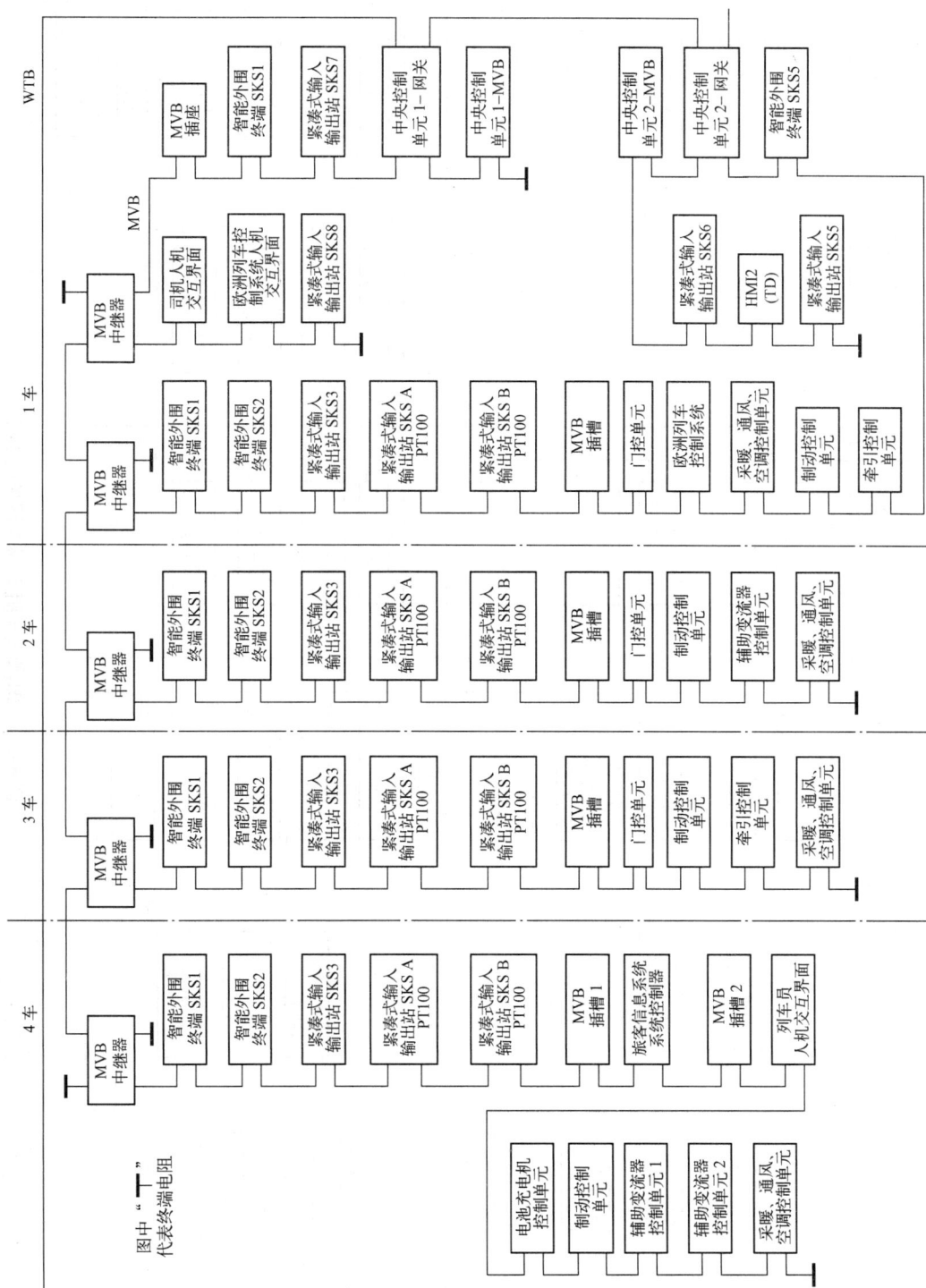

图 6-1　CRH₃ 型动车组 1～4 车网络拓扑图

5 车

MVB 中继器

智能外围终端 SKS1
智能外围终端 SKS2
紧凑式输入输出站 SKS3
紧凑式输入输出站 SKS A PT100
紧凑式输入输出站 SKS B PT100
MVB 插槽
门控单元
电池充电机控制单元
制动控制单元
辅助变流器控制单元 1
辅助变流器控制单元 2
采暖、通风、空调控制单元

6 车

MVB 中继器

智能外围终端 SKS1
智能外围终端 SKS2
紧凑式输入输出站 SKS3
紧凑式输入输出站 SKS A PT100
紧凑式输入输出站 SKS B PT100
MVB 插槽
门控单元
制动控制单元
辅助变流器控制单元
采暖、通风、空调控制单元

7 车

MVB 中继器

智能外围终端 SKS1
智能外围终端 SKS2
紧凑式输入输出站 SKS3
紧凑式输入输出站 SKS A PT100
紧凑式输入输出站 SKS B PT100
MVB 插槽
门控单元
制动控制单元
辅助变流器控制单元
采暖、通风、空调控制单元

8 车

MVB 中继器

智能外围终端 SKS1
智能外围终端 SKS2
紧凑式输入输出站 SKS3
紧凑式输入输出站 SKS A PT100
紧凑式输入输出站 SKS B PT100
MVB 插槽
门控单元
欧洲列车控制系统
采暖、通风、空调控制单元
制动控制单元
牵引控制单元

MVB 中继器

司机人机交互界面
欧洲列车控制系统人机交互界面
紧凑式输入输出站 SKS8

紧凑式输入输出站 SKS6
HM12 (TD)
紧凑式输入输出站 SKS9

MVB

MVB 插座
智能外围终端 SKS4
紧凑式输入输出站 SKS7
中央控制单元1—网关
中央控制单元1—MVB

中央控制单元2—MVB
中央控制单元2—网关
智能外围终端 SKS5

WTB

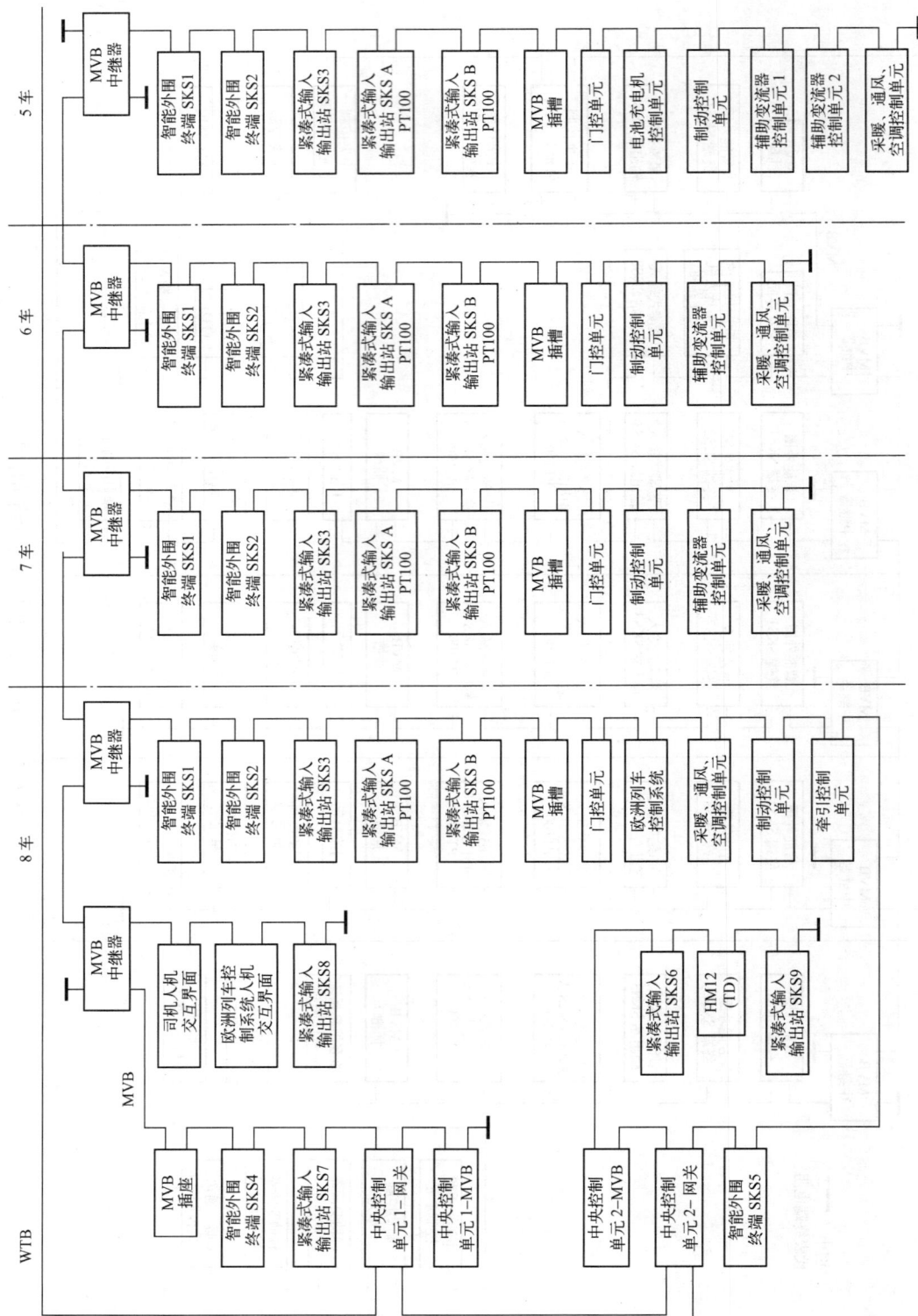

图6-2 CRH₃型动车组5~8车网络拓扑图

每个牵引单元有两个网关,位于端车(即 1 车和 8 车)的司机室右柜中,分别集成在两个中央控制单元(CCU)内,互为冗余,但只有在作为主的中央控制单元中的网关才参与 WTB 和 MVB 通信。从中央控制单元中网关接通电源但不激活。

在 CRH₃型动车组联挂和解编时,通过 WTB 能够动态识别网络终端和网络拓扑的特点,实现 WTB 节点动态地址分配,自动完成列车级的相关配置。在配置完成时,所有列车总线设备都获得一个明确的 TCN 地址(牵引单元激活的网关)。列车总线主分配(列车总线管理装置)所有列车总线参与者的拓扑。通过列车总线初运行,所有列车总线设备可以确定开始节点和结束节点的 TCN 地址以及相对于列车总线主的位置和方向。

6.1.3　车厢通信网络

CRH₃型动车组的车厢级通信网络采用 MVB 车辆总线,它的拓扑结构是固定的,不能动态改变,一个牵引单元内 4 辆车一起构成一个 MVB 网段。通信采用中距离传输介质即屏蔽双绞线,在车厢内分为两路冗余布线。一个 MVB 网段内采用构架式的网络结构,即每辆车形成一个 MVB 分支网通过中继器与一牵引单元的 MVB 主干网相连接,这种结构的优点是一个 MVB 分支网的故障时不致影响其他车辆的 MVB 分支网,在端车上由于冗余的原因有两个 MVB 分段,分别通过两个中继器接入整个 MVB 网段,在每个分段的两端都接有终端电阻(120 Ω),如图 6-1 和图 6-2 所示。

直接接入 MVB 总线并参与 MVB 通信的主要设备如下:
① 中央控制单元(主和从 CCU);
② 网关(GW);
③ 司机人机操作界面(司机的 MMI);
④ 欧洲列车控制系统(ETCS);
⑤ ETCS 的 MMI;
⑥ 牵引变流器的牵引控制单元(TCU);
⑦ 制动装置箱的制动控制单元(BCU);
⑧ 充电机控制系统(BC);
⑨ 辅助变流器装置控制系统(ACU);
⑩ 车门控制装置(DCU);
⑪ 采暖、通风和空调控制装置(HVAC);
⑫ 列车员人机交换界面(列车乘务员 MMI);
⑬ 分布式输入/输出站(SIBAS – KLIP 和 MVB – Compact I/O);
⑭ 旅客信息系统的系统控制器(STC)。
注:每列动车组仅有一个列车乘务员 MMI 和一个旅客信息系统的中央系统控制器 STC。
这些接到车辆总线(MVB)的每个控制装置要完成下列工作:
① 子系统控制;
② 来自中央控制单元(CCU)或其他参与 MVB 通信设备的 MVB 控制信号的处理;
③ 对下级传感器和/或下级控制装置提供的信息进行评估和处理;

④ 通过 MVB 把运行状况反馈到中央控制装置（CCU）；

⑤ 产生诊断、故障信息并通过 MVB 传输到动车组中心诊断系统。

此外，有些子系统也需要加入 MVB 网络进行信息交互，但子系统本身不具有 MVB 通信功能，这时可以通过分布式输入/输出站作为桥梁，将输入输出开关量信号通过输入输出站与 MVB 上的其他相关设备相连，其设备信息就可以由 CCU 或其他设备共享，CCU 还可以控制相关子系统的输出。这样的子系统主要有：

① WC 系统；

② 火灾报警系统和烟雾探测器（FAS/SD）。

6.2　CRH₃ 型动车组列车网络控制系统设备及控制对象

6.2.1　中央控制单元

每辆端车的司机室内，都有两个中央控制单元（CCU），即每个牵引单元有两个 CCU。其中一个 CCU 在主方式下工作，另一个工作在从方式。在司机室占用端的 CCU 叫做列车主 CCU，除了进行主 CCU 的工作外，它还负责整个列车的的网络控制。其他牵引单元的主 CCU 称为被引导主 CCU。图 6-3 是其中一个 CCU，图中最左侧为其附属的网关。

图 6-3　中央控制单元（CCU）

每个牵引单元的主 CCU 负责本牵引单元内的车辆控制。它从车辆总线 MVB 和列车总线 WTB（通过其附属网关）读取命令和信息，并向列车总线 WTB 和车辆总线 MVB 发送控制信号和反馈信息。除此之外，主 CCU 进行下列工作：

① 主断路器和受电弓控制；

② 牵引控制单元（TCU）的牵引设置点的生成；

③ 变压器保护；

④ 车载电源控制；

⑤ 前端自动车钩和开闭机构控制；

⑥ 针对各种装置的更高级命令和控制预置值的生成，例如车门、HVAC、照明等；

⑦ 安全环、火警系统和转向架诊断监视；

⑧ 通过分布式输入/输出站（SIBAS – KLIP，MVB – Compact I/O）完成数字和模拟信号输入和输出控制；

⑨ 整备运行控制；

⑩ CCU 设备诊断，列车总线和车辆总线通信诊断；

⑪ 通过附属网关连接到列车总线（WTB），对动车组和联挂列车进行配置确定和检测。

从 CCU 运行和主 CCU 相同的程序，然而没有主动的过程控制。从 CCU 监视主 CCU 的状态，并做好在主 CCU 发生故障时接过主 CCU 工作的准备。

在司机室占用端车内主 CCU（被称为列车主 CCU）除了进行正常的主 CCU 工作之外，同时还进行对整列车的控制，其基本功能如下：

① 司机操作台上控制元件的评估；

② 整列车的牵引设置值生成；

③ 自动速度控制；

④ 更高等级的列车控制功能，例如司机安全装置（DSD）或中心距离和速度记录（CDS）；

⑤ 更高等级的联挂/解编控制；

⑥ 列车安全系统与列车控制系统的接口；

⑦ 列车的整备运行控制。

在动车组正常运行时，两个 CCU 在一些情况下交替成为主 CCU，发生转换的条件如下：

① 电池接通电源后，列车通信和控制启动时；

② 整备运行开始时；

③ 在动车组的配置运行时。

更能体现其冗余作用的就是，当 CCU 故障时，会引起 CCU 故障转换。在下列情况下，实施 CCU 故障转换：

① 完全闭锁/阻塞（例如，操作系统计算机时间监视功能的激活）；

② 主 CCU 的重要部件（电源装置/中央处理器，I/O 模块）的故障；

③ 主 CCU 的 MVB 接口，或 MVB 总线管理器故障，或带有主控 CCU 的 MVB 分段故障，或作为主控 CCU 的网关故障；

④ 司机室内 CCU 故障开关作用。

在 CCU 发生主 – 从转换时不但 CCU 的 MVB 接口配置变换，而且它们的附属网关也要转换。原因就是只有主 CCU 内的网关才能激活，因此由于网关的转换，同时就会触发列车总线（WTB）的初运行。

在主 – 从转换发生时，MVB 和 WTB 通信大约中断 6 s。在中断期间，车辆总线（MVB）的下级控制装置按缺省值工作。由于主 – 从转换引起的列车初运行期间，不可能进行列车总线通信，此时，对于列车总线的过程数据同样用默认值。

由于主断路器释放回路打开（主、从 CCU 在主断路器释放回路中有触点），CCU 主 – 从转换引起动车组中的主断路器断开。

主、从 CCU 的本地诊断存储器相互不校正。在一次 CCU 主 – 从转换后，就重新启动 CCU 诊断系统。因此在新的主控 CCU 的诊断存储器中就为当前要来临的（等待处理的）事件产生新的入口。在一次 CCU 主 – 从转换后，用动车组中心诊断系统的事件状态进行校正。

6.2.2 分布式输入输出站

动车组上的许多电气元件本身并不能和 MVB 进行通信，而连接到 MVB 上的分布式输入输出站就起到了中间的桥梁作用，使这些电气元件与车厢通信网络建立数字信号或模拟信号的联系。

在动车组中有两种类型的输入输出站，一种输入输出站是输入输出点数固定不变的，并且结构非常紧凑的紧凑式输入输出站，紧凑式输入输出站有两种类型，一种用于采集司机室内专用信号的 MVB – Compact I/O（见图 6-4），例如，来自按钮、开关、指示器、断路器、编码插头和主控制器的信号；另一种用于采集 PT100 温度传感器信号如图 6-5 所示。另一种输入输出站是输入输出模块可随输入输出通道数量的增减而变化的智能外围终端 SIBAS – KLIP（如图 6-6 所示）。

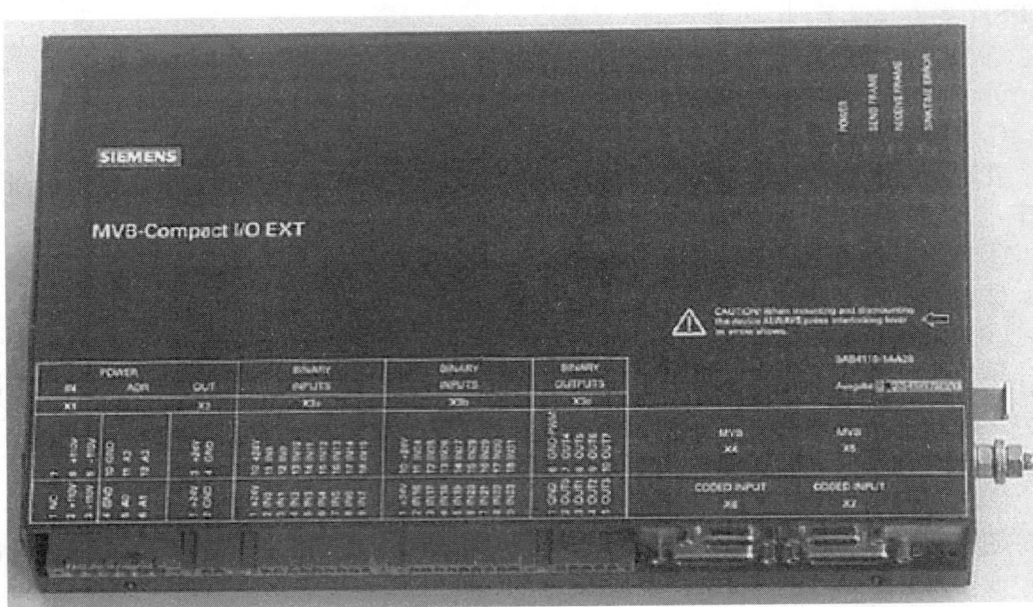

图 6-4 MVB – Compact I/O

SIBAS – KLIP 主要由 AS318 模块、总线模块、输入/输出模块、电源模块组成。AS318 是 SIBAS – KLIP 与 MVB 的接口模块，总线模块是其内部通信的桥梁；输入输出模块可以提供 16 位数字量的输入，8 位数字量的输出或 16 位的数字量输出，8 位的继电器输出，4 通道的模拟输入（±10 V/ ±20 mA，Pt100），2 通道的模拟输出（±10 V/ ±20 mA），电源模块用来将车上的 110 V 电压转换为 24 V 电压。

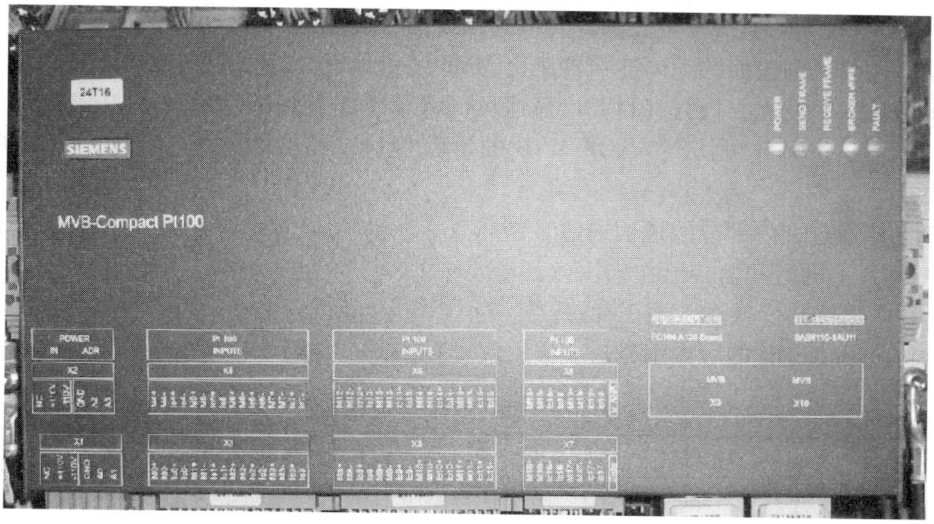

图 6-5　MVB – Compact Pt100

图 6-6　SIBAS – KLIP

AS318 模块主要用来与车辆总线 MVB 进行通信，AS318 MVB 接口可使数据借助一个内部串行总线在 MVB 和 SIBAS – KLIP 站的 I/O 组件之间进行转换；AS318 MVB 接口是 SIBAS – KLIP 站的"重要组件"，并具有下列性能和任务：

① 处理和传输 MVB 装置可用的数据；

② 按 NSDB 格式的通信链接加载到 AS318 MVB 上；

③ 加载固件和 NSDB 的服务接口；

④ 总线组件和 I/O 组件使用的电源电压；

⑤ 真实性检查：接通电源后 SIBAS – KLIP 的计划结构与实际确定的配置；

⑥ I/O 组件的监控和控制；

⑦ 通过内部总线与 I/O 组件的通信；

⑧ 当 MVB 上的通信发生故障时转换到预设的替换值；

⑨ 通过插入到前面的编码连接器读出 MVB 装置地址（在使用之处）；

⑩ 通过 3 个发光二极管（LED）显示运行状态（如表 6-1 所示）。

另外，通过 MVB 可访问 AS318 MVB 的诊断接口，可从 SIBAS – KLIP 分站读出下列信息：

① 自检通过，内部总线通信通过；

② MVB 上的时间监控已作出反应；

③ I/O 组件缺少或插入不正确；

④ 固件和 NSDB 的版本编号。

表 6-1　运行状态 LED 显示

LED 名称	LED 颜色	系 统 状 态
运行	绿色	准备就绪/运行
I/O 故障	红色	内部总线上出现一个错误
MVB 故障	红色	MVB 上出现一个错误

MVB – Compact I/O 具有两组 32 位输入，一组 8 位的输出，以及两组 10 位的二进制输入。MVB – Compact Pt100 则专门用来接受 Pt100 温度传感器传来的的温度信号，采用四线制方式采集温度信息，具有 20 路温度信号采集通道。

6.2.3　中继器

多功能车辆总线中继器（MVB – Repeater）本身并不具有与 MVB 总线其他设备进行信息交互的能力，它只是延长 MVB 总线的通信距离。在 CRH3 型动车组中共有 10 个中继器，其中两个端车内各有 2 个，其他车内各有 1 个。MVB 中继器除具有信号转发、放大、整形作用外，同时还具有故障隔离作用。其原因是每个车的 MVB 总线上的设备都通过 MVB 中继器接入到 MVB 网络干线上，一旦某个车的 MVB 分支网络或设备通信出现故障，可以方便地进行故障隔离，不影响其他车 MVB 总线的正常通信。图 6-7 为 CRH3 型动车组的 MVB 中继器。

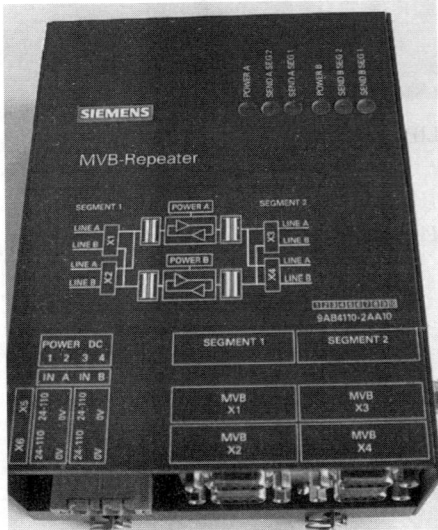

图 6-7　MVB 中继器

在一个 MVB 总线内参与总线通信的设备数超过 32 个或者传输距离超过 200 m 时候必须使用多功能车辆总线中继器。因为传输技术的原因，在信号线路一次最多只能接通三个多功能总线中继器。当然它的加入是有代价的，就是信号传输时间的延迟，因此不能加入过多的中继器。

多功能车辆总线中继器的接线：多功能车

辆总线中继器的交叉连接可以在总线段的任意位置进行安装，不管是多功能总线线路（线路 A）还是冗余的多功能总线线路（线路 B）都是通过同一个插头连接。每个总线段的末端都必须设计一个终端插头，以便阻止总线信号的反射。因为多功能车辆总线中继器作为冗余系统设计，其闭合处都布有 A、B 线路。数据既传入线路 A，又传入线路 B。在出现断路的时候，因为多功能车辆总线中继器的安装，另外一条线路还会继续运行。另外一条线路和出现故障的线路将数据继续传入相应的另外一条线路段。

在 CRH₃ 型动车组中的 MVB 中继器，其两路冗余的 MVB 总线可以分别由两路电源供电，因此具有良好的冗余性。

6.2.4　人机接口设备

司机和列车乘务员的 MMI 是动车组车厢网络设备中主要与人进行交互信息的设备。它一方面接受来自 MVB 上的信息，经过处理后通过显示界面将必要的信息显示给相关人员，同时操作者可操作 MMI，把自己的意图和信息输入到 MMI 中，经其处理后，将有关信息存储到本身的存储系统中或是传到 MVB 网络上。以下分别介绍了左侧司机 MMI、右侧司机 MMI 和列车乘务员 MMI 的基本功能。

1. 左侧司机 MMI 的基本功能

1）有人驾驶的司机室
- MMI 的基本功能；
- 对除了制动以外的其他功能进行控制和监视；
- 在司机右侧 MMI 故障的情况下显示有关制动的控制和监视功能。

2）无人驾驶的司机室
- 列车乘务人员 MMI 的控制和监视功能（出于冗余的目的）。

司机左侧 MMI 的功能作为标准，按下司机右侧 MMI 按钮，司机 MMI 右侧的功能就可以用了。在无人驾驶的司机室，列车乘务员 MMI 的功能可以通过按下相应按钮被激活（列车乘务员冗余模式）。

2. 右侧司机 MMI 的基本功能

1）有人驾驶的司机室
- MMI 的基本功能；
- 除制动系统以外的车辆控制和监视；
- 左侧 MMI 控制和监视的功能的说明（用于冗余技术）。

2）无人驾驶的司机室
- 列车乘务员 MMI 控制和监视的功能的说明（用于冗余技术）。

3. 列车乘务员 MMI 的功能
- MMI 的总体功能；
- 使通过列车乘务员在车组范围内操控灯光和空调设备等车辆功能的状态可视化；
- 使车门的状态可视化；
- 列车乘务员用的故障输出显示；

● 列车乘务员用的故障输入显示。

MMI 同时负责整个动车组中心诊断。

6.2.5　牵引控制单元

在 CRH₃ 型动车组中共有 2 个牵引单元，在每一个牵引单元中有两个动力单元、4 个牵引变流器，分别位于两个端车及 3 车和 6 车车下，在每个牵引变流器中都有一个牵引控制单元。四个牵引电动机并联提供牵引。每个牵引变流器主要由两个四象限斩波器（4QC），一个带有串联谐振电路的中间电压电路，一个制动斩波器（BC）和一个脉冲宽度调制变频器（PWMI）构成。中间电源回路给列车供电模块提供电源，列车供电模块位于牵引逆变器箱外部，它给列车辅助供电系统和车载设备包括牵引系统的辅助设备如泵、风扇等供电。甚至当受电弓降弓后，当列车的运行速度高于牵引电机能量再生所需的某一最低转速时，列车供电模块也能给上述系统供电。

主控 CCU 通过车辆总线（MVB）针对牵引系统向牵引控制单元 TCU 发出设定值，并通过 TCU 从牵引系统接收状态信息。牵引装置控制的重要信号由 TCU 直接通过输入/输出通道读取和控制。

牵引控制单元的主要功能如下。

① 调节给定的牵引力或电制动力，调节牵引变流器的中间直流环节电压，产生牵引控制信号。

② 控制开关元件，例如：预充电接触器和线路隔离开关。

③ 检测和保护变流器、牵引电机和其他牵引部件。

④ 车轮滑动/空转保护。车轮滑动/空转保护系统确保了轮/轨力的高效的传递，依靠以下来实现：

● 持续的车轮滑动控制；
● 车轮加速度的限制；
● 基准速度的确定。

⑤ 通过避免以下情况，防止机械部件承受过剩压力，减小了钢轨和轮对的磨耗：

● 车轮抱死；
● 车轮空转。

⑥ 通过以下措施，它确保了高度的操作安全性：

● 传感器故障的可靠的诊断；
● 车轮滑动/空转保护系统的监控。

⑦ 配有诊断存储器为维修提供支持以及增加可用性。

⑧ 通过 MVB 与 CCU、BCU、司机的 MMI 和辅助变流器等设备交换信息。

牵引控制单元的功能信号流程结构如图 6-8 所示。

在中央处理器单元的主存储器中的操作系统负责系统的启动、事件等级的管理、处理器运转异常和硬件中断的处理。同时中央处理器单元还具有应用软件用来执行更高级的牵引控制功能。外部命令如牵引/制动指令在这里处理并且为变流器设置预置控制指令。在参见置控制指令中，考虑了车辆动态限制参数，例如超温、欠压、过压。

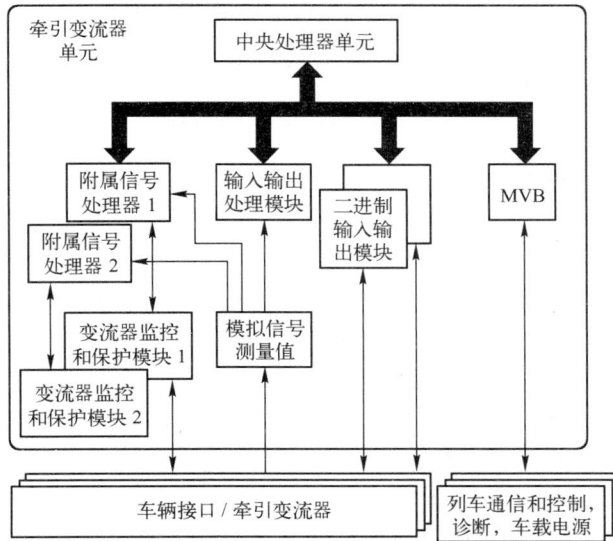

图 6-8　牵引控制单元的功能信号流程结构

牵引控制单元由许多单层和双层符合欧洲标准的模块组成。通风通过内置式轴流风扇完成。牵引控制单元通过前面板的连接器与车辆环境连接。

两个信号处理器同样存在着操作系统和应用软件，执行实时变流器控制功能，如四象限控制和逆变器控制。由于信号处理器的分担了实时性相关的算法功能，大大减轻了中央处理器的工作量，它们经过内部总线从中央处理器接收变流器的控制预置指令，接收经过处理的实际反馈信号，通过一定的算法确定必须的设置并产生控制脉冲。

牵引控制单元作为 MVB 的一部分，与几个控制设备通过 MVB 进行数据交换。它的主要通信对象和它们在牵引控制单元中的主要功能是：

① CCU，协调动车组的牵引力，完成车辆的基本功能；

② BCU，协调制动功能，为再生制动预置制动力；

③ 车上供电，通过牵引变流器协调供电模块的电源。

MVB 模块用来保障 TCU 单元与其他 MVB 设备进行通信，以交互相关信息。在 MVB 模块内部也需要相应的软件支持其工作。

上述模块均可通过安装在电脑上的专用软件和其进行通信，包括上传和下载软件、数据以及访问内部的诊断系统等。

6.2.6　制动控制单元

在 CRH₃ 型动车组中，每个车都有一个制动控制单元，出于冗余的考虑，如果端车 BCU 的一个模块故障，另一个模块可代替其部分功能。在拖车内的 BCU 也有冗余功能，可以在其中一个模块故障的情况下由另一个模块代替其部分功能。

每节车内的制动控制单元都可执行各自子系统内的控制和诊断，即对自己所在车辆的制动系统进行控制和诊断，其中包括防滑功能。在端车内的 BCU 除管理本车制动系统的控制和诊断外，还担负着本牵引单元内的制动管理任务。当承担本牵引单元内的制动管理的 BCU 作为列车主控单元时，还担负着列车的制动管理任务。

BCU 主要功能如下：

① 控制和诊断制动设备；

② 车辆滑动保护；

③ 不旋转轴的独立检测；

④ 撒砂；

⑤ 辅助压缩机控制和诊断；

⑥ 转向架诊断；

⑦ 停放制动诊断；

⑧ 制动试验；

⑨ 制动性能计算；

⑩ 分配整个列车的制动力；

⑪ 控制和诊断主风管的压力；

⑫ 通过 MVB 与列车控制系统进行信息的交互。

在一个牵引单元（4 节车）内的数据交换由 MVB 来完成，牵引单元的通信有 WTB 支持。与制动系统相关的基本功能由下面的电器控制线或电器安全回路激活和监控：

① 紧急制动回路；

② 旅客紧急制动回路；

③ 停放制动控制线；

④ 停放制动监控回路；

⑤ 制动"缓解"回路。

6.2.7 电池充电机控制单元

CRH3 型动车组上共有两个蓄电池充电机，分别安装于餐车和一等车，如图 6-9 所示。蓄电池充电机控制系统就位于充电机中。蓄电池充电机的输入电源为 3 相 AC 440 V/60 Hz，输出电源为直流 110 V，是动车组 110 V 负载的供电电源。它有两个主要控制模块：一个是充电机的核心控制模块，同时还负责和车辆总线 MVB 进行通信；另一个是主要用于充电的功率模块。充电机的基本结构如图 6-10 所示。

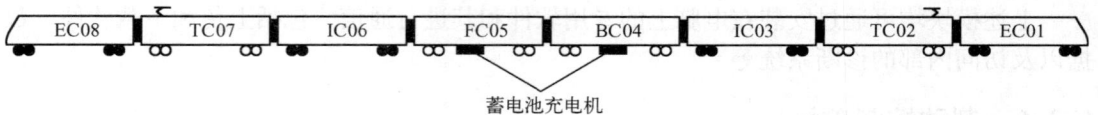

| EC08 | TC07 | IC06 | FC05 | BC04 | IC03 | TC02 | EC01 |

蓄电池充电机

图 6-9 蓄电池充电机的安装位置

蓄电池充电机包括下列部件：

① 有输入接线柱的输入电路；

② 输入接触器和预充电设备；

③ 输入电压的测量；

④ 输出电流和输出电压的测量；

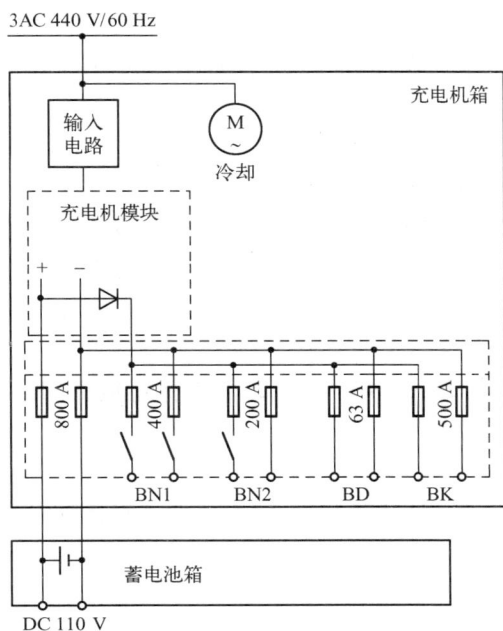

图 6-10 蓄电池充电机的基本结构

⑤ 蓄电池充电器模块；

⑥ 高频变压器；

⑦ 输出滤波器；

⑧ 蓄电池主接触器；

⑨ 蓄电池电压分配的输出保险丝；

⑩ 电磁兼容性滤波器；

⑪ 接地故障检测；

⑫ 有 RS-232 诊断接口的微处理器控制模块；

⑬ 保护和监控设备；

⑭ 风扇；

⑮ 蓄电池保险丝；

⑯ 断开蓄电池负载的二极管。

蓄电池充电机的主要功能如下：

① 根据给定的要求控制所需输出；

② 内部接触器和隔离开关的触发、监控和互锁；

③ 根据 MVB 的输入信号要求，控制充电机输入输出的状态；

④ 监视充电机本身的工作状态，并向 MVB 发送相应信息；

⑤ 防止充电机本身的设备过载、短路、单点和多点输入输出接地故障；

⑥ 监测预充电和预充电故障时的错误信息；

⑦ 部分状态数据和内部故障信息通过 MVB 发送；

⑧ 储存故障检测信息和参数。

蓄电池充电特性如下。

① 列车上使用的蓄电池为镍镉蓄电池，标称电压为 DC 110 V。

② 蓄电池容量为 2×160 mA·h。

③ 装置的最大电流为 544 A。

④ 蓄电池的最大充电电流为 96 A。

⑤ 功率限制器：以 3AC 440 V/60 Hz 工作时为 60 kW。

⑥ 以 3AC 345 V/47 Hz 和 3AC 380 V/50 Hz 工作时为 36 kW。

⑦ U1：1.5 V/电池（132.72 V）表示 20℃ 时快速充电的默认值（可调：1.637 ~ 1.505 V/电池 137.50 ~ 126.42 V）。

⑧ U2：1.48 V/电池（124.32 V）表示 20℃ 下保持负载的默认值（可调：1.6369 ~ 1.36 V/电池 137.50 ~ 114.24 V）。

⑨ 电池数 = 84。

⑩ 温度传感器：NTC 10 kΩ（25℃），温度传感器直接固定在蓄电池上，并通过控制线路连接到充电器上。

6.2.8 辅助变流器控制单元

每节动车都有一个辅助变流器，其电源输入与牵引变流器的中间电路相连，输入电压标示为 DC 3 000 V。辅助变流器有两种：一种是单辅助变流器，位于 2 车和 7 车两个变压器车车下；另一种是双辅助变流器，分别位于 4 车和 5 车车下。辅助变流器的输入来自于牵引变流器的中间直流环节输出。

所有辅助变流器同时为一根贯通整列列车的 3AC 440 V/60 Hz 的总线供电。总线在列车工作期间处于耦合状态。万一总线发生故障，可以打开双辅助变流器的耦合接触器，从而将各部分隔离开。总线为各节车厢的所有大负载供电。各辅助变流器单独通过 3AC 440 V/60 Hz 总线进行同步。

输出端设置了防空载、短路和过载，且与输入端是电隔离的。输出端不接地，且在输出变压器的二次侧装有永久接地故障检测装置（用于诊断目的）。

辅助变流器由其中心控制系统对其进行控制和诊断，在双辅助变流器中有两个辅助变流器的中心控制系统，分别为各自的逆变器单元工作，这两个控制系统之间通过 MVB 进行连接，并最终连到 MVB 上。

辅助变流器控制单元的功能主要如下：

① 辅助变流器闭环控制，确保在给定的输入变量下可以得到所要求的输出变量；

② 内部接触器和断路器的触发、监控和互锁；

③ 根据列车控制系统的工作状态和输入信息，控制辅助变流器的输入和输出；

④ 监控变流器本身所有的工作状态并向列车控制系统发送信息；

⑤ 防止其自身设备发生过载、短路、负载失衡、输入和输出的单点或多点接地故障；

⑥ 传送预充电和预充电故障时的信息；

⑦ 外接电源的自动检测；

⑧ 检测外部电源的电压和相序是否正确；

⑨ 将所有当前的输出、输入电压和电流值通过 MVB 发送给列车控制系统；

⑩ 发送诊断范围内的所有 LV HRC 熔丝元件的状态；

⑪ 通过 MVB，向列车控制系统发送其风扇故障信息；

⑫ 通过 MVB，向更列车控制系统发送三相电压的短路或过载情况；

⑬ 在输出发生接地故障时向控制发送相应信息；

⑭ 储存带有时间戳的故障状态，以便进行诊断（系统时间将由列车控制系统通过 MVB 给定）；

⑮ 部分状态数据和内部故障信息通过 MVB 发送；

⑯ 储存所有必要的参数以便进行故障检测和分析。

6.2.9　主车门控制单元

CRH₃ 型动车组中除餐车外（餐车没有外门），每辆车的几个外门中都存在一个连接到 MVB 上的主车门控制单元，其他外门的门控制单元通过 CAN 和其联系，然后由该主车门控制单元和 MVB 通信。

主车门控制单元的主要功能如下：

① 控制车外门；

② 读入传感器和执行机构的信息并诊断；

③ 监测门的运行元件；

④ 通过 MVB 连接门系统与列车控制系统；

⑤ 提供遥控关闭功能；

⑥ 监测门联锁装置；

⑦ 接收相应的速度信号执行安全锁闭；

⑧ 维持操作数据；

⑨ 启动门关闭声音报警。

6.2.10　采暖、通风和空调控制装置 HVAC

CRH₃ 型动车组在每辆车上都有一个 HVAC 控制单元，并且都通过 MVB 连接到列车通信和控制。对空调系统的基本功能，可通过司机室的司机 MMI 和餐车的列车乘务员 MMI 进行操作。CRH₃ 型动车组客室的 HVAC 系统，采用新型环保制冷剂 R—134a，通过成功实现通风、制热和制冷功能来提供必要条件。

该系统工作方式如下：

① 新鲜空气从外部通过两个各位于车体两侧的新鲜空气格栅吸入；

② 回风主要从紧靠空调机组后方的车顶回风格栅吸入；

③ 回风和新鲜空气在两个混合箱中混合，两混合箱都位于新鲜空气格栅和空调机组侧面之间；

④ 从两侧进入空调机组，并经过蒸发器和电加热器在机组内进行处理，通过制冷剂气体的膨胀制冷或通过电热器加热；

⑤ 经过处理的空气通过送风管道系统向待调节的车厢内送风；

⑥ 与新鲜空气量相同的空气通过位于车底架的废排单元和与车厢相连的废排风道系统排到车外；

⑦ 通过台处使用电加热进行制热；

⑧ 系统调节由位于走廊电气柜中电子控制器完成，该控制器读取分布在新鲜空气、回风、送风以及地板高度废气中的温度传感器的数值，以评估客室内的温度，来决定不同部件的运行；

⑨ 系统配备有四个仅安装在端车车体两侧的压力波传感器，每节端车有两个，这些传感器激活废排单元和新鲜空气格栅内风门的开/关信号，以防止乘客受压力波的影响，如在进入隧道时产生的压力波动。

采暖、通风和空调控制装置 HVAC 管理或执行如下功能：

① 外部气源和排气抽出；

② 乘客舱和司机室的加热和冷却；

③ 空气管道输送和分配；

④ 新鲜空气的基本过滤；

⑤ 混合气体过滤；

⑥ 新鲜（外部气体）和排出气体的压力保护；

⑦ 与过隧道模式、洗车模式、整备模式相关的控制；

⑧ 紧急通风及其调节和控制；

⑨ 通过 MVB 与车辆控制系统进行信息的交互；

⑩ 子系统诊断与信息的存储。

6.2.11　卫生间控制系统

CRH₃ 型动车组中的卫生间控制系统（WC 控制系统），除了控制本子系统内部的电气元件完成卫生间相应的功能外，还要与列车网络控制系统进行信息的交互。在带有两个卫生间的车辆中，有一卫生间作为主，负责与列车网络控制系统交互信息。作为主的卫生间本身没有与 MVB 直接通信的能力，它通过 SIBAS® – KLIP 连接到列车通信网络上，主要是一些二进制的状态信息要反馈到列车网络控制系统，然后这些信息可以在列车员 MMI 上显示出来。这些信息主要是：卫生间的错误信息、净水箱空故障信息、污水箱满95%故障信息、卫生设施的加热系统温度过高、紧急呼叫信息。

卫生间控制系统主要的功能如下：

① 列车与卫生间系统之间的电、气连接；

② 集成和分配给卫生间系统范围内所有电气元件的电源；

③ 控制卫生间系统内各个电气子系统的功能；

④ 通过已定义的输入输出信号与列车控制系统进行通信；

⑤ 用作列车乘务人员和维护人员进行故障检查、诊断和维护的接口。

6.2.12　旅客信息系统的控制器

旅客信息系统（PIS）用于旅客视听信息、列车人员通信和旅客娱乐。其系统控制器

PIS – STC 是整个信息系统 PIS 的控制核心，也是 PIS 与列车控制网络连接的桥梁。它负责处理来自 MVB、PIS 中的设备，以及属于该系统的 GSM 天线、GPS 天线、FM 天线等设备传来的信息，处理后发出相应控制指令或相关信息到相应目标处。同时在 STC 内有掉电保持功能的存储器，可存储重要的操作数据，同时也使得 PIS 在电源出现故障以后可自动恢复到之前的一个状态。

PIS – STC 包含有配置和操作列车所需数据的表和文件，其存储的信息种类主要有：
① 与运行日期相关的列车数据（列车号）；
② 车厢号码；
③ 列车编组数据；
④ CCT 的地址信息和每个车厢内显示器的号码/类型/地址信息；
⑤ 用于自动通告而预先存储的文件；
⑥ 改变显示信息的时刻；
⑦ 出口侧的信息；
⑧ 列车运行过程中的数据和外部温度。

PIS – STC 在管理旅客信息子系统的同时，还要与列车控制系统进行通信。它们之间主要交流的信息如下：
① PIS – STC 从 MVB 得到的信息；
② 配置数据；
③ 时间、温度和当前运行速度；
④ 距离起始车站运行的公里数；
⑤ 旅客下车的出口侧；
⑥ 当前外部温度；
⑦ 其他一些与 PIS 相关的数据；
⑧ STC 向 MVB 发送的数据；
⑨ PIS 系统的状态和诊断等数据；
⑩ PIS 初始化后的列车和车厢号。

6.2.13　火灾报警和烟雾探测系统

火灾报警和烟雾探测系统主要包括由烟探测控制器、光电感烟探测器和线性热探测器等设备以及相应的电缆组成。其中烟探测控制器和光电感烟探测器通过 CAN 总线连接起来并形成一个回路，如图 6-11 所示。该结构的优点就是当回路中有一处中断时，CAN 总线仍然能正常通信，提高了系统的可靠性和安全性。在每个车的火灾报警和烟雾报警系统中都有一个线性热探测器，它位于辅助变流器或者牵引变流器中，并通过专门的导线与其中的一个光电感烟探测器相连，当线性热探测器处所测位置处温度超过设定值时，会将与之连接的两根导线短路，这样与该线性热探测器相连的光电感烟探测器就会察觉，然后通过 CAN 总线传递相应的信息给烟探测控制器。每个光电感烟探测器都可生成警报信号、故障信号、及准备就绪信号，此外还可提供维护和诊断信息，它们的电源均由烟探测控制器提供。光电感烟探测器分布于驾驶室、控制柜、PIS 柜、卫生间中。

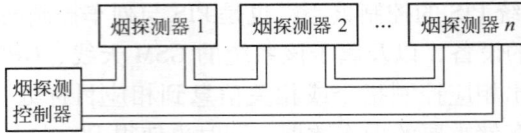

图 6-11　由 CAN 连接的部分火灾报警和烟探测系统

6.3　CRH₃ 型动车组列车网络控制系统设备通信网络

6.3.1　CAN 总线

在 CRH₃ 型动车组中，一些子系统的设备级网络采用的是 CAN 总线，例如每个车的外门系统（餐车除外），每个车的烟火报警系统等。

CAN 是 Controller Area Network 的简称，CAN 协议模型结构只取 OSI 模型的物理层、数据链路层和应用层。CAN 的工作方式为多主模式，不分主从，任意节点在任意时刻可主动地向总线发送信息，如果多个节点同时向总线发送信息，则优先级高的节点先发送，其节点具有自动关闭功能，以避免由于自身的故障而影响总线上其他设备的通信。CAN 的信息传输采用短帧结构，传输时间短，通信介质可为双绞线，同轴电缆和光纤等，CAN 的通信距离最远可达 10 km，此时速率小于 5 kbps，当通信距离小于 40 m 时，其通信速率最高可达 1 Mbps。

在 CRH₃ 型动车组中，对于每节车（餐车除外）的外门子系统，都存在一个主外门控制单元，其他外门的门控制单元通过 CAN 总线和其通信，所有的外门控单元接收来自车辆控制单元的信号和命令，同时主外门控单元把所有外门控单元的状态和诊断信息传到车辆控制网络中。在外门子系统中的各个门控器在 CAN 总线上的地址通过 CAN 接口连接器中的 1、6、8、9 针的不同配置进行设置。

在 CRH₃ 型动车组中，火灾报警和烟雾探测系统也应用了 CAN 总线，其中烟探测控制器和光电感烟探测器通过 CAN 总线连接起来并形成一个回路，提高了系统的可靠性和安全性。

在电池充电机中有两个主要控制模块，一个用来驱动 IGBT 模块并负责仪表互感器的模拟电流和电压的输入功能；另一个模块执行更高一级的控制功能并把各个控制级别的信息进行汇总、处理并转发。第二个模块也负责 MVB 通信功能，这两个模块之间也采用 CAN 总线通信。

6.3.2　RS-485

RS-485 以差分平衡方式传输数据，其电路如图 6-12 所示。端口连接一般都采用半双工通信方式，传输信号的导线一般用一对双绞线，由于在这两条线上传输的是大小相同、方向相反的电流，而干扰一般都会同时出现在两根线上，接收器的输入为这两根电线上的电压差值，这样就会抵消干扰对输送信息的影响，以有效地达到抑制外界的干

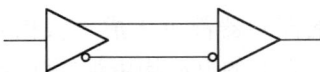

图 6-12　差分平衡电路

扰信号的目的。在整个系统中多个驱动器和接收器共享一条信号通路，同时在信号线路的两端配有终端电阻。

在旅客信息系统中广泛存在着 RS－485 的通信方式，例如，车内外显示器总线，一等车的音频娱乐总线等，详见相关章节。另外，在电池充电机中也存在这 RS－485 的通信方式。

6.4　CRH₃ 型动车组诊断系统构成及信息传输

在列车上所有连接到 MVB 的电气系统都包括在诊断之中。对于本身没有连接到 MVB 的系统（如开关设备、断路器或火灾报警系统），通过 SIBAS－KLIP 站读入相应信息，并由 CCU 执行故障诊断。

诊断系统的构成是模块化的，并分动车组中心诊断和子系统诊断两级。

子系统诊断监视所有子系统的相关元件和功能，识别故障并辨明故障原因，本身进行存储并报告故障给动车组中心诊断系统。

动车组中心诊断控制必要信息的输出，指示给规定的目标组，并存贮由子系统报告的功能限制。

诊断任务与动车组监控功能或组件试验功能等一起执行。各功能都将进行诊断，并分别向动车组中心诊断系统报告可能的故障和功能限制，这些报告由诊断系统进行存储、分配和指示。

诊断任务作为监视功能或元件测试集成在动车组的功能中。这些功能中的每一个都可进行诊断，并可单独地报告可能的故障和功能限制给动车组中心诊断，由其对这些信息进行存储、发布和显示。

诊断系统主要监测的电气系统有：

① 制动（制动控制单元，包括防滑保护在内的制动系统监测）；
② 牵引（牵引控制单元，牵引系统的监测）；
③ 门（门控制单元，门系统设备的监测）；
④ HVAC（HVAC 控制单元，加热、通风和空调设施的监测）；
⑤ 旅客信息系统；
⑥ 自动列车保护系统，可向诊断系统提供诊断信息；
⑦ 辅助变流单元；
⑧ 充电机；
⑨ 高压系统（主断路器，变压器）；
⑩ 车载电源，断路器的监测，车载电气系统管理；
⑪ 空气压力供应（压缩机监测，空气压力监测）；
⑫ 火警系统；
⑬ 卫生间系统（WC）；
⑭ 安全环（紧急制动环路，门环路，乘客紧急制动环路）；
⑮ 转向架；

⑯ 内外照明。

图 6-13 简要显示了 CRH₃ 型动车组诊断系统的构成和信息流程。

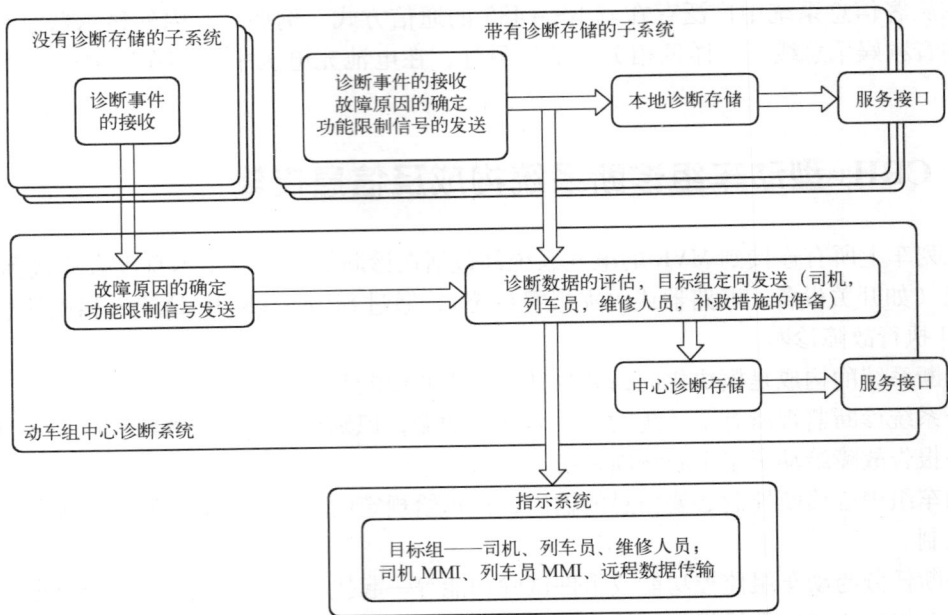

图 6-13　CRH₃ 型动车组诊断系统的构成和信息流程

从上图中我们可以了解到动车组诊断系统按功能可分为四部分，即：没有诊断存储的子系统，带有诊断存储的子系统，动车组中心诊断系统，指示系统。

没有诊断存储的子系统没有诊断信息的存储功能，也没有故障原因的判断分析的能力，因此它只负责本子系统诊断事件的接受，然后将它们发送给动车组中心诊断系统，由中心诊断系统对故障原因进行判断分析，然后将功能限制发送给动车组中心诊断系统中负责动车组诊断数据的评估和定向发送的功能模块。带有诊断存储的子系统不仅可以接受诊断事件，还能查明故障原因，发送功能限制，存储故障信息，并且能通过服务接口和相关软硬工具将故障信息读出。动车组中心诊断系统的相应功能模块可以对来自于带有诊断存储的子系统故障信息，和来自于没有诊断存储的子系统并经过中心诊断系统初步处理的诊断信息进行进一步处理和评估，然后按照规定和要求发送给指示系统，指示系统把相关的故障信息反映给相应的目标组。

每一个诊断事件都需要用一个维修优先级来评估。动车组中心诊断有五种不同的维修优先级（0，1，2，3，4）。优先级涉及事件瞬间的状态，每一个要报告的元件或功能用维修优先级评估它需要进行操作的情况。表 6-2 是每个优先级的说明。

表 6-2　诊断优先级的说明

优先级	含　意	备　注
0	不考虑进入车间处理	0 级维修不进行维修措施，如果为了编制文件和分析用途，需通过远程数据传输传给维修点。

续表

优先级	含　意	备　注
1	在列车再度运转前，必须强制维修，甚至需要取消服务。	根据故障进行维修
2	必须维修 限制性能	根据故障进行维修
3	维修可以延期进行	根据故障进行维修
4	维修可以延期到下次有计划地实施维修措施（如：到维修周期再进行维修）。	根据故障进行维修 当列车停止服务时排除故障

　　动车组的维修信息除了在司机室 MMI 显示和记录，还可以通过 GSM 系统，将维修信息发送到地面的维修站。无论列车处于行驶还是静止状态，所有由动车组中心诊断系统自动记录和由列车人员输入的维修事件可提前通过远程数据传输功能传送到地面的固定维修站。

　　远程数据传输的启动由被占用司机室的 MMI 执行。在左 MMI 的"维护"功能中有手动启动远程数据传输的功能。

　　处于占用司机室左 MMI 功能时，在主页面中选择第一个功能软键"维护"，进入"维护"子页面，选择第 4 项，即第 4 个软键——"远程数据传输"，进入"远程数据传输"页面，再按第 1 个软键——"初始化"，在屏幕右侧偏下对应于确认键的位置会出现闪烁的信息——"初始化远程数据传输"，按确认键，即可手动触发远程数据传输。地面固定维修站的相关服务人员在接收到信息后即可以根据维修信息准备组织对动车组的检修和维护。

思考题

1. 描述 CRH₃ 型动车组控制与管理系统的主要结构。
2. 请论述 CRH₃ 型动车组控制与管理系统是如何实现冗余的？
3. CRH₃ 型动车组控制与管理系统主要有哪些设备？
4. CRH₃ 型动车组的输入输出模块有哪几种？

第7章　CRH₅型动车组列车网络控制系统

CRH₅型动车组列车的网络控制系统（TCMS 简称 CRH₅ 网络控制系统），通过传输信息和控制命令，对车上的主要设备进行管理。整个系统的网络架构采用 TCN 标准，为提高可靠性，对于重要部件采用了冗余设计。信息传输系统通过车载网络完成对牵引、制动、辅助供电、转向架、空调、旅客信息系统、门等单元的监视和控制。由微处理器控制的设备单元能够接收控制指令，并对系统每个部件的运行状态进行检测，并将处理过的信息通过网络接口传送给 TCMS。同时，某些微处理器控制单元具有启动和运行自诊断测试程序功能，可以通过网络接口向 TCMS 提供与各控制单元板卡有关的诊断信息。主要诊断的项目包括列车的牵引、制动、辅助控制系统的状态；走行部件的安全性；旅客安全相关设施的状态（如车门关闭状态等）；其他电子电气设备状态。

7.1　CRH₅型动车组网络控制系统（TCMS）的网络拓扑结构

动车组控制与监测系统（TCMS）的信息传输结构主要基于 TCN 标准（IEC 61375—1），具有 WTB（列车总线）和 MVB（车辆总线）串行接口，使用冗余的 MPU 模块，每个动力单元两对。两个动力单元通过网关进行动力单元间和连挂列车间的通信。系统具有完善的冗余和控制、诊断、监视以及故障存储功能。每四节车辆为一个 MVB 网段称作一个动力单元，两个网段之间通过网关上的 WTB 总线进行信息交互。每个动力单元根据设备功能设有三条 MVB，分别承担牵引、信号、旅客服务信息的传输。此外还有一个 CAN 总线标准的车辆总线，用于充电机、自动车钩、厕所单元的互连。网络总体拓扑结构如图 7-1 和图 7-2 所示。

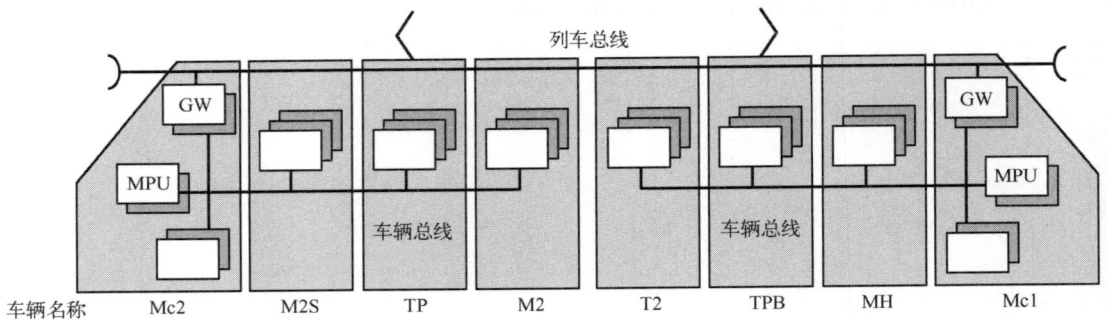

图 7-1　网络总体拓扑结构

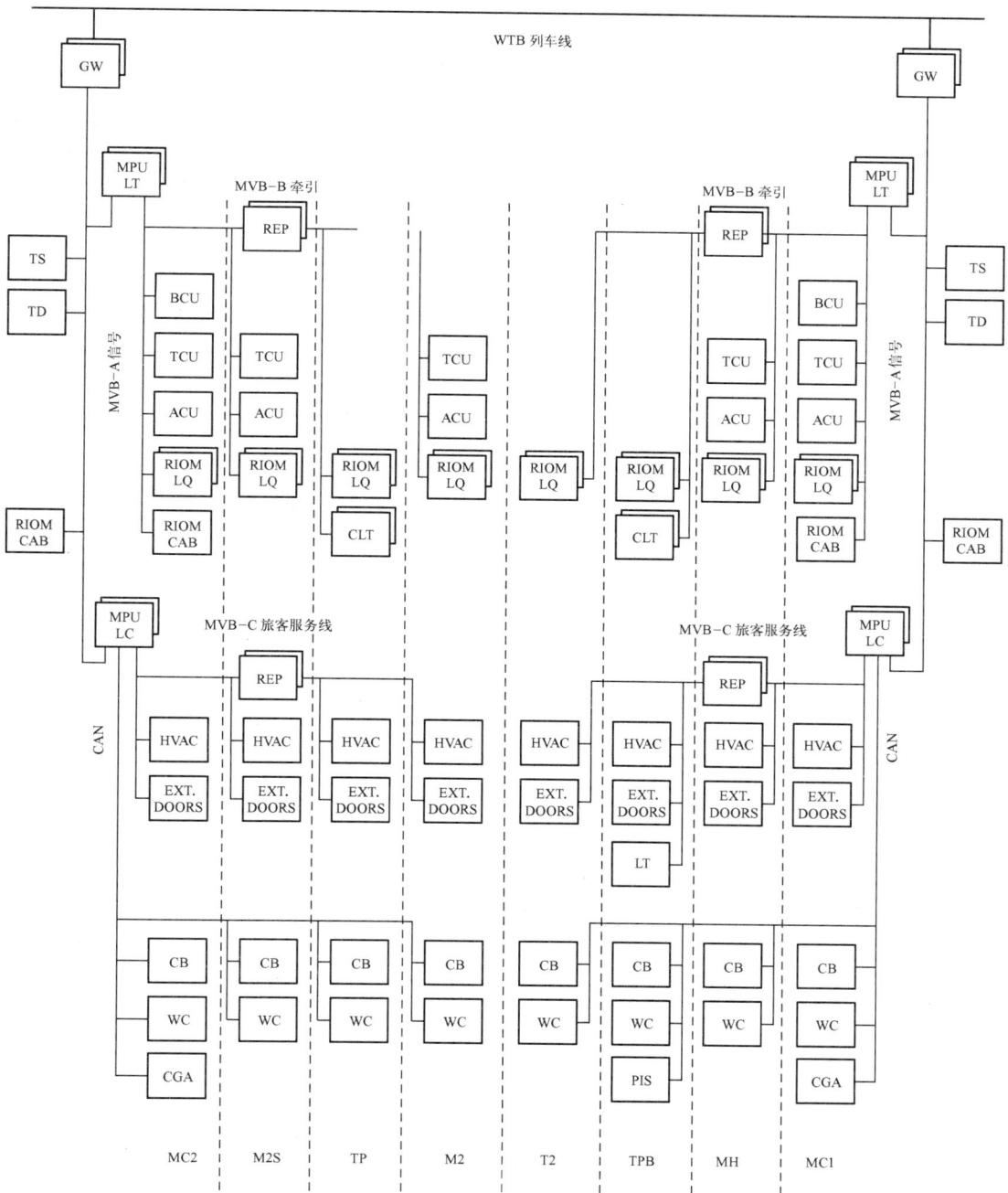

图 7-2 网络总体拓扑结构

注：有重影的设备表示冗余设备。

　　一个动力单元包含四节车辆，由三条 MVB 连接，分别是 MVB - A（信号线）、MVB - B（牵引线）和 MVB - C（旅客服务线）。牵引线、旅客服务线通过信号线连接，各 MVB 均由 MPU 管理。

通过两个 MPU（冗余设计）对每条总线进行控制。根据设备的数量或线路的长度，可利用"中继器"来增加 MVB 的长度。MPU 有两个 MVB 接口，第二个接口将两条总线的 MPU、MVB/WTB 网关（冗余设计）、司机台显示器及司机室远程输入输出模块连接在一起。网关被用于动力单元之间的信息传输。图中显示的主要设备如 TCU、ACU 被连接在 MVB 总线上。非智能设备通过远程输入/输出模块（RIOMS）与 TCMS 系统接口。RIOM 被分布在每辆车中，从而减少配线和相应的重量。

在 CRH5 型动车组的 TCMS 系统中，采用了冗余设计。WTB 和 MVB 总线都是采用双通道冗余设计，网关、MPU、中继器也均采用完全冗余设计，冗余设备采用热备方式，无需手动切换。对于重要设备的 RIOM 也采用了冗余设计。

图 7-1 和图 7-2 中的定义和缩写见表 7-1。

表 7-1　图上定义和缩写

缩写	定义	缩写	定义
ACU	Auxiliary Control Unit（辅助控制单元）	PIS	Passenger Information System（乘客信息系统）
BCU	Brake Control Unit（制动控制单元）	REP	Repeater（中继器）
CGA	Automatic Coupler Central Unit（自动车钩中心单元）	RIOM CAB	Remote I/O Modules（Driver's cab）（远程 I/O 模块（司机室））
CLT	Local Traction Control（本地牵引控制）	RIOM LQ	Remote I/O Modules（BT Panel）（远程 I/O 模块（BT 面板））
EXT. DOORS	External Doors（外部门）	TCU	Traction Control Unit（牵引控制单元）
GW	Gateway WTB/MVB（网关 WTB/MVB）	TD	Driver's Diagnostic Display（司机诊断显示器）
HVAC	Air Conditioning（空调）	TS	Driver's Instruments Display（司机仪器显示）
LT	Train Local Display（列车本地显示器）	WC	Toilet（厕所）
MPU LC	Microprocessor Unit Comfort Line（微处理器单元车内设施线路）	CB	Battery Charger（充电机）
MPU LT	Microprocessor Unit Traction Line（微处理器单元牵引线）		

7.2　列车级网络功能及设备

列车级网络主要由列车总线（WTB）和网关构成。列车级网络的主要功能是进行两个动力单元之间的通信，每四节车为一个动力单元，传输介质是双绞线。网关作为列车总线和车辆总线之间的协议转换器。

7.2.1 列车总线

TCN（列车通信网络）于 1999 年 6 月正式成为国际标准，即 IEC 61375。该标准对列车通信网络的总体结构、连接各车辆的列车总线、连接车辆内部各智能设备的车辆总线及过程数据等内容进行了详细的规定。

它分为上、下两层，上层为列车总线（WTB），下层为车辆总线（MVB）。列车总线由各个车厢内固定安装的物理传输介质（双绞线或同轴电缆）通过车厢之间的互连而构成。每个车厢内设一个通信节点，列车总线通过节点与车辆总线相连。车辆总线分别设置在各节车厢内，连接该节车厢的各个控制单元与设备。

两个动车组之间的连接通过穿过头车自动车钩的 WTB（列车总线）型冗余链路来实现。此总线是 TCN 网络的一部分，它在长度因联挂/解挂操作而发生变化时可以实现网络的动态重组（网关重新编号）。

列车总线使用冗余双绞线作为传输介质，传输的信息速率约为 1 Mbps。最大传输距离为 860 m。每次列车重新编组或列车联挂，都要进行列车总线即 WTB 总线的配置，对于规范的列车总线（WTB），本身具有自动组网功能，如果配置不正确，列车总线将不能正常通信。

列车总线主设备控制 WTB 的配置，当列车的组成改变时，即列车被连挂或解挂时，主设备重新组织总线，这个过程叫做列车初运行。在初运行时，所有节点接收到一个唯一的标识它们在列车中位置的地址，节点还必须能确定列车的走向，以便区分左右，例如门控制。在初运行结束时，所有节点都知道新的构成，并且总线进入常规操作。在初运行结束后，节点和电缆段从电气上连接起来，形成一条两端都有终端连接器的单一总线。

7.2.2 网关

网关可以实现列车总线与车辆总线之间的双向信息交换。每个网关与列车总线之间以 128 B 的报文（周期数据）交换与其车组相关的信息，并接收来自整个列车编组中其他所有网关的同类信息。网关为完全冗余（电路板、连接器、电源等）。

当司机台钥匙激活时，网关被唤醒，进入 WTB 网络配置过程。被占用的司机室网关成为主网关。

7.3 车辆级网络功能及设备

车厢级网络采用车辆总线（MVB），主要对车厢内的设备进行管理和控制。整个 MVB 分为三段：MVB – A，MVB – B，MVB – C。每个 MVB 网段都有冗余的管理器。

① MVB – A：信号线（总线管理设备：MPU_LT，冗余 MPU_LT）。
② MVB – B：牵引线（总线管理设备：MPU_LT，冗余 MPU_LT）。
③ MVB – C：旅客服务线（总线管理设备：MPU_LC，冗余 MPU_LC）。

7.3.1 车辆总线

车辆总线为 MVB（Multifunction Vehicle Bus，多功能车辆总线），该总线使用阻抗受控的冗余介质，其传输的信息速率约为 1.5 Mbps。最大传输距离 200 m，32 个节点（设备），备用节点至少每段为 20%，用于处理数据的备用带宽约为 30%。在此总线上可以使用不同的轮询周期：从用于快速信息的 32 ms 到用于较次要信息的 512 ms。CRH5 型动车组每个车组有 3 条 MVB 牵引、车内设施和信号。

MVB 提供三种通信介质，工作速率相同。

① 电气短距离介质 ESD，在无需电气隔离的情况下传输距离 20 m，最多连接 32 个设备。

② 电气中距离介质 EMD，采用屏蔽双绞线，距离 200 m，最多 32 个设备。

③ 光纤介质，距离 2 000 m，点对点连接或星形连接。

MVB 上连接的设备都有一总线控制器，设备通过它来控制总线访问。

MVB 传输的数据有以下三类：

① **过程数据** 定时广播的带源地址的数据，定时间隔小于 1 ms；

② **消息数据** 有请求时应答，带有目的地址的点对点或广播数据；

③ **监视数据** 用于事件判决、主设备转换、设备状态发送的数据。

MVB 采用曼彻斯特编码，每一数据位码元中间都有跳变，MVB 帧是由 "9 位起始位 + 数据 + 8 位校验位 + 结束位" 构成的。

MVB 有两种帧：

① **主帧** 总线的某个总线管理器发送的帧；

② **从帧** 由总线从设备发送，回应某个主帧。

MVB 介质访问控制采用主从方式，由唯一的主控器以定时轮询的方式发送主控帧。总线上其他设备均为从属设备，需要根据收到的主控帧来回送从属帧。它们不能同时发送信息。MVB 由专用主设备—总线管理器进行管，管理器是唯一的主设备。为增加可用性，可能有多个总线管理器，它们以令牌方式传递主设备控制权。在一个给定时间，仅有一个管理器在总线上工作。对于多个偶发性响应，主设备减少发送设备数量，直到不发生冲突。根据通信网上所传输数据的性质和实时性的要求，把通信网上的数据分为三类：过程数据（process data）、消息数据（message data）和监视数据（supervisory data）。通信网采用不同的方法来传递这三类数据。过程数据是具有确定传输延时的短数据，通常把列车运行的控制命令和运行状态信息定以过程数据来传输。过程数据的传输是周期性的。把那些非紧迫的、冗长但不频繁的信息定义为消息数据，通常把诊断信息、显示信息和服务功能作为消息数据来传送。它们的传送是非周期的，而且可以根据需要分帧传送。

7.3.2 微处理单元

MC1 车和 MC2 车配置 MPU_LT 和 MPU_LC 各两个，其他车无 MPU。MPU（Main Processing Unit，主处理单元），负责对相应车辆输出指令和控制。在每一动力单元（4 辆车）有 2 对 MPU。其中的 2 个（MPU_LT）控制牵引和信号总线上的所有设备，而另外 2 个（MPU_LC）则控制旅客服务线和 CAN 总线上的所有设备。MPU 功能任务周期不超过 100 ms（目标值为 50 ms）。

MPU 的主要功能包括过程数据收发、逻辑判断与处理及故障诊断。

1. 主处理单元（MPU）构成

用于 LT 的主处理单元由 1 个电源模块（POWER）、2 个 MVB 模块、1 个 CPU 模块构成。

用于 LC 的主处理单元由 1 个电源模块（POWER）、2 个 MVB 模块、1 个 CAN 模块和 1 个 CPU 模块构成，如图 7-3 所示。

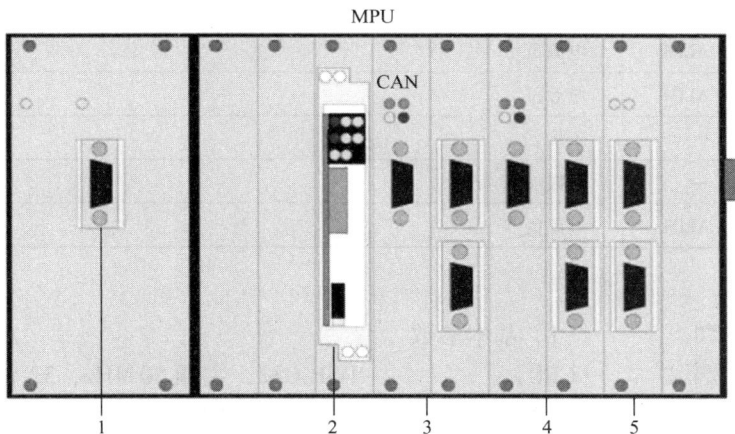

图 7-3　主处理单元构成图

1—电源模块；2—CPU 模块；3—MVB1 模块；4—MVB2 模块；5—CAN 模块

MPU 最多可扩展 7 种类型的 I/O 模块，包括 MVB Class 1、MVB Class 4、2 个 CAN 模块、2 个 485 模块及标准的 I/O 模块。

2. 主处理单元性能参数及接口

1）电源模块

（1）电源模块特性

接口类型：　　　　　　　　9 芯连接器

电源模块输入额定电压 V_n：DC 24 V

输入电压变化范围：　　　　$(0.7 \sim 1.5)V_n$

输出电压：　　　　　　　　DC 5 V，DC 24 V

模块输入功率：　　　　　　50 W

电源中断：　　　　　　　　10 ms

远程开关控制使用温度：　　$-40\,℃ \sim +70\,℃$

（2）电源模块接口定义

图 7-4 为电源连接器外形图。表 7-2 为电源连接器针定义。

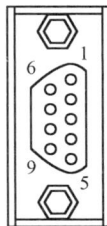

图 7-4　电源连接器外形

表 7-2　电源连接器针定义

引脚序号	信号名字	描　述
1	+ ALIM	电源正

引脚序号	信号名字	描述
2	—	不接
3	S/S	启动/停止信号，＋ALIM＝电源断开，－ALIM/N. C＝电源闭合
4	—	不接
5	－ALIM	电源负
6	＋ALIM	电源正
7	—	不接
8	—	不接
9	－ALIM	电源负

2）CPU 模块

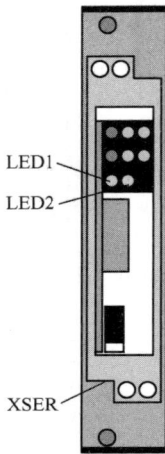

图 7-5　RS－232 服务接口

（1）基本参数

CPU：　　　　　　　DSP C32，主频 50 MHz，32 位
RAM：　　　　　　　1. 25 M×32 位 SRAM
FLASH：　　　　　　3. 9 M×8 位 Data FLASH，带有看门狗
实时时钟：　　　　　具有后备电容
对外接口：　　　　　1 个 RS－232，1 个 RS－485
使用温度：　　　　　－40℃～ +70℃
编程语言：　　　　　ANSI C
自动代码生成：　　　SIMULINK

（2）RS－232 服务接口（见图 7-5）定义
连接器类型：　　　　立式插孔 3. 5 mm
接口类型：　　　　　RS－232
连接协议：　　　　　Upload ［6］，Serdeb ［7］

表 7-3 是 XSER 连接器定义，表 7-4 是指示灯含义。

表 7-3　XSER 连接器定义

引脚序号	信号名称	描述	9 芯连接器针
1	RS－232_TX	RS－232 输出信号	
2	RS－232_RX	RS－232 输入信号	
3	RS－232_GND	RS－232 0V	

表 7-4　指示灯含义

参考	颜色	描述	亮	灭
LED1	黄	TX RS－232_TX	接口发送	无信号
LED2	黄	RX RS－232_RX	接口接收	无信号

（3）CPU 模块指示灯定义（如图 7-6 所示）。

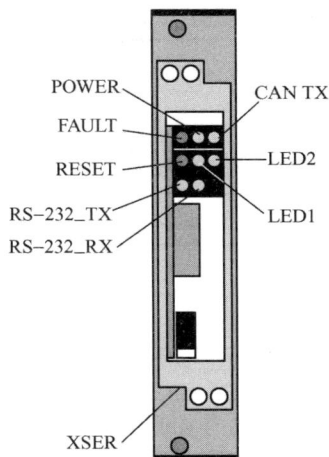

图 7-6　CPU 模块指示灯

指示灯的含义如表 7-5 所示。

表 7-5　指示灯含义

参考	颜色	描述	亮	灭
CAN_TX	黄	LORE CAN 传输	CPU 板传输	没有传输
POWER	黄	CPU 板电源输入	DC 5 V 供电	板没有供电
FAULT	红	单稳态故障信号	根据 FW 而定	根据 FW 而定
RESET	红	复位信号	板复位	未复位
LED1	黄	指示灯 1	根据 FW 而定	根据 FW 而定
LED2	黄	指示灯 2	根据 FW 而定	根据 FW 而定
RS – 232_TX	黄	RS – 232_TX	CPU 板发送	无信号
RS – 232_TX	黄	RS – 232_RX	CPU 板接收	无信号

3）MVB 模块（见图 7-7）

驱动器类型：　　MVB – EMD

连接器类型：　　9 芯连接器

波特率：　　　　1.5 Mbps

连接协议：　　　IEC 61375 – 1

服务接口类型：　RS – 232

MVB 模块服务接口 SERVICE 连接器定义如表 7-6 所示。

MVB 模块 XMVB1/XMVB2 连接器定义如表 7-7 所示。

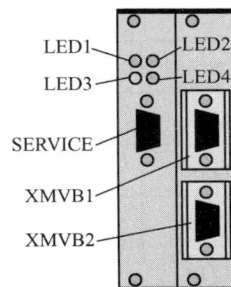

图 7-7　MVB 模块示意图

指示灯含义如表 7-8 所示。

表 7-6　MVB 模块服务接口 SERVICE 连接器定义

引脚序号	信号名称	描述	9 芯连接器针
1	—	NC	
2	RS－232_TX_1	RS－232_1 信号输出	
3	RS－232_RX_1	RS－232_1 信号输入	
4	—	NC	9芯 SUB－D 插座
5	RS－232_GND	RS－232 0 V	
6	—	NC	
7	RS－232_TX_0	RS－232_0 信号输出	
8	RS－232_RX_0	RS－232_0 信号输入	
9	—	NC	

表 7-7　MVB 模块 XMVB1/XMVB2 连接器定义

引脚序号	信号名称	描述	9 芯连接器针
1	＋Line A	MVB－A 线正信号	
2	－Line A	MVB－A 线负信号	
3	—	NC	9芯 SUB－D 插座
4	＋Line B	MVB－B 线正信号	
5	－Line B	MVB－B 线负信号	
6	＋Termination A	A 线端接器正极	
7	－Termination A	A 线端接器负极	
8	＋Termination B	B 线端接器正极	
9	－Termination B	B 线端接器负极	

表 7-8　指示灯含义

参考	颜色	描述	亮	灭
LED1	绿	CPU 接口	工作	复位或未供电
LED2	绿	MVB 接口状态	连接到 MVB	未连接到 MVB
LED3	黄	数据传输	正在传输	没有传输
LED4	红	MVB 接口故障	故障	无故障

4）CAN 模块（见图 7-8）。

连接器类型：5×2 针，2.54 mm 间距

输入电源：　5 V 或 24 V

接口类型：　ISO 11898　CAN 2.0 a/2.0 b

节点类型：　主或从

CAN1/CAN2 连接器定义如表 7-9 所示，指示灯的含义如表 7-10 所示。

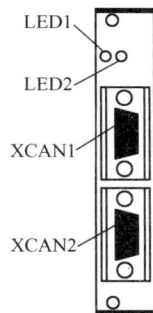

图 7-8　CAN 模块

表 7-9　CAN1/CAN2 连接器定义

引脚序号	信号名称	描　述	9 芯连接器针
1	—	NC	
2	CAN_L	CAN 低信号	
3	CAN_GND	CAN 公共端	
4	—	NC	
5	—	NC	
6	—	NC	
7	CAN_H	CAN 高信号	
8	—	NC	
9	—	NC	

表 7-10　指示灯含义

参考	颜色	描述	亮	灭
LED1	黄	CAN 接收数据	CAN 正在接收数据	CAN 未接收数据
LED2	黄	CAN 发送数据	CAN 正在发送数据	CAN 未发送数据

7.3.3　中继器

中继器是一种专用信号驱动设备，通过信号中继驱动来扩展 MVB 在长度和节点方面的容量。事实上，通过中继器连接的 MVB 的两个不同区段在 MPU 层次上看来只是一个有（32+32）个节点、（200+200）m 长的一条 MVB。中继器引起的数据传输延时非常微小。

中继器为冗余结构，由两个完全相同的中继器构成，每个中继器由一个 MVB 模块与一个 48 针连接器模块构成。性能参数如下。

额定输入电压：24 V 供电

连接协议：　　IEC 61375 标准

接口类型：　　EMD 接口

连接器类型： 9 芯连接器，48 针连接器

7.3.4 RIOM

RIOM（远程输入/输出模块，）为 MPU 执行信号采集并执行由 MPU 发送的输出命令。它们通过 MVB 与 MPU 进行通信。每个 I/O 部件可以有不同类型的输入/输出：

- 数字输入（以电池负极为参考的数字信号）；
- 模拟输入（电流或电压模拟信号）；
- 数字输出（继电器触点，用于断开 RIOM 与外部电路的连接）；
- 模拟输出（电流或电压模拟信号）。

7.3.5 司机显示单元

司机台上有 2 个分别名为 TS 和 TD 的监视器。监视器为彩色 TFT 显示器，屏幕尺寸为 10.4 in，其分辨率为 800×600（SVGA）。监视器带有加热器和风扇，可在低和高环境温度下使用。监视器具备"节电"模式功能，可以延长寿命。监视器所使用的语言为中文。

TS 监视器以图形化方式向司机显示主要驾驶信息值（即网压、网侧电流、力矩等）。司机可以用屏幕周围设置的一组按键与监视器进行交互，也可以使用这些按键向设备发送全局性或选择性命令。司机还可以在专门画面中通过监视器手动切除掉某些设备。TD 监视器向司机显示有关整个编组（2 组联挂的列车）全部设备的所有诊断信息以及所有被监视设备和部件的状态（启用、停用、故障、切除等），在故障情况下具有自动报警功能，并同时提供故障信息。TS 和 TD 互为冗余，当二者之一出现故障时，司机可以通过屏幕周围的按键选择作用模式（TS 或 TD），以便从另一个监视器上获取所有画面及信息。此监视器的冗余性不是自动实现的，需要司机干预。表 7-11 为显示器上的主要信息。

表 7-11 TS 与 TD 主要显示信息

说　明	显示的信息
主监视器（TS）	● 列车速度（实际值/设定值） ● 牵引力，再生制动力（实际值/设定值） ● 网压 ● 网侧电流 ● 网侧电流最大值 ● 时间 ● 电池电压 ● 牵引系统配置
诊断监视器（TD）	● 相关设备状态 ● 给司机的警告 ● 维修信息

CRH5 型动车组乘务员室中设置本地监视器。此显示器的主要功能是：

- 显示主要本地信息（即制动气缸压力等）的默认画面；

- 发送本地命令（即设置乘客车厢温度、灯光等）；
- 显示自动报警；
- 显示车辆设备的状态；
- 显示车辆的故障信息。

本地监视器与司机台监视器的技术特性相似。

7.3.6　牵引控制单元

　　牵引变流器是牵引子系统的主要设备，每个动车组有 5 个牵引变流器。每个牵引变流器由一个牵引控制单元进行管理（TCU），执行控制与诊断功能。TCMS 的 MPU 将牵引力设定值或再生制动力设定值等信息传送给 TCU，TCU 将牵引电机的工作状态等反馈到 TC-MS，诊断数据也可以经由 MVB 被传送到 TCMS 的 MPU。牵引子系统还包括一个 "CLT"单元（牵引系统本地控制），该单元是放置在每个高压箱内的一个冗余设备，完成对高压系统的监控、诊断和保护。该设备有专用的微处理器单元，有特定的软件，和一套模拟与数字输入输出接口，同时提供连接到 TCMS MVB 的接口。

7.3.7　制动控制单元

　　制动系统有一个专门的总线（制动总线），列车上每个制动控制单元（BCU）都与其接口。制动总线可在整列编组上扩展（例如两列车联挂－16 辆车）。带司机室的车辆上的 BCU 起制动主控制的作用（MBCU），与 TCMS MVB 接口；MBCU 采集司机台上制动手柄和信号装置的制动请求（电制动和气动制动请求），在编组中的主 BCU 通过司机台钥匙的插入进行定义。每个 BCU 控制本车气动管路。在每个动车上，都有一个牵引控制单元（TCU），与 TCMS MVB 接口；每个 TCU 执行本车电动制动功能并且通过硬线连接驱动互锁阀。图 7-9 为制动命令的传送图。

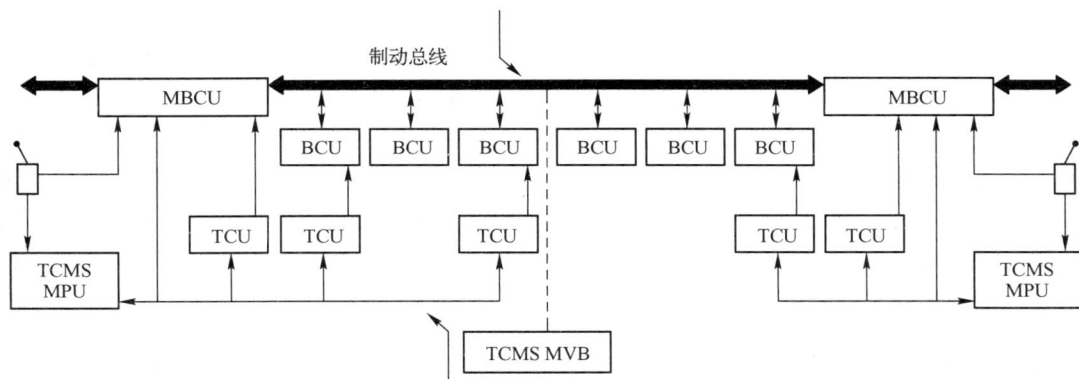

图 7-9　制动命令传送图

　　主 BCU 直接读取制动手柄位置和信号系统的制动请求并处理这些信息，设定执行制动所需要的电制动力和电空制动力。电空制动命令通过制动总线发送给列车编组的所有 BCU，相应地执行本地气路的控制。电制动命令通过 MVB 总线传送给牵引主控制的 MPU进行处理并通过列车控制网络（MVB 和 WTB）传送给所有的 TCU。

在每个动车上的制动面板有一个互锁阀，当这个阀得电动作时，抑制动轴上的空气制动。在正常操作中，每个 TCU 执行电制动，在给动轴施加 ED 制动时给本地互锁阀通电。如果一个或者更多的 TCU 不能够执行电力制动，它们将通过列车控制网络（MVB 和 WTB）通知 TCMS MPU 并释放本地互锁阀。TCMS MPU 通过列车控制网络传送不可用的电力制动端口的信息，以便于 MBCU 可以执行需要的动作。另外，每个 BCU 通过直接读出本地互锁阀的状态来得知本地 ED 制动故障。在紧急制动过程中，TCMS MPU 切断任何对 TCU 的电力制动或者牵引请求，且所有的互锁阀都被释放，而且每个互锁阀都被旁路。

7.3.8 辅助控制单元

CRH5 型动车组配备有 5 个辅助变流器。它们通过中压线给中压设备供电，借助于中压接触器进行配置。在 TCMS 和辅助变流器之间主要的功能接口由辅助控制单元（ACU）完成，中压供电系统的配置管理和接触器状态反馈由 RIOMs 完成（如辅助变流器启动/停止）；诊断数据通过 MVB 接口管理。

7.3.9 充电机

每节车辆都配有一个蓄电池和充电机。充电机由中压线直接供电，当中压线有电时自动启动，除非启动被 TCMS 通过 RIOM 输出禁止。TCMS 通过 RIOM 读取充电机的相关状态（例如，操作，故障，……）；通过 CAN 总线获取详细的诊断信息和电池电压信号。

7.3.10 门控单元

每个头车和吧车都有两个外部乘客门（每侧一个）；所有的中间车辆都有 4 个外部乘客门（每侧两个）。总的门关闭命令和打开使能由穿过自动车钩的列车线管理（列车每侧一条）。所有命令都可由司机台上的按钮发布，在使能有效的情况下，门附近的按钮可控制开门，关门不受使能限制。风挡门与乘客客室门功能在本地进行管理。TCMS 通过 RIOM 检测风挡门和乘客客室门的状态。乘务员可手动隔离风挡门和客室门，TCMS 能够通过 RIOM 检测到门被隔离的信息。司机显示器上可查询内外门的隔离状态。

本地打开与关闭命令（单个门）由按钮发出并直接由门控单元在本地进行管理。列车线通过自动车钩（UIC 558 电线 16）执行"门关闭并锁定"的状态的总体检测。硬线直接驱动司机台上的门状态指示灯。为了诊断，TCMS 通过 RIOMs 检测"门隔离"状态和上述的列车硬线状态。TCMS 同时将打开使能与关闭命令通过 MVB 接口发送到门控单元，用于对列车硬线的诊断。

7.3.11 空调控制单元

每个车辆都有一个 HVAC 机组。启动的司机室通过一个开关发布总开启/关闭命令，由 TCMS 通过 RIOM 读取。当开关置于"开启"位置时，如果中压线工况正确，TCMS 向 HVAC 单元（通过 RIOM）发送一条"启动"命令，随后按照加载程序进行管理。命令通过列车总线（WTB）发送给整个列车编组。

在 TCMS 和 HVAC 之间的 MVB 接口上传送启动或关闭指令，负载是否允许接入，车厢内温度等信息。任何情况下，温度调节功能通过 HVAC 控制单元本身进行管理。温度调节还可以在车长室中的本地监视器上以车辆为基础进行选择性操作。TCMS 通过 MVB 采集设定值，并通过列车网络将调节请求传送给有关的 HVAC 控制单元。

列车配有一个压力保护系统（"flaps"）保护乘客在列车驶进隧道或者与另外一辆列车交错时不受压力变化的影响。司机可以通过司机台上的按钮控制 "flaps" 的动作，在进入隧道或者列车会车时关闭、打开 "flaps"。按钮由 TCMS 通过 RIOM 检测，当按下启动的司机台上的按钮时，命令通过车辆与列车总线发布给编组列车中的所有 "flaps"。另外，系统可以借助于压力传感器实现自动管理活叶的关闭与打开。

所有的车辆都配有一个紧急通风系统，可以没有中压就进行操作；由司机通过司机座椅后面的柜子上的按钮手动开启，或者由列车员通过车长室中的本地监视器开启。两种情况下，请求都被 TCMS 检测（分别地通过 RIOMs 或者通过 MVB），且通过 RIOMs 发布正确的命令。TCMS 还通过 RIOMs 检测每辆车上的紧急通风的状态用于诊断目的。

7.3.12 卫生间

卫生间配备一个电子控制单元，与 TCMS 车辆总线有一个 CAN 串行接口用于状态和诊断信息的交换。厕所占用状态（不占用或者占用），可以在有关客室内部的信息屏幕上本地显示。

7.3.13 自动车钩单元

"列车联挂" 状态由 TCMS 的 MPUs 通过 RIOMs 读取 KAC 继电器的状态检测。开闭机构的打开命令受到一个最大速度阈值的限制，这个功能由 TCMS 通过 RIOMs 进行管理。如果在正常的列车运行过程中，在未联挂端的开闭机构被忘记关闭而处于打开位置，当超过阈值速度时，开闭机构将会自动关闭。自动车钩和开闭机构的控制、监视及诊断由 CAN 接口连接到 TCMS。

7.4 列车网络控制系统（TCMS）的冗余性及故障对策

列车网络控制系统（TCMS）是一个智能系统，通过采集信息、传输信息来管理列车上的大多数设备。为了保证列车上设备信息传送的正确性，TCMS 必须正常工作。因此，列车网络控制系统对重要单元采取了冗余设计来优化系统的可靠性，系统冗余性排除了单一故障下影响冗余功能的可能性。冗余功能以并联连接的冗余输入和冗余输出实现。冗余管理依据冗余设备中对故障的辨识进行完全自动管理。对于列车认为是重要的信号通过远程 I/O 模块被冗余地获得，并沿着 MVB 串行线传输到指令和控制单元。

7.4.1 网关冗余性

运行时只有一个启用，而另一个处于待机模式，可在已启用的一个发生故障时立即自动开启。这一转换过程对应用而言是透明的。

为实现两网关的管理，网关的两个部分通过一条内部串行总线（CAN）进行通信。同时还通过同一条串行线进行确定谁为主站、谁为从站的仲裁。

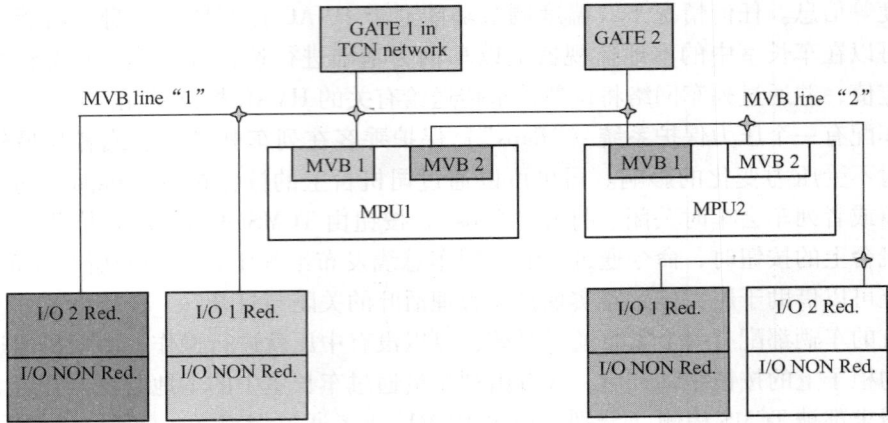

图 7-10　正常情况下网络配置

如图 7-10 所示，正常情况下，MPU1 和 MPU2 都上电并有效，网关 1 有效而网关 2 处于待机状态，MPU "1" 是 MVB 线 1 和 2 上的主控制，并且直接控制 I/O "1" 输出，MPU "2" 直接控制 I/O "2" 输出。

当网关 1 故障时（没有通信，没有有效信号）或者断开，网络配置如图 7-11 所示。

在这种配置中，网关 2 位于 WTB 网络中（重新初始化），所有的功能都在性能不降级的情况下正常进行。

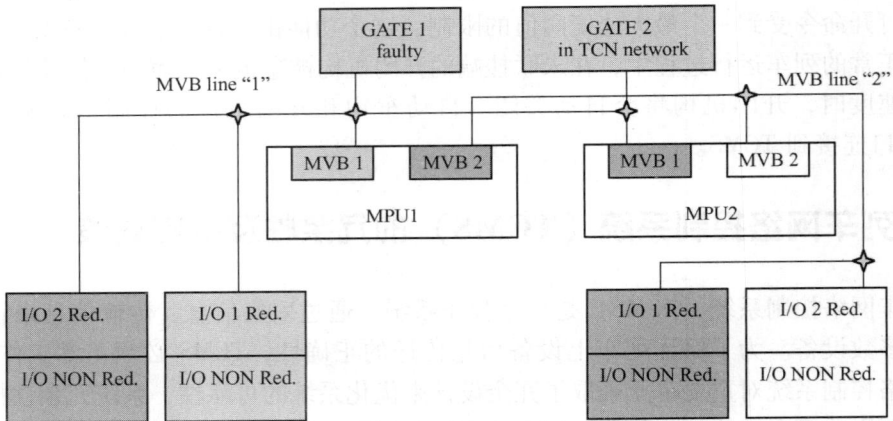

图 7-11　网关 1 故障时网络配置

7.4.2　MPU 冗余性

MPU 的冗余类型为热备冗余。两个 MPU 均可管理其 MVB（单条或多条）。它们读取相同的输入，并执行相同的任务。在故障情况下一个会自动接替另一个。同一总线上的所有设备均由同一 MPU 发送指令。

当 MPU1 故障时，MPU2 替代了 MPU1 作为 MVB "1" 和 MVB "2" 线上的主控制器。

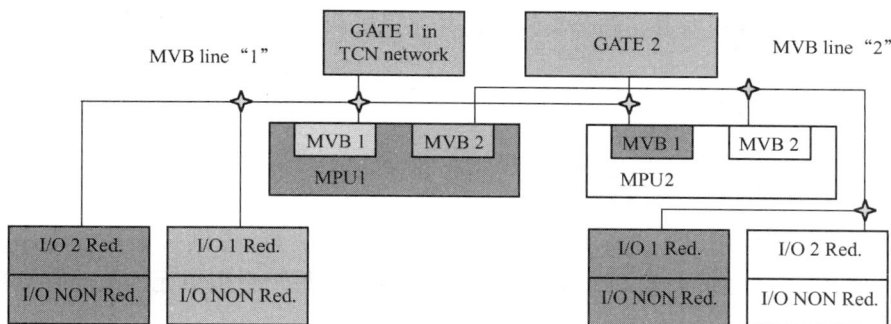

图7-12　MPU1故障时网络配置

7.4.3　RIOM 冗余性

为实现冗余功能，RIOM 的输出继电器以并联连接。当一个输出出现故障时，其继电器将被释放。相应功能由冗余 RIOM 的输出保证。最坏的情况可能是当电源故障或 MVB 接口故障时，在这种情况下，该 RIOM 的所有输出继电器均会被释放。同样在这种情况下相应功能也由冗余 RIOM 的输出保证。

7.4.4　监视器冗余性

1. 驾驶台监视器冗余性

TS 和 TD 互为冗余。当二者之一出现故障时，司机可以通过屏幕周围的按键选择作用模式（TS 或 TD），以便从另一个监视器上获取所有画面及信息。此监视器的冗余性不是自动实现的，需要司机干预。

2. 本地监视器冗余性

由于车辆的诊断数据保存在 MPU 内存中，在本地监视器出现故障时，可以使用驾驶台的监视器获得故障监视器的信息。本车监视器不设冗余。

7.4.5　中继器冗余性

只有一个启用，而另一个处于待机模式，并且可在已启用的一个发生故障时立即自动开启。

7.4.6　系统复位程序

尽管系统可以自动地处理大量的故障，但是仍有些故障不能自动处理，这时可通过使用司机室内的复位按钮对整个系统进行复位操作。

7.4.7　故障对策

① TCMS（牵引控制监视系统）均有故障自诊断、保存故障信息、必要的故障自排除及重要故障信息传送到司机监视器和本地监视器的功能。

② 通过显示器，乘务员获得与各种列车设备状态相关的信息，并能通过预置的列表手动插入故障。

③ 可根据故障性质对其实施分类管理,并在司机和/或显示器上提供必要的故障处理。

7.5 维修信息的传输

7.5.1 显示屏维修信息传输

诊断单元可以使用 RS - 232 串行线与 PC 进行对话,PC 提供一个软件程序,使用交互菜单和/或者控制屏来下载 FLASH 数据区中的数据。每个牵引单元的故障存储单元只能下载本单元四辆车的诊断数据。

7.5.2 维修信息无线传输(预留接口)

系统可以使用 GSM - R 信道将诊断数据传送到地面,如图 7-13 所示。存储在本车监控器(LT)中的诊断数据库,通过一个 Ethernet 连接的方式被传输到 DSTM 的设备上。这个设备负责通过一个专门的天线或者与电量表共享同一个天线由 GSM—R 信道下载数据。

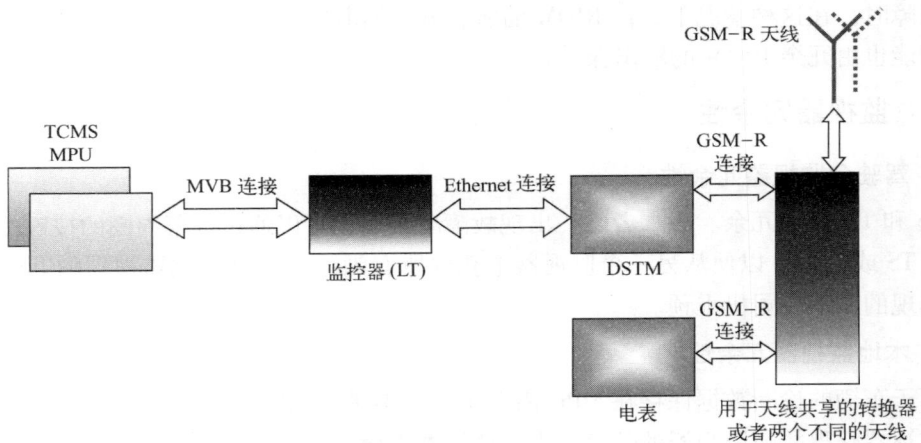

图 7-13 维修信息无线传输通道

7.5.3 其他记录方式与传输

所有的诊断功能都在主处理单元中进行:当发生需要维修的故障时,信息就会被永久地记录到 MPU 自身的非易失性的存储区域中。每个 MPU 都存储与相关 MVB 段列车设备的诊断数据。

使用 FIFO 方法记录 4 辆车的故障。数据记录区域的结构是为了确保任何时候用户都有最少 256 KB 的数据可用,足够保存已经发生的大多数的最近的故障。在这个 256 KB 区域中,大约可以存储 9 300 个记录。本车监控器(LT)从每个 MPU 上接收诊断数据,收集列车级数据并将它们按照年月顺序存储。在 LT 监控器中记录的数据区总计大约 2 MB,且这允许存储大约 74 400 的故障记录。

1. 诊断字符串

每个诊断记录按照下列方式组织成 4 字节的字符串。

CODE	DATUM 1	DATUM 2	CKS

其中，字节 1（CODE）是字符串类型辨识代码；字节 2（DATUM1）和字节 3（DA-TUM2）是依据字符串类型而定的重要数据；字节 4（CKS）前 3 个字节包含字符串的校验和。

无论何时发生故障，以下字符串组被记录下来。

	分钟	秒钟	字符串
CODE = 04H	mm	ss	CKS

其中，mm：分钟（0～59）；ss：秒钟（0～59）。

2. 速度字符串

速度字符串格式如下。

CODE = 80 H	True Speed	EVENT_H	CKS

其中，True Speed 是当故障发生时列车的速度；EVENT_H 事件代码（故障号码）（0～255）的高位部分（MSB）。

3. 事件字符串

事件字符串格式如下。

CODE	EVENT_L	Vehicle	CKS

其中，CODE：这个字符串的代码为 64～127，并且单一识别涉及故障的系统；E-VENT_L：事件代码（故障号码）的低位部分。

事件是一个从 0～65 535 变化的号码，并且单一识别发生的故障。

4. 年/月字符串

年/月字符串形式如下。

CODE = 02 H	YY	MM	CKS

其中，YY：年（00～99，后 2 位数字）；MM：月（1～12）。

5. 日期/事件字符串

日期/事件字符串格式如下。

CODE = 03 H	DD	hh	CKS

其中，DD：日期（1～31）；hh：小时（1～24）。

7.6 TCMS 性能目标、可靠性目标

7.6.1 性能指标

为了满足功能要求，TCMS 网络的预估性能如下。

RIOM 到 RIOM，在同一条线路上：　　　　　　≤300 ms（最坏情况）。

RIOM 到 RIOM，牵引—车内设备线路：　≤500 ms（最坏情况）。

RIOM 到 RIOM，通过 GW（网关）：　≤600 ms（最坏情况）。

TCMS 性能指标如图 7-14 所示。

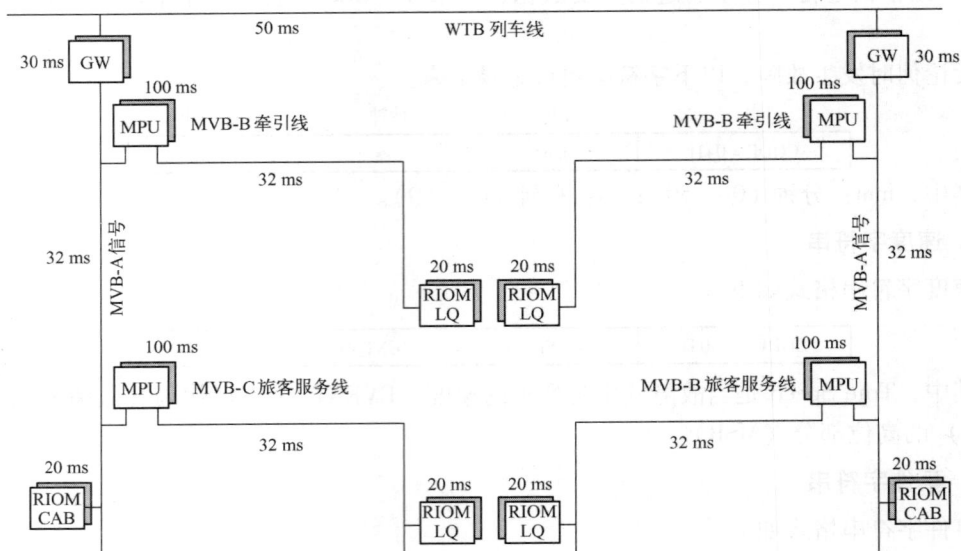

图 7-14　TCMS 性能指标

7.6.2　可靠性目标

可靠性目标表如表 7-12 所示。

表 7-12　可靠性目标表

项目	FPMH×设备	MTBF×设备	项目×列车	总 FPMH	总 MTBF
网关	1.93	519.481	4	7.7	129 870
MPU	2.03	492.611	8	16.2	61 576
中继器	2.03	492.611	8	16.2	61 576
RIOM	3.70	270.575	24	88.7	11 274
监视器	11.92	83.916	12	143	6 993
TCMS 总计				272	271 289

注：① FPMH：每百万小时故障次数；

　　② MTBF：两次故障间平均时间（h）。

以上每种设备均可被视为 LRU（最近一次可更换的设备单元）。

7.6.3　工具

将会提供以下工具：

① 用于读取 MPU 内变量值的 SerLink；

② 针对维护数据的接地分析软件。

这些工具在安装 Windows 系统的 PC（未提供）上使用。

TCMS 主要任务如表 7-13 所示。

表 7-13　TCMS 主要任务

子系统	功能	功能实现途径	MU/SU/本地	所需响应时间/s	备注
挂钩	自动车钩门开启/闭合命令	列车两端的 TCMS	SU	15	门状态变化所需的时间约为 10 s
挂钩	（整列车的）头车 – 尾车的定义	通过 GW 的 TCMS	SU/MU	0.5	
挂钩	连接门诊断	列车两端的 TCMS	SU/MU	5	
挂钩	连接门：速度触发器以允许开启	TCMS	SU	0.5	
挂钩	连接台：在某一速度以上必须自动闭合（如果端部车辆未连接）	TCMS	SU	0.5	
挂钩	当 2 组列车挂钩或摘钩时，此操作对设备必须透明。主断路器不应开路，辅助件不应切断等。在 TCN 重编号期间保护装置也应保持有效	TCMS + 主断路器环路上的硬连接旁路	MU	无	
火灾探测	人员报警：车上火灾（车辆位置）	MPU，通过 RIOM	MU	2	任务监视周期为 0.2 s
火灾探测	司机报警：车上火灾（车辆位置）驾驶台上的信号命令	MPU，通过 RIOM	MU	1	
火灾探测	系统诊断	MPU，通过 RIOM	MU	5	
火灾探测	排除驾驶台上的信号	MPU	SU	1	
火灾探测	火灾探测	MPU	SU	5	
辅助	电池电路诊断	MPU，通过 RIOM	SU/MU	5	
辅助	启动/停机电池充电器管理	MPU，通过 RIOM	SU/MU	1	
辅助	电池充电器诊断采集数据	MPU，通过串行线	SU	5	5 s 为避免错误报警的门槛值

续表

子系统	功能	功能实现途径	MU/SU/本地	所需响应时间/s	备注
辅助	电池诊断	由 BC 管理 发送至 MPU	SU	5	
辅助	待机电池管理	当没有接触网电压时，在一段临时措施之后，某些负载可按照相应电气 BT 平衡通过启动/停机触点或通过 MVB 消息进行切断	SU	2	
辅助	辅助管理	MPU	SU	2	
辅助	系统诊断	MPU	MU	5	
辅助	MT 卸载	MPU	SU	无	优先级顺序：变压器、牵引、主压缩机等
辅助	MT 线路重新配置	MPU，通过 RIOM	SU	5	
辅助	当一个 MT 设备被关断时，其通风设备也必须被关断	MPU，通过 RIOM	SU	无	
辅助	外部 MT 电源：应可以从一个外部插座向车内的所有清洁用插座供电	MPU	SU	无	
辅助	外部 MT 电源：MT 线路配置，用一个或多个外部插座向列车提供卸载电源	MPU	SU	无	
HVAC	根据驾驶室中一个选择开关的档位确定系统启动/停机	MPU	MU	1	
HVAC	车辆温度设定点应可通过诊断监视器调整。从每台监视器应可向整个列车发送全局调节命令。车辆温度调节 +2、+1、0、-1、-2	MPU	SU/MU	3	
HVAC	降低风扇速度	HVAC，通过来自 MPU 的信息	SU	2	

续表

子系统	功能	功能实现途径	MU/SU/本地	所需响应时间/s	备注
HVAC	系统诊断	HVAC 发送给 MPU	SU	5	
HVAC	驾驶室空气候适应调整：系统诊断	HVAC 发送给 MPU	SU	5	
HVAC	驾驶室空气候适应调整：HVAC 驾驶室的远程命令	MPU	SU/MU	5	
HVAC	人员报警：系统故障（车辆的指示）无通风	MPU	SU/MU	5	
HVAC	flaps 命令	MPU，通过信号请求	MU	1	
HVAC	紧急通风	MPU + 连线命令（在冗余情况下）	MU/本地	1	
制动	混合管理（TCU 电气制动状态到 BCU 主站的反馈）	MPU	SU/MU	1	
制动	给 TCU 的制动请求	MPU，通过来自 BCU 主站的信息	MU	1	
制动	排除故障时的电气制动：在制动手柄开关发出数字请求之后的最大电气制动请求（100%）	MPU，通过 RIOM	MU	1	
制动	在诊断监视器上制动轴压力的可视化	MPU	SU/MU	1	
制动	信号命令"制动轴"	MPU/BCU 并联	MU	2	
制动	EP 制动测试：来自诊断监视器的命令，由 TCU 主站管理	MPU/BCU 主站	MU	15	
制动	制动测试：来自诊断监视器的命令，由 TCU 主站管理	MPU/BCU 主站	MU	15	
制动	防滑测试：来自诊断监视器的命令，由 TCU 主站管理	MPU/BCU 主站	MU	480	每辆车 30 s

CRH 动车组控制与管理系统

续表

子系统	功 能	功能实现途径	MU/SU/本地	所需响应时间/s	备 注
制动	系统诊断： 弹簧制动状态 每个轴的防滑状态 闭锁轴（DNRA） 主压缩机状态 联锁阀状态 绝缘状态	MPU，通过 BCU 的信息	MU	5	
制动	所施用弹簧制动的信号	MPU/BCU 并联	MU	2	
制动	弹簧制动绝缘状态	MPU，通过 BCU 的信息	MU	5	
制动	乘客报警： 取消阀检测 （驾驶台上的信号用线连接）	MPU，通过 RIOM	MU	2	
制动	乘客报警： 报警给诊断监视器处的列车组人员	MPU，通过 RIOM	MU	2	
制动	与单个轴相关的完整防滑故障必须由"无保护轴"灯以信号通知驾驶台。	MPU/BCU 并联	MU	2	
制动	润滑设备诊断 应对监测润滑水平	MPU	SU	5	
制动	润滑设备润滑测试	MPU	SU	5	
内灯	光照减弱命令（本地）1、1/2、0	MPU	本地	1	
内灯	自动光照减弱（10'、30'、120'、180'）	MPU	MU	1	
内灯	与临时措施无关，如果电池电压降至 21.6 V 以下，除紧急照明外的所有灯均被关闭。	MPU	SU	1	
内灯	与临时措施无关，如果电池电压降至 18 V 以下，紧急照明灯也会被关闭	MPU	SU	1	

续表

子系统	功　能	功能实现途径	MU/SU/本地	所需响应时间/s	备　注
内灯	列车组人员可以再次开启启照明，而不需要再启动临时措施。在这种情况下电池可被完全放电	MPU	SU	1	
外灯	外灯通过驾驶室中的专用选择开关进行选择（一个用于前灯一个用于尾灯）。命令由 MPU 发送，但可以保持连线的冗余性（本地）	MPU/连线	MU/本地	1	
外灯	外灯灯丝诊断	MPU，通过 RIOM	MU	2	
PIS	PIS 启用	MPU	SU	2	
PIS	GPS 数据传输给 TCMS	CCU 到 MPU	SU	1	
PIS	系统诊断	MPU	MU	5	
PIS	通过 PISGSM - R 下载诊断数据	MPU 到 CCU	MU	无	GSM - R 下载速率为 9 600 bps
门	本地发送"至少一个门未关"信号的命令	MPU，通过 RIOM	MU	2	
门	系统诊断 对每个门的状态（内部和外部）进行监测	MPU	MU	5	
门	门测试	由 MPU 请求，由 DCU 管理	MU	30	门运动时 30 s
门	系统诊断 对每个互通信门的状态进行监测	MPU	MU	5	
门	传输给 PIS 的"门故障"信息	MPU	SU	2	
压缩空气生成	启动/停止主压缩机	MPU，通过 RIOM	SU	1	
压缩空气生成	主压缩机的应用应被优化，即可以使用交替使用原则	MPU	SU	1	

续表

子系统	功能	功能实现途径	MU/SU/本地	所需响应时间/s	备注
压缩空气生成	直接给主压缩机的命令	MPU	SU	1	
压缩空气生成	系统诊断	MPU	SU	5	
压缩空气生成	在 0.8 MPa 以下，所有主压缩机均应被开启	MPU	SU	无	
压缩空气生成	启动隔离状态	MPU，通过 RIOM	SU	2	
信号	给 TCMS 的速度信号	由发送给 TCMS 的信号管理	SU/MU	无	
信号	界口信号－TCMS（受电弓、主断路器、电气制动、挡板等管理）	HW＋MPU	SU/MU	无	
TCMS	启动时间＜30 s	TCMS	MU	30	
TCMS	系统组件诊断	TCMS	MU	5	
卫生间	人员报警：来自残疾人卫生间的求助请求	MPU	MU	2	
卫生间	系统诊断	MPU	MU	5	
牵引	驾驶台启用	MPU，通过 RIOM	MU	2	
牵引	停车功能	MPU	MU	15	
牵引	动力轴上的联锁阀命令	在 MPU 发出制动请求后由 TCU 管理	本地	1	
牵引	动力轴上的联锁阀释放	在 MPU＋气动旁路发出制动请求后由 TCU 管理	本地	0, 5	
牵引	受电弓选择	MPU	MU	1	
牵引	首次提升受电弓压缩机命令	MPU	MU	无	
牵引	释放受电弓命令（非紧急状态）		MU	3	
牵引	ADD 监测	MPU，通过 RIOM	MU	0, 5	
牵引	在 ADD 干预后主断路器全局命令	MPU，通过 RIOM	MU	0, 5	主断路器开路为 1 s 延时
牵引	架空线电压读取	MPU，通过 RIOM	SU/MU	1	

续表

子系统	功能	功能实现途径	MU/SU/本地	所需响应时间/s	备注
牵引	高压开关顶线命令	MPU	SU/MU	10	移动时间为 5 s
牵引	高压开关顶线配置检查	MPU	SU/MU	2	
牵引	主断路器闭合命令（如果允许）	MPU	SU/MU	2	
牵引	牵引-辅助件高压开关命令	MPU/TCU	SU	15	移动时间为 5 s
牵引	列车接地监测	MPU，通过 RIOM	SU	1	
牵引	牵引手柄管理	MPU，通过 RIOM	SU	0，5	
牵引	向 TCU 发送力矩值	MPU	MU	1	
牵引	速度调节器（+0～-2 km/h）	MPU	SU/MU	1	
牵引	设置速度可视化	驾驶台监视器上的 MPU	SU	1	
牵引	驱动类型	MPU	MU	1	
牵引	驱动状态	MPU	MU	1	
牵引	在气动或电气制动中的牵引请求截止	MPU，通过 RIOM 保险圈已直接预制在 TCU 上（仅在紧急制动中有效）	MU	1	
牵引	变压器初级过电流（TAP）	MPU，通过 RIOM	SU	1	
牵引	变压器保护：温度过高、油流检测	MPU，通过 RIOM	SU	1	
牵引	变压器诊断	MPU	MU	5	
牵引	制动变阻器保护（温度过高）	MPU，通过 RIOM/TCU	本地	0，5	
牵引	高压顶线重新配置	MPU	SU/MU	15	移动时间为 5 s
牵引	牵引变流器排除	由 MPU 管理的高压开关	SU	15	移动时间为 5 s
牵引	辅助变流器排除	由 TCU 管理的高压开关。排除请求可由 MPU 发出	本地/SU	15	移动时间为 5 s

子系统	功能	功能实现途径	MU/SU/本地	所需响应时间/s	备注
牵引	变压器排除	由MPU管理的高压开关	SU	15	
牵引	牵引变流器功率下降	MPU	SU	2	
牵引	无电压测试	由MPU（全局）和TCU（本地）进行管理	MU 本地	45	无电压测试启动为10 s，TCU测试和高压开关移动为30 s
牵引	牵引变流器通风管理（第1和第2风扇速度）	TCU 由MPU启用	本地/SU	1	
牵引	输入滤波器电感器通风管理（第1和第2风扇速度）	TCU 由MPU启用	本地/SU	1	
牵引	变压器通风管理（第1和第2风扇速度）	MPU，通过RIOM	本地/SU	1	
牵引	机械适配器电机-轴温度监测	TCU+MPU并联	SU	1	
牵引	针对机械适配电机的牵引变流器排除-轴温度过高	TCU+MPU并联	SU	0，5	
牵引	机械适配电机-轴：驾驶台上的信令命令	MPU	MU	1	
牵引	火花隙（交流线路）通过TAL信息的诊断	MPU	SU	0，1	
牵引	高压测试	由MPU（全局）和TCU（本地）进行管理	MU 本地	45	高压测试开始为10s，30s自检
牵引	系统诊断：对所有高压组件进行诊断	由MPU（全局）和TCU（本地）进行管理	SU	5	
牵引	电分相区段管理	在由信令或来自司机的请求之后由MPU（全局）和TCU（本地）进行管理	SU/MU	无	

思考题

1. 描述 CRH5 型动车组控制与管理系统的主要结构。
2. 请论述 CRH5 型动车组控制与管理系统是如何实现冗余的？
3. CRH5 型动车组控制与管理系统主要有哪些设备？
4. CRH5 型动车组 CAN 设备总线上连接了哪些设备？

参 考 文 献

［1］ 刘志明，史红梅．动车组装备．北京：中国铁道出版社，2007.

［2］ 刘志明，动车组设备．北京：中国铁道出版社，2010.

［3］ 刘四清，田力．计算机网络实用教程．北京：清华大学出版社，2007.

［4］ 阳宪惠．现场总线技术及其应用．北京：清华大学出版社，2007.

［5］ 钱立新．世界高速铁路技术．北京：中国铁道出版社，2003.

［6］ 张曙光．CRH_1 型动车组．北京：中国铁道出版社，2008.

［7］ 张曙光．CRH_2 型动车组．北京：中国铁道出版社，2008.

［8］ 张曙光．CRH_5 型动车组．北京：中国铁道出版社，2008.